Research on the Crime of Organizing and
Leading Multilevel Marketing Activities

组织、领导
传销活动罪研究

邓崇专 黎仲诚◎著

中国法制出版社
CHINA LEGAL PUBLISHING HOUSE

图书在版编目（CIP）数据

组织、领导传销活动罪研究 / 邓崇专，黎仲诚著 .—北京：中国法制出版社，2020.12
ISBN 978-7-5216-1498-5

Ⅰ. ①组… Ⅱ. ①邓… ②黎… Ⅲ. ① 传销 – 刑事犯罪 – 研究 – 中国 Ⅳ. ① D924.334

中国版本图书馆 CIP 数据核字（2020）第 264622 号

策划编辑：马春芳
责任编辑：马春芳　　封面设计：杨鑫宇

组织、领导传销活动罪研究
ZUZHI、LINGDAO CHUANXIAO HUODONGZUI YANJIU
著者 / 邓崇专　黎仲诚
经销 / 新华书店
印刷 / 北京虎彩文化传播有限公司
开本 / 710 毫米 ×1000 毫米　16 开　　印张 / 18.25　字数 / 259 千
版次 / 2020 年 12 月第 1 版　　2020 年 12 月第 1 次印刷

中国法制出版社出版
书号 ISBN 978-7-5216-1498-5　　定价：76.00 元

北京西单横二条 2 号　邮政编码 100031
值班电话：010-66026508
传真：010-66031119
网址：http://www.zgfzs.com
编辑部电话：010-66073673
市场营销部电话：010-66033393
邮购部电话：010-66033288

前　言

PREFACE

自2009年2月28日《中华人民共和国刑法修正案（七）》[以下简称《刑法修正案（七）》]增设组织、领导传销活动罪至今，该罪在实践中已运行了近12年的时间。通过10多年的检验，该罪的立法初衷究竟是否得到了实现以及该罪的刑罚功能是否得到了有效发挥，从理论上对其立法与司法效果做一番总结性研究，可谓恰合时宜。

可以说，在犯罪“大家族”中，传销犯罪可谓是“热”“新”“难”兼具的犯罪类型。说其“热”，是因为尽管司法机关对传销犯罪的打击一直保持着严厉、高压的态势，但其发生率始终高居不下，而且社会公众对其表现出了极大的关注；说其“新”，是因为组织、领导传销犯罪活动者不断演变新的犯罪手法，以网络传销为代表的新型传销活动大量涌现，大有替代传统传销模式之势；说其“难”，是因为目前的刑法规范在面对各种形式与内容的传销犯罪活动时出现了诸多认定上的疑难问题，从而造成司法适用的困惑。

以上情状是我们对组织、领导传销活动罪展开研究的直接动因。

为了达到预期的研究目标，本书共安排了该罪的立法沿革、司法认定、立法完善与司法完善四个部分的内容。其中司法认定部分是本书研究的重点，内容包括该罪的客体、客观方面、主体、主观方面以及停止形态、共同犯罪、罪数形态等方面，几乎涉及该罪司法适用中的所有问题。本书就该罪的上述在司法适用中所存在的各种疑难问题或者具有较大争议的问题一一进行了厘清与厘定。在立法层面，基于该罪立法“针对性”有余、“实效性”不足的现状，笔者主要围绕增强惩治传销犯罪的“实效性”，相应提出了诸如增设帮助传销犯罪活动罪、完善该罪的罪状及刑罚设计等系列完善立法的建议。在司法完善层面，提出了完善追诉标准以及处罚未遂犯的建议。

众所周知，刑法学是一门实践性极强的学科，因而相对理论刑法学、规范刑法学而言，实践刑法学作为刑法学知识转型的一环，在刑法学界的地位也逐步攀升。当然就刑法学的总体研究情况而言，学界对于刑法各论的研究尚不比研究刑法总论那样热情，而且就已有的研究成果来看，目前我国学者对刑法各论的研究大多以教科书的形式，通过以刑法分则所有罪名为对象的体系性研究成果的形态体现，以分类罪名中的几个罪或者专以某一个罪进行研究的专著并不多见。显然，对刑法各论做体系性的研究，因篇幅所限，其不仅不能达到应有的理论深度，同时，对司法认定中的疑难问题也难以进行展开探讨。因此，本书专门对组织、领导传销活动罪一个罪名开展研究，其显见的篇幅优势无疑会体现出应有的深度。比如，关于该罪的主体问题，本书就安排了诸如单位究竟能否成为犯罪主体，“追诉标准”与厘定组织者、领导者范围的关系，对“其他起关键作用的人员”的理解，提供帮助行为者能否认定为组织者、领导者，对“受单位指派仅从事劳务性工作”的理解以及“空点”情形下组织者、领导者的认定等实践中存在较大争议或者在适用中容易受到质疑的系列问题逐一进行了研究。

在研究方法上，笔者以需要解决的问题为导向挖掘案例，遵循“发现问题、解决问题”的思路，对书中所采用的诸多真实案例与相应的刑法理论进行有机统一（而不是做一种简单的堆砌），使二者既能各得其所，又能相得益彰，以充分体现理论与实践相结合的原则以及理论服务于实践的宗旨，并尽可能让本书以体系比较完美、逻辑比较周全的知识形态展现给读者。当然，在引用某一案例时，笔者对法律文书所载明的内容可能会存在误读，甚至有断章取义之处，要是果真如此，在此恳请谅解为盼。同时需要说明的是，本书引用的案例基本来自北大法宝的司法案例（http://www.pkulaw.cn/Case/）数据库，所以，凡是书中所举的案例来源于该数据库的，则不再注明其来源，如果不来源于该数据库的，会在脚注特别注明其出处。

出于时间及精力的限制，并主要囿于笔者学识及分析问题与解决问题的能力之故，书中表达的诸多观点肯定会因缺乏深思熟虑存在值得商榷、自相矛盾，甚至谬误之处。特别是，本书在一些问题的看法上竟然与长期奋战在司法一线的实务界专家的观点存有不一致，这在本书付梓之际更让笔者平添忧虑与不安。不过，既然是学术探讨，就肯定存在不同的见解，唯有期待大家的批评与赐教。

邓崇专、黎仲诚

2020年10月13日

于广西民族大学1坡10栋教师工作室

目　录

CONTENTS

第一章　组织、领导传销活动罪的立法沿革 / 001

一、组织、领导传销活动罪的“前世” / 003

二、组织、领导传销活动罪的“今生” / 008

第二章　组织、领导传销活动罪的客体 / 011

一、本罪客体的理论之争 / 013

二、本书的观点 / 015

第三章　组织、领导传销活动罪的客观方面 / 019

一、刑法意义上“传销”内涵的界定 / 022

二、“组织、领导”行为的界定 / 031

三、对“以推销商品、提供服务等经营活动为名”的理解 / 047

四、对“层级”的把握 / 052

第四章　组织、领导传销活动罪的主体 / 063

一、单位能否成为本罪的主体 / 066

二、“追诉标准”与厘定组织者、领导者范围的关系 / 071
三、对“其他起关键作用的人员”的理解 / 082
四、提供帮助行为者能否认定为本罪的组织者、领导者 / 090
五、对“受单位指派仅从事劳务性工作”的理解 / 097
六、“空点”情形下组织者、领导者的认定 / 109

第五章　组织、领导传销活动罪的主观方面 / 115

一、本罪主观方面是否包括间接故意 / 118
二、本罪是否为目的犯 / 120

第六章　组织、领导传销活动罪的停止形态 / 135

一、本罪犯罪预备的认定 / 137
二、本罪既遂与未遂的划分 / 146
三、本罪共同犯罪情形下犯罪中止的认定 / 160

第七章　组织、领导传销活动罪的共同犯罪 / 165

一、本罪的共同犯罪是否属于必要的共同犯罪形式 / 167
二、各传销体系的传销者相互间能否成立共同犯罪 / 171

三、本罪主从犯划分的争议及其确立 / 179

第八章　组织、领导传销活动罪的罪数形态 / 205

一、本罪的想象竞合犯问题 / 208

二、本罪的法条竞合问题 / 212

三、本罪的牵连犯问题 / 224

四、本罪与他罪数罪并罚的问题 / 237

第九章　组织、领导传销活动罪的立法与司法完善 / 241

一、增强惩治传销犯罪的预防性立法 / 243

二、完善本罪的刑罚设置 / 250

三、对本罪罪状的重新设计 / 264

四、完善本罪的追诉标准 / 272

五、处罚本罪的未遂犯 / 273

参考文献 / 279

第一章

组织、领导传销活动罪的立法沿革

组织、领导传销活动罪是《刑法修正案（七）》新增设的罪名。在该罪设立之前，司法实践中一般以非法经营罪对实施传销的行为人追究刑事责任，按照行为人实施传销行为中的不同情况也出现了分别依照诈骗罪、集资诈骗罪、销售伪劣产品罪等进行论处的情形。可以说，传销行为在独立成罪之前，“其处于一种居无定所的状态”[①]。因此，组织、领导传销活动罪的最后诞生实际上经历了一个蜿蜒曲折的过程，而对该罪的演变史进行全面梳理及深度考察，对于正确厘定该罪的性质乃至解决司法适用中的问题，无疑具有重要意义。

一、组织、领导传销活动罪的“前世”

20 世纪 80 年代，随着我国改革开放的启动、推进，以及随后市场经济的酝酿、初步建立，诸如直销（包括单层次传销和多层次传销）等一些新型的经营模式开始从国外导入，并随即发展、壮大。但直销的经营方式被一些人利用，演变成了非法传销和变相传销经营活动。由于当时处在市场经济建立初期，对于大量涌现的不规范经营行为缺乏相应的制度予以及时规制，从而使对非法传销和变相传销等活动的规制在一定时期内处于失调状态，导致此类传销行为越发泛滥，严重扰乱了正常的经济秩序，破坏了社会和谐稳定，成为人民群众十分关注的问题，具有严重的社会危害性。为此，从制度上规

① 陈兴良:《组织、领导传销活动罪：性质与界限》，载《政法论坛》2016 年第 2 期。

范并予以整治或惩治非法传销活动，便成为当时亟须解决的问题。

我国首先从行政上对非法传销行为进行了整治。1994 年 8 月 10 日，国家工商行政管理局下发《关于制止多层次传销活动中违法行为的通告》（以下简称《通告》)。《通告》指出：某些不法分子利用多层次传销方式欺骗消费者、牟取暴利。他们有的鼓吹不劳而获，引诱参加者上当受骗；有的抬高商品价格，蓄意盘剥消费者；有的以推销优良产品为名，而行推销假冒伪劣商品之实；有的甚至偷税漏税、走私贩私，严重扰乱了我国的经济秩序。为了遏制这些违法行为的蔓延，保护消费者的合法权益，维护我国社会主义市场经济的健康发展，《通告》决定“坚决取缔擅自开展的多层次传销活动”，并对“多层次传销活动参加者的业务主要是介绍他人参加，且收入主要来自他所介绍的新成员缴纳的入会费或者经营者的利润主要来自参加人员的入会费的”以及“以缴纳高额入会费或以认购商品方式变相缴纳高额入会费作为加入条件的”等情形，予以取缔。根据《通告》精神，国家工商行政管理局于同年 9 月 2 日发布了《关于查处多层次传销中违法行为的通知》，就多层次传销中违法行为的查处问题做出了具体的安排。1995 年 9 月 22 日，国务院办公厅发布《关于停止发展多层次传销企业的通知》，要求“各地工商行政管理机关和其他有关行政机关一律停止批准、登记注册以传销方式开展经营活动的企业及个体工商户”。为进一步规范传销活动，并加强对传销活动的监督管理，维护市场经济秩序，国家工商行政管理局于 1997 年 1 月 10 日颁布了《传销管理办法》（以下简称《办法》)。《办法》第 2 条明确了传销的含义以及传销的两种方式，即“传销是生产企业不通过店铺销售，而由传销员将本企业产品直接销售给消费者的经营方式。它包括多层次传销和单层次传销。多层次传销，是指生产企业不通过店铺销售，而通过发展两个层次以上的传销员并由传销员将本企业的产品直接销售给消费者的一种经营方式。单层次传销，是指生产企业不通过店铺销售，而通过发展一个层次的传销员并由传销员将本企业的产品直接销售给消费者的一种经营方式”。《办法》第 15 条、第 17 条分别规定“经批准的传销企业不得以缴付入会费、保证金或者认购一定数量的产品等作为参加传销的条件；不得向传销员收取培训费、手续费等各种名目的费用，不得强制传销员购买有关资料”及“传销企业不得强制安排传销员发展下线人数，或者根据发展下线的人数计算报酬”，违反上述规定的，“没收传销产品、销货款和非法所得，并依据《中华人民共和国消费者权益保护法》的规定处以罚款”[第30条第（7）项]。

国务院于1998年4月18日下发了《关于禁止传销经营活动的通知》（以下简称《通知》）。《通知》指出传销经营活动的三大危害：一是不法分子利用传销组织上的封闭性、交易上的隐蔽性、传销人员的分散性等特点，进行邪教、帮会和迷信、流氓等活动，影响我国的社会稳定；二是利用传销吸收党政机关干部、现役军人、全日制在校学生等参与经商，破坏了正常的工作和教学秩序；三是利用传销进行价格欺诈、骗取钱财，推销假冒伪劣产品、走私产品，牟取暴利，偷逃税收，严重损害了消费者的利益，干扰了正常的经济秩序。为此，《通知》对传销经营活动作出了必须坚决予以取缔的规定，即“自本通知发布之日起，应一律立即停止传销经营活动。对未经批准登记擅自从事传销经营活动的，要立即取缔，并依法严肃查处”。《通知》同时规定，一经发现有下列行为之一的，各级人民政府和工商行政管理、公安等有关部门，要采取有力措施，坚决取缔，严肃处理：（1）将传销由公开转入地下的；（2）以双赢制、电脑排网、框架营销等形式进行传销的；（3）假借专卖、代理、特许加盟经营、直销、连锁、网络销售等名义进行变相传销的；（4）采取会员卡、储蓄卡、彩票、职业培训等手段进行传销和变相传销，骗取入会费、加盟费、许可费、培训费等行为的。《通知》还规定：“对利用传销进行诈骗，推销假冒伪劣产品、走私产品以及进行邪教、帮会、迷信、流氓等活动的，由有关部门予以查处；构成犯罪的，移送司法机关依法追究刑事责任。”另外，从《通知》关于“此前已经批准登记从事传销经营的企业，应一律立即停止传销经营活动”的规定来看，应当说传销自此在我国进入了全面禁止阶段。

为进一步表明国家禁止传销的态度，并明确直销与传销的内涵，国务院于2005年8月10日同时颁布了行政法规《直销管理条例》和《禁止传销条例》。根据《直销管理条例》第3条的规定，直销“是指直销企业招募直销员，由直销员在固定营业场所之外直接向最终消费者推销产品的经销方式”；根据《禁止传销条例》第2条的规定，传销“是指组织者或者经营者发展人员，通过对被发展人员以其直接或者间接发展的人员数量或者销售业绩为依据计算和给付报酬，或者要求被发展人员以交纳一定费用为条件取得加入资格等方式牟取非法利益，扰乱经济秩序，影响社会稳定的行为”。同时《禁止传销条例》第7条规定，下列行为，属于传销行为：（一）组织者或者经营者通过发展人员，要求被发展人员发展其他人员加入，对发展的人员以其直接或者间接滚动发展的人员数量为依据计算和给付报酬，牟取非法利益的；（二）组织者或者经营者通过发展人员，要求被发展人员交纳费用或者以认购商品等方式变相交纳费用，取得加入或者发展其他人员加入的资格，牟取非法利益的；（三）组织者或者经营者通过发展人员，要求被发展人员发展其他人员加入，形成上下线关系，并以下线的销售业绩为依据计算和给付上线报酬，牟取非法利益的。由此，我国行政法规把“拉人头”“缴纳入门费”及“团队计酬”三种情形确定为传销。

随着行政上对非法传销行为的整治，在国务院上述《通知》发布之后，对于具有严重社会危害性的传销或变相传销行为，司法机关等有关部门作出了“入罪”的安排和实践。其中，针对《通知》发布后传销和变相传销在全国蔓延并给人民群众财产造成重大损失、严重扰乱社会经济秩序的状况，国务院办公厅于2000年8月13日转发了工商局、公安部、人民银行三部门联合制定的《关于严厉打击传销和变相传销等非法经营活动的意见》（以下简称《意见》）。《意见》要求各级工商行政管理、公安机关密切协作，“严厉打击传销和假借‘代理’、‘买卖’、‘消费联盟’、‘网络倍增’、‘加盟连锁’、‘动力营销’、‘滚动促销’等名义进行变相传销的非法经营活动”，《意见》列举了坚决予以取缔的六种传销或变相传销行为，并同时规定“对情节严重涉嫌犯罪的，要移送公安机关，按照司法程序对组织者依照《刑法》第225条的有关规定处理"，即"（一）经营者通过发展人员、组织网络从事无店铺经营活动，参加者之间上线从下线的营销业绩中提取报酬的；（二）参加者通过交纳入门费或以认购商品（含服务，下同）等变相交纳入门费的方式，取得加入、介绍或发展他人加入的资格，并以此获取回报的；（三）先参加者从发展的下线成员所交纳费用中获取收益，且收益数额由其加入的先后顺序决定的；（四）组织者的收益主要来自参加者交纳的入门费或以认购商品等方式变相交纳的费用的；（五）组织者利用后参加者所交付的部分费用支付先参加者的报酬维持运作的；（六）其他通过发展人员、组织网络或以高额回报为诱饵招揽人员从事变相传销活动的"。另外，公安部也发布了《关于严厉打击以传销和变相传销形式进行犯罪活动的通知》（公通字［2000］54号），要求各级公安机关"依法严厉打击以传销、变相传销形式进行非法经营、集资诈骗、非法吸收公众存款等违法犯罪活动"。

由于司法实践中对打击传销或者变相传销犯罪活动出现了依实施传销行为的不同情况分别按照非法经营罪、诈骗罪、集资诈骗罪、虚报注册资本罪、走私罪、偷税罪（现改为逃税罪）、销售伪劣产品罪等追究行为人刑事责任的状况，这种入罪罪名各不相同而造成司法上的不统一，不仅损害了公平、公正的司法价值取向，而且严重影响了司法权威和公信力，并直接影响惩治传销犯罪的有效性，所以，最高人民法院于2001年4月18日在对广东省高级人民法院的请示所作出的《关于情节严重的传销或者变相传销行为如何定性问题的批复》（以下简称《批复》）中指出：对于1998年4月18日国务院《关于禁止传销经营活动的通知》发布以后，仍然从事传销或者变相传销活动，扰乱市场秩序，情节严重的，应当以非法经营罪定罪处罚，同时构成其他犯罪的，依照处罚较重的规定定罪处罚。《批复》至少明确了如下几个问题：一是传销或者变相传销作为一种经营方式，其危害性首先体现在扰乱市场秩序，因而对于扰乱市场秩序且情节严重的传销或者变相传销活动，将其纳入《刑法》第225条第（4）项"其他严重扰乱市场秩序的非法经营行为”评价，并以非法经营罪定罪处罚；二是从《批复》的表述来看，对实施传销或者变相传销活动的行为人，无论是组织者、领导者还是其他参加者，均以非法经营罪论处；三是传销或者变相传销型的非法经营罪与他罪竞合时的处理原则，即在实施传销或者变相传销行为中同时触犯其他罪名的，依照处罚较重的规定定罪处罚（而非数罪并罚）。

二、组织、领导传销活动罪的“今生”

如上所述，在组织、领导传销活动罪正式设立之前，司法实践中分别按照非法经营罪、诈骗罪、集资诈骗罪、虚报注册资本罪、走私罪、偷税罪（现改为逃税罪）、销售伪劣产品罪等对实施传销的行为人追究刑事责任，后又依据最高人民法院的《批复》基本以非法经营罪对情节严重的传销和变相传销行为予以惩治。但是，以“拉人头”“缴纳入门费”等方式组织的传销行为，并没有提供真实的商品或者服务，亦即不具有实际的经营活动，而实施非法经营犯罪的行为人，虽然违反了国家规定，但其因提供了商品或者服务，本质上是一种真实的商业活动，所以传销行为与非法经营等犯罪的实行行为有本质不同，那么，以非法经营罪等罪名对传销行为定罪处罚不能实现罪名与罪质的统一。有学者指出：仅仅以司法解释的形式对传销和变相传销的性质加以规定，将传销行为纳入非法经营罪的范畴，很难适应传销和变相传销的新特点，必须独设非法传销罪，明确设定非法传销的刑罚。[①] 同时国务院法制办、公安部等部门也提出，以“拉人头”、收取“入门费”等方式组织传销的违法犯罪活动，严重扰乱社会秩序，影响社会稳定，危害严重，因而为更有利于打击组织传销的犯罪，应当在刑法中对组织、

① 参见熊英：《对设立非法传销罪的立法思考》，载《中国工商管理研究》2004 年第 12 期。

领导传销组织的犯罪作出专门规定。[①]作为回应，为了增强对传销犯罪的惩治力度，并突出惩治传销犯罪的针对性、实效性，立法机关终于在2009年2月28日第十一届全国人大常委会第七次会议通过的《刑法修正案（七）》第4条专门规定了组织、领导传销活动罪。

不过该罪名的最终产生经历了一个争议及转变的过程。在2008年8月25日《刑法修正案（七）（草案）》第1稿的第4条中，原本的设置是在《刑法》第225条后增加一条，作为第225条之一，其规定的具体内容是："组织、领导实施传销行为的组织，情节严重的，处三年以下有期徒刑或者拘役，并处罚金；情节特别严重的，处三年以上七年以下有期徒刑，并处罚金。犯前款罪又有其他犯罪行为的，依照数罪并罚的规定处罚。传销行为依照法律、行政法规的规定确定。"从《草案》一审稿看出，传销犯罪最初是以一种组织罪而设立的，即组织、领导的对象是"传销组织"，按照该规定其罪名应当为组织、领导传销组织罪。应当说《草案》一审稿的用意显然是要参照《刑法》第120条规定的组织、领导、参加恐怖组织罪和第294条第1款规定的组织、领导、参加黑社会性质组织罪的立法，先以传销组织罪对行为人进行惩处，行为人又以传销组织实施其他犯罪的，以该传销组织罪与其他犯罪实施数罪并罚。《草案》一审稿公布后，关于第4条对传销犯罪的规定在社会上产生了广泛的争议，其中最主要的问题是"草案对传销犯罪的规定比较笼统"。为此，在2008年12月22日《刑法修正案（七）（草案）》的二次审议稿中，立法机关对该条作出了相应的修改，其具体内容改为："在刑法第224条后增加一条，作为第224条之一：组织、领导以推销商品、提供服务等经营活动为名，要求参加者以缴纳费用或者购买商品、服务等方式获得加入资格，并按照一定顺序组成层级，直接或者间接以发展人员的数量作为计酬或者返利依据，引诱、胁迫参加者继续发展他人参加，骗取财物，

---

① 参见李适时于2008年8月25日十一届人大常委会第四次会议上做出的《关于〈中华人民共和国刑法修正案（七）（草案）〉的说明》。

扰乱经济社会秩序的传销活动的，处五年以下有期徒刑或者拘役，并处罚金；情节严重的，处五年以上有期徒刑，并处罚金。”与一审稿相比，二审稿的这一修改发生了重大实质性转变，即其不仅对传销犯罪的行为方式和本质特征进行了明确规定，而且将传销犯罪的立法从《刑法》第225条（非法经营罪）中脱离而调至《刑法》第224条（合同诈骗罪）作为其之一，另外还将该罪的调控对象从原来的“传销组织”改为“传销活动”。这一修改最终为2009年2月28日第十一届全国人大常委会第七次会议通过的《刑法修正案（七）》所采纳。同时，2009年10月14日最高人民法院、最高人民检察院颁布了《关于执行〈中华人民共和国刑法〉确定罪名的补充规定（四）》，将《刑法修正案（七）》第4条规定的《刑法》第224条之一的罪名确定为组织、领导传销活动罪。

从该罪罪状的最终规定看出，组织、领导传销活动罪的立法一方面吸收了国务院颁布的《禁止传销条例》中关于传销的部分行为方式，亦即只将“拉人头”和“缴纳入门费”两种传销情形纳入该罪的调控范围，而没有把以销售业绩为依据计算和给付报酬的“团队计酬”及其他变相传销的行为纳入刑法规制。另一方面把《禁止传销条例》中的处罚主体“组织者或者经营者”限定为只处罚组织者、领导者，而其他（包括积极参加者及一般参加者）传销人员均没有纳入本罪的主体范围。

第二章 组织、领导传销活动罪的客体

一、本罪客体的理论之争

刑法理论上一般认为："犯罪客体是指我国刑法所保护的，而被犯罪行为所侵害或者威胁的社会关系。"[①] 换言之，犯罪客体即为犯罪行为侵害的为刑法所保护的各种利益（以下简称法益）。把握犯罪客体不仅有助于认识犯罪的本质特征，而且有助于正确认定犯罪的性质，分清罪与非罪、此罪与彼罪的界限，[②] 因而厘定某一犯罪的客体，无疑具有重要的意义。

犯罪客体有一般客体、同类客体和直接客体之分。直接客体是某一犯罪行为直接侵犯的某一为刑法所保护的具体法益，其又可分为简单客体（或单一客体）和复杂客体。简单客体是指某一犯罪行为只侵害一种具体法益（如故意杀人罪只侵犯他人的生命权）；复杂客体则是指某一犯罪行为同时侵害了两种或两种以上的具体法益（如抢劫罪不仅侵犯公私财产所有权，而且侵犯他人的人身权利）。对于复杂客体，又有主要客体与次要客体之分。主要客体是指犯罪行为侵害程度最严重，或者为刑法予以重点保护的一类法益；而次要客体则是指犯罪行为侵害的程度较轻，或者为刑法一般或者附带保护的一类法益（所以又称辅助客体）。由于我国立法是按照主要客体来确立某一罪名在刑法分则中的归属，主要客体实际决定了某一犯罪的性质，又

---

① 马克昌主编：《犯罪通论》，武汉大学出版社 1999 年版，第 113 页。

② 参见高铭暄、马克昌主编：《刑法学》，北京大学出版社、高等教育出版社 2017 年版，第 55 页。

由于“次要客体也是犯罪构成的必要要件，对于定罪量刑也有决定作用”，[①] 因此，在某一犯罪行为侵害的是复杂客体的情况下，司法实践中对某一犯罪的定性，关键是确定其主要客体，同时某一行为是否构成该种犯罪，其次要客体的确定也是关键因素之一（亦即行为如果没有侵犯次要客体就不成立该种犯罪）。

关于本罪的直接客体，学界持有不同的观点。第一种意见认为，本罪的客体为复杂客体。如有学者认为：“《刑法修正案（七）》第 4 条将本罪放在刑法分则第三章第八节‘扰乱市场秩序罪’的第 224 条后作为第 224 条之一，因此，虽然行为人可能通过实施传销活动诈骗财物进而侵犯被害人的财产权，但是显然《刑法修正案（七）》将本罪的主要客体确定为市场秩序。”[②] 该观点言下之意，即本罪的客体为复杂客体，亦即除“市场秩序”这一主要客体之外，还存在其他的次要客体。不过在持复杂客体的阵营中又出现了不同内容之争。如有学者指出，本罪侵犯的客体为复杂客体，既侵犯公民的财产所有权，又侵犯市场经济秩序和社会管理秩序。[③] 该观点显然将本罪确定为三个客体。而有的学者则认为，本罪既侵犯了市场经济秩序，也侵犯了公民财产所有权。[④] 还有学者认为，从本罪的叙明罪状中的“扰乱经济社会秩序的传销活动”这一表述来看，本罪显然侵犯了双重客体：经济秩序（主要客体）和社会管理秩序（次要客体）。亦即一方面，传销犯罪严重背离市场经济规律，破坏市场经济赖以为继的诚信体系，牟取非法经济利益，侵犯了正常的市场经济秩序；另一方面，传销犯罪涉及人员众多，有的还组建了严密的传销组织，践行反社会的思想理念和价值观，经过传销活动的“洗脑”“攻心”，参与传销的人员道德体系崩塌，唯利是图，执迷不悟，

---

① 高铭暄、马克昌主编：《刑法学》，北京大学出版社、高等教育出版社 2017 年版，第 58 页。

② 赵秉志主编：《刑法修正案最新理解适用》，中国法制出版社 2009 年版，第 77 页。

③ 参见詹庆：《“传销罪”罪名法定化之研究——兼评〈修正案（七）〉（草案）中“组织领导传销罪”》，载《政治与法律》2009 年第 2 期。

④ 参见《刑法学》编写组：《刑法学（下册·各论）》，高等教育出版社 2019 年版，第 104 页。

聚众闹事，抗拒执法，给社会控制体系带来严重危害，因此，传销犯罪还扰乱了社会管理秩序。[①]该观点显然没有将本罪罪状中的“骗取财物”所需要保护的法益（即公民财产所有权）列为客体。第二种意见则认为，本罪侵犯的客体是单一客体。如有学者认为，将传销活动通常伴随而侵犯的社会关系也纳入本罪的客体是不妥当的。一方面，虽然传销的主要犯罪特点是通过“金字塔”式的活动敛财，但是这种敛财活动与法律上纯粹的“诈骗”犯罪活动并不是同一法律属性；另一方面，虽然有的严重传销活动造成社会群体性事件而影响社会稳定，但是对“社会秩序”的扰乱是传销活动的政治属性而非法律属性。总之，传销活动的本质属性是扰乱经济秩序，因而组织、领导传销活动罪的客体是单一客体，即我国社会市场经济秩序。[②]

二、本书的观点

由于立法将本罪置于刑法分则第三章“破坏社会主义市场经济秩序罪”之“扰乱市场秩序罪”一节中，同时在罪状方面为本罪安排了“骗取财物”以及“扰乱经济社会秩序”的内容，从这个角度分析，上述第一种意见主张本罪的客体为复杂客体是值得赞同的。笔者认为，本罪的客体应当包括市场秩序、公民财产权和社会管理秩序。其中市场秩序是主要客体，公民财产权和社会管理秩序是次要客体。

首先，传销开始是作为一种经营方式而出现的，其当然首先且主要破坏的是市场秩序。如上所述，传销滥觞于市场经济的土壤，又因国家制度上的供给不足而泛滥，其表现出的社会危害性首先是对市场秩序的破坏。国家无论是从行政上坚决取缔传销，还是从刑法层面上严厉惩治传销犯罪行

① 参见董文蕙：《论组织、领导传销活动罪——兼解读〈刑法修正案（七）〉第四条》，载《宁夏大学学报（人文社会科学版）》2009 年第 4 期。

② 参见马克昌主编：《百罪通论（上卷）》，北京大学出版社 2014 年版，第 472 页。另参见高铭暄、马克昌主编：《刑法学》，北京大学出版社、高等教育出版社 2017 年版，第 449 页。

为，其目的均是清理市场经济中的传销活动以及恢复因传销而遭受破坏的市场秩序。所以，本罪侵害的法益首先表现为市场秩序，而且其为刑法予以重点保护的法益，立法把该罪置于刑法分则第三章“破坏社会主义市场经济秩序罪”之“扰乱市场秩序罪”一节中，足以表明立法者对市场秩序进行主要或重点保护的立场。

其次，立法为该罪的罪状设置了“骗取财物”这一要件，那么“公民财产权”就理应成为本罪保护的法益之一，即次要客体。按照张明楷教授的观点，传销活动可以分为原始型传销和诈骗型传销两种：前者传销的是商品，以销售商品的数量作为计酬或返利的依据；后者并不传销商品，只是以发展人员的数量作为计酬或者返利的依据。[1] 而目前立法并没有将“团体计酬”型的传销纳入本罪的调控范围，所以本罪所指的传销活动肯定属于诈骗型的传销。而诈骗犯罪必须要具有非法占有的目的，且从本罪“骗取财物”要件的表述来看，其应是指行为人在实施传销活动中已经通过诈骗手段取得了他人的财物，由此说明“公民财产权”是在行为人实施传销犯罪时不可避免地会侵犯到的法益，也由此表明立法者将公民财产权作为必定保护的目标。

再次，本罪立法的结果要件为“扰乱经济社会秩序”，显然其包含“经济秩序”和“社会秩序”。亦即，行为人实施传销行为不仅违背了市场经济下的交易规律而且破坏了市场秩序，因其采取引诱、胁迫等手段以发展下线人员的多少作为上线提取“报酬”的依据，在下线断供的情况下处于传销“金字塔”底层的传销人员就会空手而归，从而会引起一定的社会震荡。可见，“社会管理秩序”无疑也是本罪侵犯的客体。

最后，上述持本罪为单一客体（即市场经济秩序）观点的论据并不成立。一方面，该观点在论及“传销中的敛财活动与法律上纯粹的‘诈骗’犯罪活动并不是同一法律属性”的理由是：《刑法修正案（七）》第4条虽然有“骗

---

① 参见张明楷：《刑法学（下）》，法律出版社2016年版，第836页。

取财物”的特征表述，但传销并不是以直销产品或者提供实质性服务作为销售者、推介者获取利润的主要来源，而是以推销质差、价低的商品或服务而冒充高质量、高价位的“道具商品”或者服务，通过发展下线购买的人头多少而获取相应的高额回报，但这里的传销的道具商品仍然是商品，服务仍然是服务，只是不是其所描述的商品、服务而已，这是与诈骗非同一性质的行为。[①] 该论者的上述理由无非是在论证传销中的“骗取”不符合诈骗犯罪所具有的虚构事实或者隐瞒真相的一般行为特征，由此否认传销中的“骗取财物”与纯粹的诈骗的性质具有同一性。笔者认为，行为人在实施传销活动中，即便真实存在所推销的商品或者服务，但毕竟其是一种“道具”或者幌子而已，其真正的意图是以此引诱他人加入传销组织实施具体的传销行为，因此此种行为虽然不是虚构事实但也属于隐瞒真相，因而是典型的诈骗行为。何况，以推销质差、价低的商品或服务冒充高质量、高价位的“道具商品”或者服务的传销只是众多传销类型中的一种，诸如近年出现的以“1040 阳光工程”为名义的传销组织，其实施的就是一种没有生产任何产品和提供任何服务的“纯资本运作”的传销行为。所以，“传销中的敛财活动与法律上纯粹的‘诈骗’犯罪活动并不是同一法律属性”的结论是无法得到赞同的。另一方面，该观点在论及“社会秩序”不属于本罪客体的理由是“传销对‘社会秩序’的扰乱是传销活动的政治属性而非法律属性”，笔者认为这一理由同样难以成立。因为，我国刑法分则专设了“妨害社会管理秩序罪”一章（第六章），显然“社会管理秩序”已成为一个彻底的法律概念，[②] 而且从司法实践来看，有关部门在对传销活动进行查禁时，传销分子往往会实施诸如抗拒执法、聚众扰乱社会秩序、聚众冲击国家机关、聚众扰乱公

① 参见马克昌主编:《百罪通论（上卷）》，北京大学出版社 2014 年版，第 472 页。

② 刑法分则第六章“妨害社会管理秩序罪”之“社会管理秩序”是狭义上的社会管理秩序，即国家对社会日常生活进行管理而形成的有条不紊的秩序，特指刑法分则其他各章规定之罪侵犯的同类客体以外的社会管理秩序。参见高铭暄、马克昌主编:《刑法学》，北京大学出版社、高等教育出版社 2017 年版，第 524 页。

共场所秩序及交通秩序等行为，从而可能触犯妨害公务罪、扰乱社会秩序罪、聚众冲击国家机关罪以及聚众扰乱公共场所秩序、交通秩序罪等罪名。而上述这些犯罪，均属于侵犯“社会管理秩序”这一客体（同类）的行为。另外，如前所述，立法机关在说明本罪的立法背景时，特别提到的是国务院法制办、公安部等部门的主张，这些部门提出，以“拉人头”、收取“入门费”等方式组织传销的违法犯罪活动，严重扰乱社会秩序，影响社会稳定，危害严重。显然，传销活动的入罪，“扰乱社会秩序”是其最主要的根据之一。也由此可见，传销违法犯罪活动导致社会秩序的破坏并非仅表现出一种政治属性，而是刑法分则第六章规制的破坏社会管理秩序行为的真实存在。鉴于此，认为本罪为单一客体的观点显然是站不住脚的。

综上所述，如果严格按照本罪立法的背景以及内容进行考察，本罪的客体无疑包括市场秩序、公民财产权以及社会管理秩序。不过需要说明的是，笔者赞成本罪为复杂客体的观点是基于立法的规定，但如后所述，笔者认为当前传销犯罪居高不下，甚至愈演愈烈，与目前立法存在不完善的情况是分不开的。亦即，在仔细推敲之下，本罪的立法不应出现复杂客体的情形，应以单一客体作为本罪的立法选择。当然，根据传销活动目前所显示的特点，本罪侵犯的单一客体并非上述学界第二种意见所主张的“市场经济秩序”，而应是通过立法完善，将“公民财产权”确定为本罪的客体。

第三章 组织、领导传销活动罪的客观方面

"犯罪的客观方面，是指刑法所规定的、说明行为对刑法所保护的社会关系造成侵害的客观外在事实特征。"[①] 一般认为，犯罪客观方面包括危害行为、危害结果以及行为的时间、地点、方法（手段）等要件或要素。其中，危害行为是所有犯罪成立都必须具备的要件；危害结果是多数犯罪成立具备的要件；时间、地点、方法是某些特定犯罪成立需具备的要件。

根据《刑法》第224条之一的规定，本罪的客观方面表现为行为人实施了组织、领导传销活动的行为。"传销活动"具体包括以下几项内容：（1）"以推销商品、提供服务等经营活动为名，要求参加者以缴纳费用或者购买商品、服务等方式获得加入资格"。这是本罪的基础条件，它既是行为表现为传销的外部特征，也是传销活动据以开展的前提。（2）"按照一定顺序组成层级，直接或者间接以发展人员的数量作为计酬或者返利依据"。这是本罪的实质要件，也是本罪在行为方式上所表现出的本质特征。一方面，"层级"的组成，意味着"金字塔"式的传销模式由此建立，并能借以开展收取"人头费""认购费""会费"等敛财活动。亦即，没有"层级"的组成，就没有所谓传销的行为。另一方面，"以发展人员的数量作为计酬或者返利依据"，表明立法将虽然建有"层级关系"，但真正以销售商品业绩作为计酬依据的经营方式（即"团队计酬"式传销）排除在犯罪之外的立场。所以，客观行为必须符合或达到第二个方面的要求，否则不构成本罪。（3）"引诱、胁迫参加者继续发展他人参加"。这是本罪的手段要件，亦即为了扩大传

① 高铭暄主编：《刑法专论（上编）》，高等教育出版社2002年版，第151页。

销活动，行为人常常采用引诱、胁迫的手段动员或迫使他人参加传销活动。（4）“骗取财物”。这是本罪的目的要件，同时也是本罪保护的法益。亦即传销活动的开展，通常表现为对他人财物的骗取。（5）“扰乱经济社会秩序”。这是本罪的结果要件（非结果犯之“结果”），同时也是本罪保护的法益。亦即，传销活动必须体现为扰乱了经济社会秩序，否则不构成本罪（可能构成他罪）或者以本罪的未遂论处。

根据司法实践，在本罪的客观方面，有必要对何为刑法意义上的“传销”、本罪的“组织、领导”行为如何界定、“以推销商品、提供服务等经营活动为名”的内涵以及如何把握“层级”等几个问题，进行厘清与厘定。

一、刑法意义上“传销”内涵的界定

应当说，在2005年8月23日颁布《直销管理条例》和《禁止传销条例》之前，我国并没有将“传销”与“直销”的概念进行严格的区分，甚至在较长时期内是将二者予以等同或者混同使用的。例如，国家工商行政管理局于1997年1月10日颁布的《传销管理办法》中，“传销”即被定义为“生产企业不通过店铺销售，而由传销员将本企业产品直接销售给消费者的经营方式”，其将“传销”的形式“多层次传销”和“单层次传销”分别定义为：“多层次传销，是指生产企业不通过店铺销售，而通过发展两个层次以上的传销员并由传销员将本企业的产品直接销售给消费者的一种经营方式”；“单层次传销，是指生产企业不通过店铺销售，而通过发展一个层次的传销员并由传销员将本企业的产品直接销售给消费者的一种经营方式”。根据《直销管理条例》第3条的规定，直销“是指直销企业招募直销员，由直销员在固定营业场所之外直接向最终消费者推销产品的经销方式”。显然，《传销管理办法》中的“传销”与《直销管理条例》中对直销的定义实际是一致的，因为它们均满足了“无店铺销售”这一直销方式的本质特征。当然，尽管二者在名称使用上没有做出区分，但是对何为“传销”还是赋予了其特有的内涵。例如，《传销管理办法》第 15 条、第 17 条分别规定，“经批准的传销企业不得以缴付入会费、保证金或者认购一定数量的产品等作为参加传销的条件；不得向传销员收取培训费、手续费等各种名目的费用，不得强制传销员购买有关资料”及“传销企业不得强制安排传销员发展下线人数，或者根据发展下线的人数计算报酬”。这些规定说明，当时对“传销”本质的揭示已初见端倪。

2005 年 8 月 23 日随着国务院《直销管理条例》和《禁止传销条例》的颁布，我国不仅开始对“传销”与“直销”在概念的使用上进行了区分，《禁止传销条例》对“传销”的内涵也进行了最终的厘定，其第 7 条确定了下列行为属于传销：（一）组织者或者经营者通过发展人员，要求被发展人员发展其他人员加入，对发展的人员以其直接或者间接滚动发展的人员数量为依据计算和给付报酬，牟取非法利益的；（二）组织者或者经营者通过发展人员，要求被发展人员交纳费用或者以认购商品等方式变相交纳费用，取得加入或者发展其他人员加入的资格，牟取非法利益的；（三）组织者或者经营者通过发展人员，要求被发展人员发展其他人员加入，形成上下线关系，并以下线的销售业绩为依据计算和给付上线报酬，牟取非法利益的。

从上看出，我国行政法意义上的传销与刑法意义上的传销至少体现出了以下四个方面的不同：

一是行政法意义上的传销的范围大于刑法意义上的传销。行政法意义上的传销包括三种形式，即“拉人头”式传销、“交纳入门费”式传销以及“团队计酬”式传销。可见，我国刑法意义上的传销的范围要比行政法意义上的传销窄。因为，如前所述，《刑法修正案（七）》只是把《禁止传销条例》中的“拉人头”和“交纳入门费”两种形式纳入组织、领导传销活动罪的规制范围，而“团体计酬”式传销则仍然属于行政处罚的范畴。

二是行政法意义上的传销与刑法意义上的传销的成立规格不同。根据《禁止传销条例》第 7 条的规定，只要符合该条“拉人头”“交纳入门费”

及“团队计酬”行为之一的，均以传销论处。因为，该条把上述三种传销行为进行了分别列举，显然它们相互之间是保持相对独立的。而刑法中规制的“拉人头”和“缴纳入门费”两种传销情形并非单列规定。因为立法为本罪罪状设计的句式为“组织、领导以推销商品、提供服务等经营活动为名，要求参加者以缴纳费用或者购买商品、服务等方式获得加入资格，并按照一定顺序组成层级，直接或者间接以发展人员的数量作为计酬或者返利依据”，也就是说，立法将“要求参加者以缴纳费用或者购买商品、服务等方式获得加入资格”（“缴纳入门费”式传销）与“按照一定顺序组成层级，直接或者间接以发展人员的数量作为计酬或者返利依据”（“拉人头”式传销）这两种传销形式用“并”字予以连接，从该罪状的表述明显可以看出，“拉人头”和“缴纳入门费”两种传销形式并没有被分别列举，而是以概括性的方式把该两种传销形式全部摄入其中，这一立法安排说明，只有同时满足两种传销形式才能构成刑法意义上的传销。换言之，如果行为人只是要求参加者以缴纳费用或者购买商品、服务等方式获得加入资格，但没有按照一定顺序组成层级，直接或者间接以发展人员的数量作为计酬或者返利依据，那么对行为人将不能以本罪追究刑事责任。

三是行政法意义上的传销并不以“骗取财物”为要件。从《禁止传销条例》对传销的定义以及所确定的传销形式看出，行政法意义上的传销是以“牟取非法利益”为条件或者要求行为人主观上以“牟取非法利益”为目的，而刑法意义上的传销是以“骗取财物”为要件，显然“牟取非法利益”与“骗取财物”是两个具有不同内涵或者性质的概念，因此，二者在传销成立的主观条件方面存在重大差别。

四是行政法意义上的传销无须任何“量”的要求。根据《禁止传销条例》第 7 条的规定，只要行为人实施的行为符合该条规定的任何情形之一，均依照《禁止传销条例》第 24 条的规定予以处罚。其中：对于组织策划传销的，“没收非法财物，没收违法所得，处 50 万元以上 200 万元以下的罚款”；对于介绍、诱骗、胁迫他人参加传销的，“责令停止违法行为，没收非法财物，没收违法所得，处 10 万元以上 50 万元以下的罚款”；对于参加传销的，“责令停止违法行为，可以处 2000 元以下的罚款”。而刑法意义上传销的成立虽然立法没有对其作出“量”的要求，但根据《刑法》第 13 条的规定，犯罪是具有严重社会危害性的行为，亦即行为对社会的危害不达到严重的程度，不作为犯罪处理，而是交由民法、行政法等其他法律调控。因此，刑法意义上的传销不可能依照行政法的标准确立。事实上，2010 年最高人民检察院、公安部印发的《关于公安机关管辖的刑事案件立案追诉标准的规定（二）》[以下简称《立案追诉标准（二）》] 第 78 条第 1 款就组织、领导传销活动罪的立案追诉标准作出了起刑量化规定，即“涉嫌组织、领导的传销活动人员在三十人以上且层级在三级以上的，对组织者、领导者，应予立案追诉”。根据这一规定，本罪的入罪标准必须同时满足两个条件，即组织、领导的传销活动人员数量必须达到 30 人，以及组织、领导的传销活动的层级必须达到 3 级。换言之，如果组织、领导传销活动的人数虽然达到 30 人，但层级不满 3 级，或者虽然组织、领导的传销活动的层级达到了 3 级，但传销的人数不满 30 人，那么行为人就不构成本罪，只能对其进行行政处罚。有必要强调的是，对于《立案追诉标准（二）》确定的“组织、领导的传销活动人员在三十人以上且层级在三级以上”究竟如何理解，司法实践中出现了不同的认识。一种意见认为，所谓“组织、领导的传销活动人员在三十人以上且层级在三级以上”，是指组织者、领导者本人所发展的其他传销活动人员达到 30 人且层级达到 3 级以上，亦即不包括本人及本级在内，否则不能成为传销活动的组织者、领导者并对其定罪处罚。另一种意见则认为，“组织、领导的传销活动人员在三十人以上且层级在三级以上”，应是指参与传销活动的人员在 30 人以上且其组建的层级在 3 级以上，也就是说应当包括传销活动的组织者、领导者本人及本级在内。为了解决上述分歧以及在办理组织、领导传销活动刑事案件中遇到的其他有关法律适用的问题，2013 年 11 月 14 日最高人民法院、最高人民检察院、公安部联合发布了《关于办理组织领导传销活动刑事案件适用法律若干问题的意见》（以下简称《传销刑事案件适用意见》），其对《立案追诉标准（二）》所规定的“组织、领导的传销活动人员在三十人以上且层级在三级以上”的内涵作出了进一步的厘定。《传销刑事案件适用意见》第1条第1款明确规定，“组织内部参与传销活动人员在三十人以上且层级在三级以上的，应当对组织者、领导者追究刑事责任”。同时，根据《传销刑事案件适用意见》第7条的规定，这里的“层级”和“级”，系指组织者、领导者与参与传销活动人员之间的上下线关系层次，而非组织者、领导者在传销组织中的身份等级；对传销组织内部人数和层级数的计算，包括组织者、领导者本人及其本层级在内。根据上述规定，刑法意义上的传销，实际是指以推销商品、提供服务等经营活动为名，要求参加者以缴纳费用或者购买商品、服务等方式获得加入资格，并按照一定顺序组成层级，直接或者间接以发展人员的数量作为计酬或者返利依据，引诱、胁迫参加者继续发展他人参加，骗取财物，扰乱经济社会秩序的传销组织，其组织内部参与传销活动人员在30人以上且层级在3级以上的行为。

需要提及的是，《传销刑事案件适用意见》在“关于‘团队计酬’行为的处理问题”方面作出了如下规定：传销活动的组织者或者领导者通过发展人员，要求传销活动的被发展人员发展其他人员加入，形成上下线关系，并以下线的销售业绩为依据计算和给付上线报酬，牟取非法利益的，是“团队计酬”式传销活动；以销售商品为目的、以销售业绩为计酬依据的单纯的“团队计酬”式传销活动，不作为犯罪处理；形式上采取“团队计酬”方式，但实质上属于“以发展人员的数量作为计酬或者返利依据”的传销活动，应当依照《刑法》第224条之一的规定，以组织、领导传销活动罪定罪处罚。上述规定显然进一步厘定了“团队计酬”型传销的内涵以及重申了不能归于刑法意义上的传销的态度，由此，目前行为人实施“团队计酬”型传销的行为显然不能以任何犯罪进行处罚，亦即不能以组织、领导传销活动罪论处，也不能以其他犯罪论处。这里值得探讨的是，对于形式上采取“团队计酬”方式，但实质上属于“以发展人员的数量作为计酬或者返利依据”的传销活动，究竟如何进行界定？实践中，有的行为人往往以自己的行为属于“团队计酬”型传销从而不构成本罪为由予以抗辩，所以对此有必要进行探讨。如李某某1等组织、领导传销活动上诉一案，该案中的李某某1、郭某某、陶某、黄某某、王某某均不服一审判决，提出上诉，其基本案情如下：[①]

2005年，李某某1策划成立了斐梵国际（亚太）有限公司（以下简称斐梵公司），其运营的核心是会员制度、层级制度和奖励制度。首先，斐梵公司寻找代工厂加工、定制其所需要的、能够上市销售的产品，然后虚高产品价格并设定多种产品套餐。消费者购买规定的套餐后成为斐梵公司的银卡会员、金卡会员或钻石卡会员，同时取得了发展其他人成为会员的资格及继续购买产品的资格。斐梵公司规定，上线会员将发展的下线会员在网络上分左、右两区排列，之后发展的会员继续向下分区排列，以此叠加累积，自上而下形成金字塔状结构。为不断发展会员，斐梵公司根据发展会员的人数、对下线会员的管理、会员的活跃度等制定了多种奖励制度。会员发展的下线越多，业绩就越好，层级就越高，获得的积分、奖励就越多。积分达到一定的数量之后，会员可以取得渐次增高的男爵、子爵、伯爵、侯爵、公爵五个级别爵位，由此可获得更高的提成比例及在本地开办体验馆盈利的许可等。

原审法院认为，斐梵公司以销售产品的名义，要求参加者购买产品成为会员，获得加入资格，并将加入者按规定顺序排列为层级，加入者以直接、间接发展会员的数量作为计算报酬的依据，骗取他人财物，其行为在侵犯他人财产权利的同时，亦已严重扰乱了市场经济秩序，应当认定斐梵公司系传销组织。最后，原审法院以组织、领导传销活动罪分别判处：被告人李某某1有期徒刑10年，并处罚金100万元；被告人郭某某有期徒刑7年，并处罚金50万元；被告人陶某有期徒刑6年，并处罚金40万元；被告人黄

① 参见山东省泰安市中级人民法院（2014）泰刑三终字第29号刑事判决书。

某某有期徒刑5年，并处罚金30万元；被告人王某某有期徒刑5年，并处罚金30万元；被告人马某有期徒刑3年，缓刑5年，并处罚金20万元。

一审宣判后，李某某1、郭某某、陶某、黄某某、王某某均不服，提出上诉。其中李某某1、郭某某的上诉理由以及黄某某辩护人的意见是：斐梵国际的经营活动是以销售商品为目的的团队计酬式经营，不应作为犯罪处理。

对于上诉人及其辩护人提出的“斐梵国际的经营活动是以销售商品为目的的团队计酬式经营，不应作为犯罪处理”的辩解、辩护意见，二审法院经审理认为，根据公安机关扣押的载有斐梵公司网络经营电子数据的硬盘、对斐梵公司电子数据进行读取的联想ThinkPad笔记本电脑及读取斐梵公司电子数据的演示录像光盘，结合各上诉人及原审被告人的相关供述、胡某等证人证言、在案相关书证账证，已清晰地显示了斐梵公司的运营模式及发展下线人数、涉案金额，可以明确认定斐梵公司以参加者购买商品获得加入资格，并按规定顺序组成层级，直接、间接发展会员的数量作为计酬依据，故斐梵公司应系传销组织，各上诉人及辩护人的辩解、辩护意见不予支持。

笔者认为，“团队计酬”型传销与刑法意义上的“拉人头”“缴纳入门费”传销的相同之处为均通过发展人员，要求被发展人员发展其他人员加入，形成上下线或者层级关系。二者的不同主要表现在两个方面：一是加入的资格要求不同。前者不要求被发展人员缴纳费用或者以认购商品等方式取得加入或者发展其他人员加入的资格，而后者则要求参加者以缴纳费用或者购买商品、服务等方式获得加入资格。二是计算报酬或者提成、返利的依据及来源不同。前者的上线是以下线的销售业绩为依据计算和给付报酬的，亦即上线所获取的报酬来源于下线的销售业绩。这里的销售业绩是指提供货真价实的商品并通过实际的经营活动而获得，而且其销售商品的对象是真正的消费者，同时在以销售业绩为计算报酬依据的情况下，上线获取报酬的多少取决于下线销售业绩的好坏，其报酬数量并非固定。所以，在“团队计酬”型传销模式下，上线实际是通过下线的劳动力来赚取利益，可谓不劳而获，由此法律将实施此类传销的行为人定性为“牟取非法利益”并做出否定性评价。而后者则单纯以“人头”的数量作为计算的依据，其获取的提成或者返利来源于下线所缴纳的“入门费”，而且提成或者返利的比例是固定的。可见刑法意义上的“拉人头”“缴纳入门费”传销模式的上线完全是通过下线的“人头”数量得利，所以法律对行为人此种“非法占有为目的”的做法进行了否定性评价。尽管某些传销为规避法律也会推销某些商品，表面上是以销售业绩作为依据，但是这其中最大的问题是行为人所推销的商品价不符实（有的甚至是伪劣产品），亦即本为价格很低的某种商品，行为人却将价格抬高几十倍，甚至几百倍要求加入者购买，而且购买的主体是加入传销的人而非真正意义上的消费者。这样，上线的获利来源实际是后加入者的“入门费”。比如，加入者购买商品花费了 1000 元，而该种商品实际价值仅 10 元，那么 990 元就成为上线的获利来源，此种情形下实际是上线非法占有了下线的“入门费”。例如，2017 年 3 月四川省宜宾市翠屏区工商局查获了一起涉及上万人的网络传销案，初步查明，宜宾一家生物科技公司自成立以来，通过网络销售平台建立销售网络，顾客只要购买两袋销售价为 200 元的绿茶（进货价格 7 元 / 袋），就可成为其消费商。在涉案公司的销售模式中，其利益分配如下：代理商每介绍一个消费商购买公司价格为 200 元的 2 袋绿茶，被介绍的人就成为公司的消费商，这个消费商的一级代理可以得到佣金 60 元，二级代理可以得到佣金 48 元，三级代理可以得到佣金 36 元。据执法人员介绍，涉案公司发展的有效消费商为 10151 人，按每人消费 200 元计算，其销售金额为 203 万余元。[①] 在该案中，上线的佣金表面上来自下线的销售业绩，但由于商品（绿茶）的成本价每袋只有 7 元，这样每位“顾客”消费的 200 元中就有 193 元被行为

① 参见吕庆福:《四川查获一起涉及上万人的网络传销大案》，载 http://news.xinhuanet.com/fortune/2017-03/14/c_1120625723.htm，2020 年 2 月 6 日访问。

人骗取。另外，轰动全国的天津权健自然医学科技发展有限公司（以下简称权健公司）及被告人束某辉等 12 人组织、领导传销活动一案，其经营模式与上述案例相同。经审理查明，自 2007 年以来，权健公司以高额奖励为诱饵，引诱他人购买成本与售价严重背离的产品并成为权健公司会员，再以发展会员的人数为依据进行返利，诱使会员继续发展他人参加，形成金字塔式层级关系，获取巨额经济利益。被告人束某辉作为权健公司实际控制人，对公司组织、领导传销活动起着决定作用，其他被告人分别按照束某辉的授意参与组织、领导传销活动，或作为权健公司经销商，发展会员参与传销活动。2020 年 1 月 8 日，天津市武清区人民法院对权健公司及束某辉等 12 人组织、领导传销活动一案依法公开宣判，认定被告单位权健公司及被告人束某辉等 12 人均构成组织、领导传销活动罪，依法判处被告单位权健公司罚金人民币 1 亿元，判处被告人束某辉有期徒刑 9 年，并处罚金人民币 5000 万元；对其他 11 名被告人分别判处 3 年至 6 年不等的有期徒刑，并处罚金；对违法所得予以追缴，上缴国库。被告人束某辉当庭表示认罪服法。①

基于上述分析，以上李某某 1 等组织、领导传销活动上诉一案，上诉人及辩护人提出“斐梵国际的经营活动是以销售商品为目的的团队计酬式经营，不应作为犯罪处理”，该上诉理由及辩护意见能否得到支持，就要看斐梵公司是否与“团队计酬”型传销运作模式相符。亦即，如果有证据证实其不要求被发展人员缴纳费用或者以认购商品等方式取得加入或者发展其他人员加入的资格，同时上线是以下线的销售业绩为依据计算和给付报酬的，那么其上诉理由及请求就会得到支持，否则就不予采纳。从该案所查明的事实来看，斐梵公司要求消费者购买规定的套餐后成为斐梵公司的银卡会员、金卡会员或钻石卡会员，并取得发展其他人成为会员的资格及继

---

① 参见《天津权健传销案一审宣判：被告单位被罚一亿，董事长束某辉获刑九年》，载 https://www.sohu.com/a/365445513_120503462，2020 年 8 月 2 日访问。

续购买产品的资格，同时，其根据发展会员的人数等进行奖励，会员发展的下线越多，层级就越高，获得的积分就越多，由此可获得更高的提成比例。可见，斐梵公司的运作模式并不符合“团队计酬”型传销的条件，应当属于刑法意义上“拉人头”“缴纳入门费”的传销组织，因而二审法院对李某某1等的上诉请求不予支持是正确的。不过，审理该案的一审和二审法院，均仅以“斐梵公司系传销组织”作为认定各上诉人构成本罪以及回应上诉人的理由，这并不妥当。因为，传销也包括“团队计酬”型传销，“斐梵公司系传销组织”既可以解读为“团队计酬”型的传销组织，也可以解读为“拉人头”“缴纳入门费”式的传销组织，所以，将斐梵公司确定为“拉人头”“缴纳入门费”式的传销组织，更为准确。

二、“组织、领导”行为的界定

根据立法的规定，本罪在实行行为方面表现为组织、领导传销活动，应当说，这是本罪客观方面的核心，因此界定本罪中“组织、领导”的内涵无疑具有十分重要的意义。

（一）刑法语境中“组织、领导”的多种含义

我国刑法规定了诸多涉及“组织”这一词语的罪名，有的罪名中的“组织”作为动词使用，有的则作为名词使用。单以动词使用的罪名除了本罪外，还有：组织残疾人、儿童乞讨罪，组织未成年人进行违反治安管理活动罪，组织出卖人体器官罪，组织他人非法聚集罪，组织会道门、邪教组织破坏法律实施罪，组织会道门、邪教组织致人重伤、死亡罪，非法组织卖血罪，组织他人偷越国（边）境罪，组织卖淫罪，组织播放淫秽音像制品罪，组织淫秽表演罪以及组织越狱罪，等等。既有动词又有名词使用的罪名有组织、领导、参加恐怖组织罪和组织、领导、参加黑社会性质组织罪。另外，有些罪名虽然没有冠以“组织”的名称，但对其犯罪的客观方面刑法规定

需要有“组织”的行为，如第103条的分裂国家罪，第104条的武装叛乱、暴乱罪以及第105条的颠覆国家政权罪，其客观方面表现为“组织、策划、实施”了分裂国家、武装叛乱或者武装暴乱以及颠覆国家政权的行为。

在刑法语境里，与“组织”相联系的有“组织犯”和“组织行为”两个概念。“组织犯”是划分共同犯罪人种类的一种称呼，它一般与实行犯、教唆犯和帮助犯一起成为以分工为标准的基本种类。我国刑法虽然没有明文规定组织犯的概念，但有学者认为，在刑法条文中确实包含组织犯的规定，如关于主犯和首要分子的规定。《刑法》第26条第1款规定：“组织、领导犯罪集团进行犯罪活动的……是主犯。”《刑法》第97条规定：“本法所称首要分子，是指在犯罪集团或者聚众犯罪中起组织、策划、指挥作用的犯罪分子。”为此，“我国刑法理论上的组织犯，是指组织、领导犯罪集团或者在犯罪集团中起策划、指挥作用的犯罪分子”[①]。作为共同犯罪中的分工，实践中组织犯一般不直接参与实施具体的犯罪行为，但也存在既实施组织行为又直接参与实施具体犯罪行为的情形。而“组织行为”是就共同犯罪行为而言的，它是指组织犯在犯罪集团中的组织、领导、策划、指挥行为。按照陈兴良教授的观点，“组织行为具有不同于正犯行为的特点，它不是由刑法分则加以规定的，而是由刑法总则规定的。如果某种组织行为已由刑法分则作了规定，那就不仅是组织犯的组织行为，其本身就是正犯行为”。[②] 例如，《刑法》第120条规定的组织、领导、参加恐怖组织罪中，就包含组织行为，此时的“组织行为”已经由刑法分则规定为犯罪的实行行为（正犯行为）。

从语义上看，“组织”有“使分散的人或事物具有一定的秩序和系统”及“按照一定的目的和系统组织起来的团体”之意。[③] 显然，前者是当“组织”

---

① 马克昌主编:《犯罪通论》，武汉大学出版社1999年版，第542页。

② 陈兴良:《规范刑法学（上册）》，中国人民大学出版社2013年版，第232页。

③ 参见《新华词典》，商务印书馆2013年版，第1357页。

作为动词使用时的语义，而后者则是“组织”作为名词使用时的语义。在刑法语境中，如果与犯罪集团对应，“组织”是指为实施共同犯罪的目的，通过发起以及招募、雇佣、拉拢、引诱、鼓动等方式而将分散的个人召集起来，形成较为固定的犯罪组织并对犯罪集团实施领导、策划、指挥的行为；如果与一般共同犯罪相对应，“组织”不仅指发起、召集，而且还包括在实施具体犯罪中的领导、策划、指挥行为；如果与单独犯罪相对应，“组织”则是直接实施领导、策划、指挥以及安排、协调、布置等的行为。不过具体而言，“组织”作为实行行为，在不同的犯罪中又赋予了其不同的内涵。例如，根据 2012 年最高人民法院、最高人民检察院《关于办理妨害国（边）境管理刑事案件应用法律若干问题的解释》第 1 条第 1 款的规定，组织他人偷越国（边）境罪的“组织”，是指领导、策划、指挥他人偷越国（边）境或者在首要分子指挥下，实施拉拢、引诱、介绍他人偷越国（边）境等的行为；又如 2017 年最高人民法院、最高人民检察院《关于办理组织、强迫、引诱、容留、介绍卖淫刑事案件适用法律若干问题的解释》第 1 条的规定，组织卖淫罪的“组织”，是指以招募、雇佣、纠集等手段，管理或者控制他人卖淫的行为；等等。

刑法分则以“组织、领导”两种行为并列规定的罪名共有三个，除本罪外，另两个是组织、领导恐怖组织罪和组织、领导黑社会性质组织罪。后二罪中“组织、领导”的内涵如何界定，在刑法理论界不存在分歧，一般认为，二罪中的“组织”是指对不特定多人通过倡议、鼓动、招募、拉拢、引诱等手段而聚集起来并成立恐怖组织或者黑社会性质组织的行为，“领导”是指在恐怖组织或者黑社会性质组织中居于统率、支配的地位，对该组织的活动进行策划、布置、协调、指挥的行为。至于“组织”与“领导”如何区分，则存在不同的意见。以组织、领导黑社会性质组织罪为例，一种观点认为，黑社会性质组织犯罪中的“组织”和“领导”行为的区分，应以黑社会性质组织的建立作为两者的分界点，建立前为促使该组织成立的行为是“组织”行为，建立后的管理行为应认定为该罪所称的“领导”行为。

换言之，黑社会性质组织犯罪中的“组织”行为只可能发生在组建黑社会性质组织阶段，而“领导”行为则只可能发生在黑社会性质组织已经存在的阶段。[①] 另一种观点则认为，黑社会性质组织罪中的“组织”与“领导”行为在“阶段”上有一定的交叉关系，因为在黑社会性质组织成立后，也仍然存在一些组织行为，如进一步发展壮大该组织，就会进一步招募人员，这也是一种后续的组织行为。因此二者区别的重点在于：“组织”的行为内容一般只涉及组织内部事务，其性质是组建、完善、扩大黑社会性质组织；而“领导”的行为内容主要涉及组织所实施的犯罪行为，其行为性质是策划、指挥、协调黑社会性质组织的犯罪行为。[②] 上述两种观点的不同之处表现为，第一种观点以黑社会性质组织的建立作为分界点将“组织”行为与“领导”行为做出了绝对的划分，而第二种观点则注重对“组织”行为与“领导”行为各自的实质内涵进行区分（而不是以黑社会性质组织的建立作为唯一的区分依据），此种观点将“组织”行为与“领导”行为置于黑社会性质建立的整个过程进行甄别与厘定，不仅符合二者的文义，同时也与实践相适，因而是可取的。

（二）本罪“组织、领导”内涵的界定

关于本罪“组织、领导”的内涵，理论界基本上做出了与组织、领导恐怖组织罪及组织、领导黑社会性质组织罪中“组织、领导”的内涵大致相同的认定。如有学者认为，本罪中的“组织”，是指通过策划、指挥、招揽、引诱、拉拢、胁迫、安排、调配等行为倡导、发起传销活动的行为；本罪中的“领导”，是指在传销活动中处于统率、支配地位的人对传销活动进行的策划、决策、指挥、协调等。[③] 司法解释虽然没有直接对何为本罪的“组

---

① 参见郭立新、杨迎泽主编:《刑法分则适用疑难问题解》，中国检察出版社 2000 年版，第 262 页。

② 参见马克昌主编:《百罪通论（下卷）》，北京大学出版社 2014 年版，第 955—956 页。

③ 参见赵秉志主编:《刑法修正案最新理解适用》，中国法制出版社 2009 年版，第 76 页。

织、领导”作出规定，但是根据其对本罪主体组织者、领导者范围的认定，可以据此确定“组织、领导”的内涵。根据《传销刑事案件适用意见》第2条第1款的规定，对于在传销活动中起发起、策划、操纵作用，以及承担管理、协调、宣传、培训等职责，或者其他对传销活动的实施、传销组织的建立、扩大等起关键作用的人员，可以认定为传销活动的组织者、领导者。该规定采取了列举和兜底的方法，将凡是对传销活动的实施、传销组织的建立、扩大等起关键作用的人员都纳入本罪处罚的主体。那么，在传销活动中的发起、策划、操纵以及管理、协调、宣传、培训等对传销活动的实施、传销组织的建立、扩大起关键作用的行为，均属本罪的“组织、领导”行为。所谓“发起”，是指提出实施传销活动的想法、建议或者动议，并通过招募、鼓动、雇佣、引诱、拉拢等方式将不特定多人聚集起来实施传销活动。“发起”行为是传销活动的起源，发起人往往同时在传销组织中实施策划、操纵的行为。所谓“策划”，是指行为人（一般为发起人）本人或者与他人进行谋略、商议，就开展传销活动的可行性和前景做出论证，组建传销组织以及制定维持传销体系正常运作的各种规则、制度，如传销组织内部机构的设立、缴纳入门费的数额、发展下线的要求、职务晋升的要求、返利或提成的数额或比例，等等。所谓“操纵”，是指行为人采用一定的手段对整个传销组织以及传销活动加以支配和控制的行为，包括对传销规则、人员调配、管理方法、宣传手段、传销扩展等方面的支配和控制。所谓“管理”，是指为了能使他人与其共同开展传销活动或者能使整个传销活动顺畅进行而实施一定的行为，包括对传销人员行动、生活、纪律等的管束或者照料，也包括对传销活动中具体工作的管理（比如网络后台操作、接单等）。例如，以“纯资本运作”为模式的传销组织，为管理该传销组织的众多成员，该传销组织根据需要成立了多个“经理室”，“经理室”内配备分别负责管理申购、学习、能力、安全、自律、保密的“大经理”及助理。负责申购的大经理负责为新加入人员办理申购手续、将申购款存入指定账户和申购人员的统计等工作，并为组织人员排位，发放工资，收集和提供相关信息；

负责学习、能力的大经理负责组织和安排组织内的各种会议来增强组织成员进一步发展新成员的能力；负责安全、自律、保密的大经理负责对组织成员日常生活的约束、各种会议请假制度的落实、安排各种会议看管人员等，保证各项组织纪律的落实和会议的正常进行。所谓“协调”，是指配合传销组织上级“领导”开展传销活动或者对其所管理的传销体系内部各机构人员进行调配的行为，如对传销组织“老总”的指示或者精神以及传销人员的发展状况等进行上传下达，以及奉上级指示将某人调配至另一个传销体系中“任职”或者协助开展管理工作，等等。所谓“宣传”，是指通过讲课、播放视频、发放宣传资料、推介会、招商会、演唱会、高峰论坛、参观旅游、公益活动、新闻媒体、互联网等方式或平台采用演说、文字、图片等方式向特定或不特定人员讲解传销组织拟定的经营计划、运行模式、奖金制度、项目发展前景、盈利状况以及投资回报率等，诱使他人加入传销组织并开展传销活动的行为。所谓“培训”，是指通过现身说法向已加入传销组织的人员宣讲发展下线的方法或者技巧的行为。

应当说，从司法解释对组织者、领导者认定范围的顺序排列来看，作为本罪实行行为中的“发起、策划、操纵”行为在所有的组织、领导行为中居于最高层次或者核心的地位，而“管理、协调、宣传、培训”等组织、领导行为则居于次层次或者非核心的地位。也就是说，实施“发起、策划、操纵”行为的组织者、领导者可以同时实施“管理、协调、宣传、培训”的行为，但是单纯实施“管理、协调、宣传、培训”等行为的组织者、领导者不可能属于起发起、策划、操纵作用的人员，只能在后者的指挥下实施本罪的组织、领导行为。根据司法实践，对于“管理、协调、宣传、培训”此类的组织、领导行为，有两个问题非常值得探讨。一是《传销刑事案件适用意见》第 2 条规定的承担管理、协调、宣传、培训等职责的人员可以认定为本罪的组织者、领导者，那么“管理、协调、宣传、培训”行为应当是指在传销组织或者传销活动中专门负责管理、协调、宣传、培训人员所从事的专职行为，还是包括非专职人员在内的所有从事管理、协调、宣传、培训的行为；二是如果将“管理、协调、宣传、培训”行为确定为“专职行为”，那么其是仅指已加入传销组织内部的传销人员所实施的专职行为，还是泛指包括非传销组织内部传销人员在内的所有为传销组织或传销活动实施的管理、协调、宣传、培训行为。

对于第一个问题，实践中存在两种不同的看法。第一种意见认为，在传销组织或者具体的传销活动中，凡是实施了管理、协调、宣传、培训行为的，均应为本罪的组织、领导行为；第二种意见认为，无论从立法的精神和司法解释的规定分析，还是基于司法实践的考察，均应将“管理、协调、宣传、培训”理解为专职人员从事的专职行为，亦即只有属于专职行为的情况下才能认定为本罪的组织、领导行为（才能由此将行为人认定为本罪的组织者、领导者）。笔者赞同第二种意见，原因如下。

第一，只有将“管理、协调、宣传、培训”确定为“专职行为”，才能与立法精神相适。立法限定只处罚本罪的组织者、领导者，这本身表明了避免扩大打击面的立法旨趣。而只有将在传销活动中专职负责管理、协调、宣传、培训的人员纳入本罪的处罚范围，才能符合立法的原意。因为，只有在专职实施上述行为的情况下，才能确定行为人对传销活动的开展以及传销组织的扩大起到了关键作用。显然，那些在传销活动中附带性实施了管理、协调、宣传、培训的人员（除发起、策划、操纵者外），因其实施的上述行为对传销活动的开展以及传销组织的扩大不能或不会起到关键的作用，当然就不能将其认定为组织者、领导者。例如，新加入传销组织的人，其为了更快地发展下线，就必须采取宣传的手段引诱他人加入，同时也需要对其所发展的传销人员进行必要的管理和培训，以使新加入的传销人员又能较快地发展下线。而在这种发展下线传递过程中所开展的宣传、培训、管理的行为，显然是一种实施传销活动所必须使用的手段。因此，如果行为人在传销组织中未达到较高级别的情况下，要将此种具有附带性的宣传、管理、培训行为一律纳入本罪评价，那么这将使众多传销者成为本罪的处罚对象，显然与本罪的立法精神相悖。以蒋某某组织、领导传销活动案为例。

2007年5月，蒋某某由上线何某某、周某介绍加入“法国蝴蝶夫人”传销组织后，通过门店宣传、流动游说、组织或者参加培训等形式，动员他人出资入会，组织发展或者通过他人组织发展了多人入会，其本人成为江华瑶族自治县、江永县、道县的市场总监，负责营销管理等事项，其下线参加传销活动的达30人以上，且层级在3级以上，其中：成为省级代理1人、县级代理4人、宣传点1人，蒋某某本人账面获利累计885300元。[①] 从此案可见，蒋某某在加入传销组织后开始游说他人加入传销组织，直至其成为传销组织在江华瑶族自治县、江永县、道县的市场总监，显然在其成为市场总监之前的宣传行为，按理就应属于其发展传销人员的附带性行为，此时不应将其认定为组织者、领导者，而在其升为市场总监后，其所负责的营销管理等行为就属于“专职行为”，对其按照本罪处罚完全符合本罪的立法精神。

第二，将“管理、协调、宣传、培训”确定为“专职行为”，符合司法解释的规定。《传销刑事案件适用意见》第2条在关于认定组织者、领导者范围的第（2）项和第（3）项所作的表述分别是“在传销活动中承担管理、协调等职责的人员”及“在传销活动中承担宣传、培训等职责的人员”，而从语义上看，“承担”是指担负、担当，“职责”是指职务和责任，那么司法解释以“承担”与“职责”的词语进行匹配，说明只有在传销活动中担任管理、协调、宣传、培训的职务或者担负上述工作责任的人员才能认定为本罪的组织者、领导者，显然表明了“管理、协调、宣传、培训”等行为属于“专职行为”的范围。进一步说，正是在传销活动中专职从事“管理、协调、宣传、培训”的行为与“发起、策划、操纵”的行为共同推进了传销活动的开展乃至传销组织的进一步扩大，司法解释才将上述行为一起作为本罪的组织、领导行为予以认定。换言之，如果“管理、协调、宣传、培训”等行为不属于“专职行为”，那么司法解释就没有必要将“发起、策划、

---

① 参见湖南省江华瑶族自治县人民法院（2016）湘1129刑初50号刑事判决书。

操纵”行为与“管理、协调、宣传、培训”行为进行分列作出规定。

第三，将“管理、协调、宣传、培训”确定为“专职行为”，与司法实践相符。总结传销犯罪的案例可以发现，此类“专职行为”大致有以下四种情形：一是受传销组织委托、雇佣或者招聘而专门实施管理、协调、宣传、培训的行为。例如，丁某等组织、领导传销活动案。从2018年4月起，赵某某、丁某明知上海A有限公司属于传销的经营模式，仍受雇成为A公司高级管理人员，其中赵某某任A公司培训部主管，负责对代理商及会员进行宣传培训活动，丁某任A公司行政主管，负责公司会议安排、邀约代理商、人事管理等日常协调、管理工作。原审法院认为，被告人赵某某、丁某等在传销组织中承担宣传、培训、管理、协调以及其他对传销活动的建立、扩大起关键作用的职务，其行为均已构成组织、领导传销活动罪，且情节严重。被告人丁某不服一审判决提出上诉，其认为自己在组织、领导传销活动中起次要作用，是从犯，一审法院对其量刑过重，希望二审法院对其从轻处罚。二审法院经审理，最后作出驳回上诉、维持原判的终审刑事裁定。[①]二是加入传销组织后晋升到一定级别，由于能力突出而被“上级”任命或者提拔至某一职位，专门实施管理、协调、宣传、培训的行为。例如，高某某等组织、领导传销活动案。2014年年底，高某某经魏某（在逃）介绍在合肥市加入了以“连锁经营”为名的“纯资本运作”传销组织，成为魏某的直接下线。高某某加入该传销组织后，共直接、间接发展了至少11级23人加入该传销组织从事非法传销活动。2016年12月前后，高某某担任魏某团队经理室的大总管，负责魏某团队下线人员的管理。李某某加入该传销组织后，共计发展了至少4级9人加入该传销组织从事非法传销活动。2017年4月，李某某担任魏某团队经理室的自律总管，负责团队的纪律作风。袁某2加入该传销组织后，积极发展下线，2017年1月，担任魏某团队经理室的能力

① 参见上海市第一中级人民法院（2019）沪01刑终1934号刑事裁定书。

总管，负责该传销团队新进人员的培训等。[①]三是加入传销组织后一定时间退出，又被传销组织人员邀请回到传销组织专门实施管理、协调、宣传、培训的行为。例如，卢某1等组织、领导传销活动案。卢某1于2008年8月在天津市静海区加入“蝶贝蕾”传销组织，同年发展其弟卢某2加入该传销组织。2012年，卢某1晋升为培训员，后因故被开除。2013年8月左右，卢某2因其所在的传销组织发展停滞、濒临解散，邀卢某1重新回到传销组织中，担任大导职务，帮助管理传销团队，其后该传销团队发展状况明显改善。[②]四是加入传销组织后，由于发展下线人员数量达到该传销组织规则的要求而晋升至较高或者最高级别，从而专职实施管理、协调、宣传、培训的行为。例如，潘某某组织、领导传销活动案。潘某某加入以“1040阳光工程”为名义的传销组织，该传销组织采用五级三晋制的提成进行管理，五个级别从上往下依次是实习业务员、业务组长、业务主任、业务经理、高级业务员（老总）。为了最大限度地发展下线，该传销组织制定了一套严密的管理制度。以一个地区的所有一代老总及之下发展的成员为一个体系，每个一代老总全面负责自己体系下的管理事务，下设大总管协助老总代为传达相关“人事任命”及其他管理指示，大总管下设有能力总管、自律总管、经晨总管、配合总管、申购总管承担管理、协调、宣传、培训等工作，各司其职，配合大总管开展工作。2015年6月左右，潘某某被传销组织升为“老总”后，在明知是传销组织的情形下，实行老总管理职能，至案发，该体系内部参与传销活动人员共计约19层77人，涉案传销金额共计约200万元。[③]显然，潘某某实施的“老总”管理职能以及那些能力总管、自律总管、经晨总管、配合总管、申购总管等均属于专职从事管理、协调、宣传、培训等工作

① 参见安徽省合肥市庐阳区人民法院（2018）皖0103刑初122号刑事判决书。
② 参见天津市静海区人民法院（2018）津0118刑初100号刑事判决书。
③ 参见宁波市奉化区人民法院（2018）浙0213刑初150号刑事判决书。

的人员，因而上述人员所实施的行为无疑属于“专职行为”。又如，刘某某组织、领导传销活动案，被告人刘某某在该案中供述称：其在“善心汇”传销组织里的级别是A轮功德主，直推了25人，团队有1000多人，其在微信中建了一个叫“刘姐要创业”的群进行管理，通过这个群将公司的一些制度、信息、通知等下发给团队，同时也通过这个群组织下线听课。[①] 显然，刘某某作为传销组织的A轮功德主，其在微信中所从事的管理、宣传、培训工作亦属于“专职行为”。

总之，实施管理、协调、宣传、培训等职责的行为是相对于发起、策划、操纵行为而言的，发起、策划、操纵行为者一般不会同时包揽管理、协调、宣传、培训等具体工作，而是雇请或者授意、指挥他人专职负责实施（换言之，从事管理、协调、宣传、培训具体工作的人员一般不会属于发起、策划、操纵行为者）。同时，为满足顺利启动乃至扩大传销规模的需要，传销的组织者、领导者往往根据需要成立专门的诸如管理、宣传、培训的组织机构，由专人负责。因此，只能将“管理、协调、宣传、培训”确定为本罪组织、领导行为中的“专职行为”。需要说明的是，虽然有的情况下传销的发起、策划者也同时实施管理、协调、宣传、培训等具体工作的行为，似乎将管理、协调、宣传、培训等确定为“专职行为”表现出与实践不符，但从实质上看，发起、策划者实施的这些具体行为完全是为了传销组织的建立以及更顺畅地扩大传销活动，因而这些行为实际已经为行为人的发起、策划、操纵行为所包含，或者说就是发起、策划、操纵行为中的有机组成部分。例如，唐某某等组织、领导传销活动案。2007年7月13日，为成为美国“立新世纪”公司江西省代理，唐某某、程某某、徐某某等25人共同出资200万元注册成立了江西精彩生活实业有限公司，唐某某任法定代表人、执行董事兼经理。唐某某设计、制定了公司的经营模式和基本制度，纠集骨干成员参与，并通过新闻媒体、高峰论坛、招商

① 参见山东省德州市德城区人民法院（2018）鲁1402刑初77号刑事判决书。

会议、互联网、讲解培训等多种方式和途径对公司的经营模式、基本制度、经营状况等进行宣传，以开展电子商务为名，组织、领导传销活动，在全国范围内发展的会员数量众多，骗取的保证金金额特别巨大，对正常的经济秩序和社会秩序造成严重冲击。① 又如张某某等组织、领导的“善心汇”传销活动案。该传销系列案之查某某等人组织、领导传销活动案中，经一审法院审理查明，张某某为宣传善心汇、培训会员，在海南省保亭县购买了黄花梨树基地，租赁了位于海南省保亭县的18度果岭酒店，并安排刘某（另案处理）对该酒店进行装修，换上善心汇的标识。2016年5月27日，张某某注册成立了海南同明实业有限公司和海南善心汇文化传播有限公司，由燕某某、刘某某（另案处理）分别担任法定代表人。2016年6月2日，张某某注册成立了海南善之旅旅行有限公司，由燕某某担任法定代表人。上述公司主要负责管理善心汇在海南的业务，以及接待、培训前来观光、考察的善心汇会员。同时，张某某、燕某某、刘某某等人通过培训班、互联网、新闻媒体等多种形式和途径，对公司经营模式及经营状况进行宣传，称众扶互生系统为“扶贫济困，均富共生”的循环新经济生态系统，同时通过组织慈善捐款和扶贫活动、举办公益巡演、组织会员到海南参观旅游及接受培训，定期在微信群和善心汇网站讲解善心汇组织等方式在全国各地发展会员。② 显然，上述两案中的唐某某和张某某作为传销活动的发起、策划、操纵者，其采取多种方式和途径对公司的经营模式、基本制度、经营状况等进行宣传、培训，其目的是扩大传销活动的规模，因而实际是其发起、策划、操纵组织、领导传销行为的一部分，这也同时证明了“管理、协调、宣传、培训”属于“专职行为”。

对于上述第二个问题，实践中也出现了两种不同的看法。一种观点认为，专职从事管理、协调、宣传、培训的人员仅指已加入传销组织的内部

① 参见江西省高级人民法院（2013）赣刑二终字第63号刑事判决书。

② 参见湖南省永州市冷水滩区人民法院（2017）湘1103刑初564号刑事判决书。

成员，因而此处的“专职行为”应为已加入传销组织的内部成员所实施；另一种观点则认为，专职从事管理、协调、宣传、培训的人员不仅包括已加入传销组织的内部成员，同时也包括非传销组织成员，即凡是为传销组织或者传销活动实施了管理、协调、宣传、培训行为的人员，均属于《传销刑事案件适用意见》第 2 条第 1 款第（2）项和第（3）项规定的人员的范围，因而此处的“专职行为”可以由已加入传销组织的内部成员实施，也可以由非传销组织成员实施。笔者赞同第一种意见。因为，组织、领导是本罪的实行行为，既然司法解释将管理、协调、宣传、培训确定为本罪的组织、领导行为，那么它们无疑就是本罪的实行行为。而根据立法的规定，本罪的实行行为是指“组织、领导以推销商品、提供服务等经营活动为名，要求参加者以缴纳费用或者购买商品、服务等方式获得加入资格，并按照一定顺序组成层级，直接或者间接以发展人员的数量作为计酬或者返利依据，引诱、胁迫参加者继续发展他人参加”。可见，能够实施本罪实行行为（包括发起、策划、管理、协调、宣传、培训等）的，只能是传销组织的内部成员（即传销者），这也是司法解释在确定本罪组织者、领导者范围时，无论是对起发起、策划、操纵作用的人员，还是对承担管理、协调、宣传、培训等职责的人员，均在其前面以“在传销活动中”的词语作为限制的原因。基于上述分析，作为实行行为，司法解释所确定的管理、协调、宣传、培训等的行为只能是传销者而为，传销组织之外的非传销者与传销者通谋，为传销组织（活动）实施管理、协调、宣传、培训等行为的，其性质属于帮助行为而非实行行为（根据目前的立法，为传销组织的建立、扩大以及传销活动的具体开展提供帮助的行为，尚未纳入刑罚处罚的范围）。

（三）本罪“组织、领导”行为的延伸思考

本罪的“组织”与“领导”作为两种并列的行为方式，能否将二者进行绝对的区分是一个值得探讨的问题。陈兴良教授认为，根据司法解释的规

定，“传销活动中的组织行为是指传销活动中的发起、策划、操纵行为；而领导行为是指传销活动中的管理、协调行为以及传销活动中的宣传、培训行为等”。[①] 笔者认为如此划分“组织”和“领导”的界限，值得商榷。因为，将操纵行为一律确定为组织行为，而将管理、协调、宣传、培训一律确定为非组织行为，未免有些绝对。从语义上看，“领导”是指“指引、带领”，结合到本罪，似乎“领导”行为只能发生在具体实施传销活动的过程中。但是严格来说，组织与领导是相互交织的，组织注重的是发起、策划，相对于具体活动而言，其表现为一种静态的状况，而领导注重的是在实施具体活动中的指挥，其表现的是一种动态的行为样态。事实上，操纵行为并不具有组织行为的特征，其更符合领导行为的内涵；而管理、协调、宣传、培训也并非均为纯粹的领导行为，其中也包括一定程度的组织行为。因此，本罪的“组织”与“领导”行为应当无须也无必要进行划分。

另一个值得探讨的问题是，“组织、领导”作为本罪的实行行为，其究竟应否包括传销组织建立阶段的组织、领导行为。对此，目前在刑法理论界出现了一定的分歧。有学者主张本罪的组织、领导行为应从广义上来把握，即其不仅表现在具体实施传销犯罪活动过程中，还应包括传销犯罪组织建立阶段的组织、领导。如有学者认为，所谓“组织”，是指通过策划、指挥、招揽、引诱、拉拢、安排、调配等行为倡导、发起传销活动的行为。不过，由于传销具有很强的自我繁殖能力并且通常在发展下线的过程还要举行各种形式的活动，如通过培训对被发展人员进行“洗脑”等，因此传销活动的“组织”，可以是处于传销网络顶端、对整个传销活动进行组织，也可以是对传销活动中某一部分进行组织。对组织、领导传销活动罪中的“组织”应作相对广义的理解。同时，“领导”也是一个相对广义的概念，既包括对整个传销活动的领导行为，也包括对整个传销活动中的某一部分

---

① 陈兴良：《组织、领导传销活动罪：性质与界限》，载《政法论坛》2016 年第 2 期。

的传销活动进行的领导。[①]另有学者在论及本罪的主体时也附带确立了本罪的“组织、领导”应从广义上把握的观点，其认为：“本罪的主体组织者、领导者，是指策划、发起、设立、指挥传销组织，或者对传销组织的活动进行策划、决策、指挥、协调，在传销组织的层级结构中居于最核心的地位，对传销组织的正常运转起关键作用的极少数人员。”[②]与上述观点不同，有的学者主张本罪的实行行为应指具体实施传销活动中的组织、领导行为，而建立传销组织的组织、领导行为是本罪的预备行为。其言下之意，就是本罪的组织、领导不应从广义上把握，而应从狭义上理解。如有学者认为，从刑法分则规定的有组织性的犯罪活动的组织、领导行为看，通常应该理解为是指广义的组织、领导行为；但从本罪的立法内容来看，本罪的组织、领导行为显然是指在传销组织已经成立的情况下所实施的组织、领导传销者实施传销活动的行为，其组织、领导的对象是被组织者、被领导者。所以，虽然将组织、领导传销组织的行为排除在本罪行为之外是不当的，但囿于刑法对本罪行为范围的限制，对传销组织的组建、核心成员的组织及领导行为，相对于对传销者的组织、领导，发生在具体传销活动开展前，应为预备行为。[③]按照这一观点，因其将建立传销组织中的组织、领导行为确立为本罪的预备行为而非实行行为，本罪的组织、领导行为只存在于具体传销活动的开展阶段。

根据《传销刑事案件适用意见》第 2 条的规定，对于在传销活动中起发起、策划、操纵作用，或者承担管理、协调、宣传、培训等职责以及其他对传销活动的实施、传销组织的建立、扩大等起关键作用的人员，可以认定为传销活动的组织者、领导者。而发起、策划行为又显然属于成立传销组织阶段所应有的行为方式，那么该规定实际是将传销组织建立阶段的

① 参见赵秉志主编:《刑法修正案最新理解适用》，中国法制出版社 2009 年版，第 76 页。
② 王作富主编:《刑法》，中国人民大学出版社 2011 年版，第 353 页。
③ 参见马克昌主编:《百罪通论（上卷）》，北京大学出版社 2014 年版，第 473 页。

组织、领导行为包含在了本罪的组织、领导实行行为中。因此应当说，司法解释对本罪的“组织、领导”行为采取的是从广义把握的立场。

如上所述，刑法总则中的“组织”是组织犯实施的行为，并非某一具体犯罪的实行行为，也就是说，刑法总则中的“组织”与刑法分则中的“组织”，是两个性质完全不同的概念，前者是非实行行为，后者是实行行为。既然如此，本罪的“组织”显然包括具体开展传销活动前的发起、策划等组织行为。因此主张从广义的角度把握本罪的“组织、领导”行为，并非没有道理。不过如前所述，本罪立法《草案》一审稿重在处罚实施传销犯罪行为的“组织”，而立法机关最终采纳的《草案》二审稿却跳转性地演变为惩治具体的“传销活动”，而且采用叙明罪状，将本罪的客观方面详细地表述为“组织、领导以推销商品、提供服务等经营活动为名，要求参加者以缴纳费用或者购买商品、服务等方式获得加入资格，并按照一定顺序组成层级，直接或者间接以发展人员的数量作为计酬或者返利依据，引诱、胁迫参加者继续发展他人参加，骗取财物，扰乱经济社会秩序的传销活动”。从文理分析可以看出，本罪罪状中使用了诸如“要求”“加入”“组成层级”“计酬或者返利”“引诱”“胁迫”等词语，这些词语无疑表现出本罪“组织、领导”的行为要求发生在具体实施传销活动过程中的意境（换言之，在传销活动具体实施之前，不可能产生诸如“要求”“加入”“组成层级”“计酬或者返利”“引诱”“胁迫”等行为举动）。正是如此，本罪与组织、领导恐怖组织罪及组织、领导黑社会性质组织罪两个“组织罪”不同，后者调控的对象是恐怖组织、黑社会性质组织本身，而本罪的调控对象是具体的传销活动，并非行为人建立的传销组织，所以，“组织、领导”只能是本罪的实行行为，那么在组建传销组织阶段所实施的组织、领导行为当然就是本罪的预备行为。由此，主张从狭义的角度把握本罪的组织、领导行为也是有其道理的。但是，如果将在组建传销组织阶段所实施的组织、领导行为作为预备行为予以绝对化，这恐怕又与现实不符。因为从实践上看，建立传销组织与具体的传销活动往往是一个同步或者延续的过程，二者没有表现出明显的停顿或者间隔，甚至只有在具体的传销活动展开后才能谈及行为人是否建立了传销组织的问题。如果有证据或者依据经验推定行为人组建传销组织无疑符合规律地开展具体的传销活动，那么其组建传销组织时的组织、领导行为就与随后开展的传销活动形成了一个无法割裂的行为整体，此时如要认定行为人组建传销组织的组织、领导行为属于预备行为，恐怕难以让人接受。所以笔者认为，从何种角度把握本罪的“组织、领导”行为，不能一概而论，而是应根据具体的案件具体分析并予以确定。如果在传销活动尚未着手实施前而被迫停止的情形下，此时的组织、领导行为就是预备行为；而如果已经着手实施传销犯罪活动，那么行为人之前的组织、领导预备行为就当然为着手后的组织、领导实行行为所吸收，从而成为本罪整体上的组织、领导实行行为。

三、对“以推销商品、提供服务等经营活动为名”的理解

根据《刑法》第224条之一的规定，行为人构成本罪首先要“以推销商品、提供服务等经营活动为名”。从本罪立法当时的背景来看，作为构成本罪的基础或者前提要件，其蕴含两层含义：一是行为人在向社会进行宣传时，表面上是推销某种商品或者提供某种服务，但在实际运作中并没有推销该种商品或者提供该种服务；二是行为人虽然提供了某种真实的商品或者服务，但是该种商品或者服务要么严重价不符实，要么是伪劣产品，只是作为一种“道具”或者“噱头”，实际从事的却是“拉人头”及“缴纳入门费”这种“挂羊头卖狗肉”的不属于真正经营活动的行为。那么，所谓的“为名”是否意味着刑法中的传销必然不具有实际经营的内容？或者，如果行为人为了规避法律安排了一定程度或者完全真实的经营活动，是否可以理解为该经营活动就不属于刑法意义上的传销了呢？例如，沈某某、马某某组织、领导传销活动案。2013年9月，沈某某在江苏省南通市经营一家华瑞参业专卖店，以员工制产品制度销售人参产品。因华瑞参业

公司的员工制产品制度缺乏吸引力，沈某某于2015年8月对华瑞参业公司的员工制产品制度进行更改。沈某某要求参加者购买产品获得加入资格，并按照普通会员、银卡会员、金卡会员、钻卡会员的顺序组成层级，以发展人员的数量作为返利依据，引诱参加者继续发展他人参加。沈某某发展马某某为其下线，由马某某负责湖北区域，帮忙宣传以及培训。2015年8月至2016年4月，沈某某、马某某先后在湖北省鄂州市、黄冈市黄州区、团风县等地多次组织讲课，宣传会员推广制度，欺骗群众加入会员，直接或者间接发展会员90余人，层级达到6级。一审法院认为，被告人沈某某、马某某以推销人参产品为名，要求参加者购买产品获得加入资格，并按照一定的顺序组成层级，以发展人员的数量作为返利依据，引诱参加者继续发展他人参加，骗取财物，其行为已构成组织、领导传销活动罪，依法应予刑事处罚。① 应当说，此案中的被告人沈某某和马某某所开展的经营行为并不符合“以推销商品、提供服务等经营活动为名”的立法原意，因为，被告人沈某某本来就开了一家华瑞参业专卖店销售人参产品，只不过其认为华瑞参业公司的员工制产品制度缺乏吸引力而将该销售模式进行了更改，但即使按照新的销售模式，本案的二被告人事实上仍然提供了真实的人参产品。既然如此，那么要认定本案中的二行为人构成本罪，是否存在疑问呢？

另外，实践中出现了越来越多的并不提供任何商品或者服务而最终被认定为传销性质的活动，由于这些活动不具备“以推销商品、提供服务等经营活动为名”的前提条件，行为人能否构成本罪也存在疑问。例如，潘某某等组织、领导传销活动案。自2011年以来，潘某某和丁某等人（均已判刑）先后加入以“1040阳光工程”为名义的传销组织。该组织又名“自愿连锁经营业”“纯资本运作”“民间资本运作”“商务运作”“民间互助基金”等，该组织在没有生产任何产品和提供任何服务的基础上，通过“拉

① 参见湖北省团风县人民法院（2018）鄂1121刑初8号刑事判决书。

人头”方式不断发展下线，要求参加者购买1—21份股份（第1份3800元，第2份起3300元），以求得加入资格。成员加入后就有资格发展下线，但每个成员最多可直接发展两个下线，后由下线人员继续发展下线，并按照自己和下线的总股份数确定自己在组织中的级别，从而进行计酬和返利，并采用五级三晋制的提成进行管理，五个级别从低到高依次是实习业务员、业务组长、业务主任、业务经理、高级业务员（老总），1—2份是业务员级别，3—9份是业务组长级别，10—64份是业务主任级别，65—599份是业务经理级别，600份以上是高级业务员（老总）级别。一审法院认为，被告人潘某某组织、领导以投资国家工程盈利为名，要求参加者以购买股份等名义缴纳资金获得加入资格，并按照一定顺序组成层级，直接或间接以发展下线的数量作为计酬或返利依据，引诱参加者继续发展他人参与，骗取财物，扰乱社会经济秩序的传销活动，其行为已构成组织、领导传销活动罪。[①] 又如陈某等以比特币等数字货币为交易媒介的网络传销案。2020年7月，按照公安部统一指挥部署，公安机关立案侦办“Plus Token平台”网络传销案，先后将潜逃境外的全部27名主要犯罪嫌疑人和该案82名骨干成员抓捕归案，彻底摧毁了这一盘踞境内外的特大跨国网络传销组织。该案系公安机关侦破的首起以比特币等数字货币为交易媒介的网络传销案，涉及参与人员200余万人，层级关系多达3000余层，累计收取会员比特币、以太坊币等数字货币数百万个，涉案数字货币总值逾400亿元。经查，2018年5月，陈某等人通过架设搭建“Plus Token平台”并开发相关应用程序，开始从事互联网传销犯罪。该平台以区块链技术为噱头、以比特币等数字货币为交易媒介，打着提供数字货币增值服务的幌子，承诺高额返利，吸引广大群众参与。平台下设技术组、市场推广组、客服组、拨币组，分别负责技术运维、宣传推广、咨询答复和审核提币等工作。参与人员通过上线推荐并缴纳价值500美元以上的数字货币作为“门槛费”

① 参见宁波市奉化区人民法院（2018）浙0213刑初150号刑事判决书。

后即可获得会员资格，会员按缴纳的数字货币价值获得平台自创的“Plus”币，并按照加入顺序形成上下线和层级关系。平台根据发展下线数量和投入资金数量，将成员分为会员、大户、大咖、大神、创世五个等级，并按等级高低发放相应数量的“Plus”币作为奖励和返利。[①]再如以购买公司股票为名的李某某组织、领导传销活动案。李某某由司某某（另案处理）直接发展，加入云数贸“五化联盟”传销组织，要求参加者缴纳500元（后期为600元）获得加入资格，并按照一定顺序组成层级，直接或间接以发展人员的数量作为计酬或者返利依据，引诱参加者继续发展他人参加，骗取财物。原审法院认为，被告人李某某以购买公司股票等经营活动为名，要求参加者以缴纳费用的方式获得加入资格，并按照一定顺序组成层级，直接或间接以发展人员的数量作为计酬或者返利依据，引诱参加者继续发展他人参加，骗取财物，扰乱经济社会秩序的传销活动，其行为构成组织、领导传销活动罪。[②]

对于上述不符合“以推销商品、提供服务等经营活动为名”的立法原意以及不具备“以推销商品、提供服务等经营活动为名”的前提条件的各种活动，实践中有一种观点认为，这些情形不符合本罪罪状所规定的要求，对行为人应考虑不以本罪论处。理论上有一种观点则认为，这是立法存在的不足，需要完善。例如，有学者认为，由于现在很多新型的传销活动不再以推销商品、提供服务为名，而是以互联网金融、资本运作、项目开发等为名，因而从构成要件来看，本罪规定“以推销商品、提供服务等经营活动为名”具有明显的时代局限性，为此可以将该表述修改为“以各种形式的名义”。[③]应当说，基于罪刑法定原则的要求，该观点是值得赞同的，即应当对此作

① 参见张子扬：《公安部指挥破获特大跨国网络传销案涉案金额逾400亿》，载http://caifuhao.eastmoney.com/news/20200731081237980817590，2020年7月31日访问。

② 参见山东省淄博市中级人民法院（2018）鲁03刑终72号刑事裁定书。

③ 参见刘传稿：《厘清认定难点治理传销犯罪——专访东南大学法学院教授欧阳本祺》，载《人民检察》2017年第17期。

出相应的修改为宜（具体见后述）。

可以肯定的是，以上述所列举的以非推销商品、提供服务等经营活动为名或者不符合立法原意的各种活动不具备本罪的成立要求为由，从而否定构成本罪的观点是不正确的，同时，面对越来越多的与上述所举之例相同的现实状况，通过对立法的不足予以完善也未必是眼下的唯一举措。笔者认为，当务之急，是应当通过各种解释方法，就上述所举各种活动，对法律条文进行解释使之可以与本罪的立法目的达到一致。首先，从文义解释的角度分析，上述所举各种活动应当符合本罪“以推销商品、提供服务等经营活动为名”的构成要求。因为，从“以推销商品、提供服务等经营活动为名”的文字表述看出，立法在“推销商品、提供服务”之后以“等”字作了兜底规定，其意思是不仅限于“推销商品、提供服务”这两种“名义”，而是包括除“推销商品、提供服务”之外的其他“名义”。而且，此处的“经营活动”也不应仅与推销商品、提供服务等“交易”行为联系进行理解。实际上，“经营”在词义上是指“筹划并管理（企业等）”，“也泛指计划和组织”。[①] 因此，上述所举的不提供任何商品或者服务的诸如纯资本运作、以比特币等数字货币为交易媒介以及以购买公司股票为名等行为，均可以理解为属于“经营活动”的范围。其次，从目的解释的角度考察，也能将上述所举各种活动解释为符合本罪的构成要求。也就是说，即便将“经营活动”限缩在与推销商品、提供服务等具有“交易”性质的范围，也可以秉持客观解释的立场，通过刑法解释中的目的解释方法，将当前不以推销商品、提供服务等经营活动为名的行为解释为“以推销商品、提供服务等经营活动为名”。这一目的解释既能克服立法的滞后，又能与当前的司法实践相适。所谓目的解释，是指根据刑法规范的目的，阐明刑法条文真实含义的解释方法。解释刑法必须考虑刑法最终要实现何种目的，进而做出符合该目的的合理解释，当采用其他解释不能得出唯一解释结论时，必

① 参见《新华词典》，商务印书馆2013年版，第521页。

须以目的解释来最终决定。[①]由于刑法分则规定的具体犯罪与刑罚的条文，都表明了立法者意欲保护的社会关系，因而在确定具体犯罪的构成要件时，就必须要注意利用目的论的解释方法。[②]虽然上述所举有的进行了真正、实际的经营活动而不符合本罪"以推销商品、提供服务等经营活动为名"的要求，有的索性就没有"以推销商品、提供服务等经营活动为名"，但它们的共同也是最关键之处，就是实施了本罪最具本质特征并为实质要件的行为，那就是"要求参加者以缴纳费用或者购买商品、服务等方式获得加入资格，并按照一定顺序组成层级，直接或间接以发展人员的数量作为计酬或返利依据，引诱、胁迫参加者继续发展他人参加"。如前所述，立法增设本罪的背景是社会中大量存在的破坏、危害市场秩序和社会秩序以及侵害公民财产权的传销行为，本罪的立法目的无疑就是通过对传销行为的惩治以保护上述法益。由于传销最初是以一种经营方式定位的，且立法时实施传销的行为人多数以推销商品或者提供服务开启传销活动，所以立法便作出了"以推销商品、提供服务等经营活动为名"的规定。但是，从立法的目的来看，本罪的增设无疑是通过对传销行为的惩治以达到遏制传销蔓延的目的，同时"以推销商品、提供服务等经营活动为名"并不是本罪的本质特征，也就是说，无论行为人以何种形式为名，只要其本质上实施的是传销行为，均属于本罪的调控范围。所以，上述所举的各种活动均应被认定为传销性质的活动，构成犯罪的应当以本罪追究刑事责任，唯有如此处理，才能达至本罪的立法目的。

四、对"层级"的把握

本罪的构成要求"按照一定顺序组成层级，直接或者间接以发展人员的

① 参见张明楷:《刑法学（上）》，法律出版社2016年版，第38页。

② 参见刘明祥主编:《刑法的基础理论》，中国人民大学出版社2015年版，第264页。

数量作为计酬或者返利依据”，这是本罪的实质要件，也是本罪行为方式上的本质特征。一方面，组织者、领导者要将发展的人员组成“层级”，“层级”一旦形成，即意味着“金字塔”式的传销模式由此建立，并能借此开展“人头费”“认购费”“会费”等的敛财活动；另一方面，“以发展人员的数量作为计酬或者返利依据”，表明了立法将虽然建有“层级关系”，但真正以销售商品的业绩作为计酬依据的经营方式（“团队计酬”）排除在犯罪之外的立场。所以，成为本罪必须同时符合或达到上述两个方面的要求，否则不成立本罪。

应当说，“层级”的产生是认定传销的基础或者前提，亦即没有“层级”的组成，就没有所谓传销可言。例如，石某某组织、领导传销活动案。2015 年 6 月至 2017 年 7 月，河北至宝电子商务有限公司利用“唯宝汇”商城，以“帮扶中国好企业，捧红民族好品牌”为名，采取讲课、媒体宣传、开推介会和演讲会等方式，向社会公众大肆宣传，让参加者以缴纳固定门槛费的方式获得入会资格，形成上下线关系，并以直接或者间接发展的人员数量作为计酬或者返利依据，引诱参加者继续发展其他下线会员。该网络传销组织分为三个阶段三种模式：一是珠宝会员计酬返利模式，交 12000 元即注册成为会员，可获得 24000 积分，该积分可在唯宝汇购买商品，其中一半的积分可以提现，另外送 12000 元同等价值的珠宝、手表；二是唯宝汇计酬返利模式，该模式根据会员入会缴纳金额的不同，分为 3000 元普通会员、6000 元白银会员、12000 元黄金会员、24000 元钻石会员、36000 元冠级会员五个等级，并按照一人发展二人的排列模式进行左右区排列，根据发展会员的人数和缴纳的金额，在获得静态收益的同时，获得曾奖、量奖和管理奖等动态收益；三是唯宝汇祥云资产包模式，该模式根据会员购买金额的不同，分为 3250 元铜级会员、6500 元银级会员、19500 元金级会员、65000 元钻级会员、195000 元冠级会员五个等级，并按照一人发展二人排列的模式进行左右区排列，根据发展会员的数量和缴纳的金额，在获得静态收益的同时，获得平衡奖、管理奖等动态收益。2015 年 11 月，石某某经曾某某、杨某某（二人均另案处理）介绍加入“唯宝汇”传销组织，此后，石某某将王某（石某某之妻）、雷某等人发展为下线成员。2016 年 4 月，由曾某某、杨某某出资，石某某与王某、雷某等人在重庆市永川区永川大酒店旁开设唯宝汇服务工作室，宣传入会及获利模式、引诱他人加入该组织、帮助入会注册和缴费、购买商品。在唯宝汇计酬返利阶段，石某某所在层级为 38 级，直接或间接发展的下线人数达 2421 人，下线层级数达 97 层，发展总业绩 2800 余万元；在唯宝汇祥云资产包阶段，直接或间接发展的下线人数达 3309 人，下线层级达 98 层，发展总业绩 1.02 亿元以上。[①] 显然，此案中的“唯宝汇”之所以被司法机关认定为传销组织，是因为其采取的“唯宝汇计酬返利模式”和“唯宝汇祥云资产包模式”均根据会员入会缴纳金额的不同，分为五个不同的等级，并按照一人发展二人的排列模式进行左右区排列，以发展会员的人数和缴纳的金额，在获得静态收益的同时，再获得动态收益。同时，石某某与他人开设的“唯宝汇服务工作室”，在“唯宝汇计酬返利模式”下，其所在层级为 38 级，直接或间接发展的下线人数达 2421 人，下线层级数达 97 层；在“唯宝汇祥云资产包模式”下，其直接或间接发展的下线人数达 3309 人，下线层级达 98 层。

然而实践中，有的行为人在所开展的经营活动中并没有充分体现出传销所特有的“层级”关系，但司法机关对行为人以本罪追究刑事责任，此种情形很值得探讨。例如，侯某某组织、领导传销活动案便是例证，该案的一审、二审基本情况如下。[②]

2014 年 4 月 8 日，侯某某租赁太原市万柏林区晋祠路一段 11 号综合楼一层门面房注册成立了太原市汇世通汽车服务有限公司（无实际出资）。公司成立后，侯某某以开展“你推广，我送车”活动为名，要求参加者以缴纳

---

① 参见重庆市第五中级人民法院（2020）渝 5 刑终 137 号刑事裁定书。

② 参见山西省太原市中级人民法院（2018）晋 01 刑终 355 号刑事判决书。

人民币 10000 元（后增加为人民币 13800 元）办理会员储值卡的方式取得会员资格。成为会员后，再完成两张至三张会员储值卡推广的，公司按照会员三方合同送电动汽车一辆（价值约人民币 40000 元），半年内未完成两张会员储值卡推广的，可以延期继续参加该活动，会员完成三张会员储值卡的推广后，其本人可再次办理会员储值卡，以此引诱会员继续发展他人办理会员储值卡，骗取会员储值等费用。李某与侯某某是夫妻关系，其担任太原市汇世通汽车服务有限公司副总经理，负责与参加者签订合同，办理会员储值卡，收取会员储值费用等事宜。经审计，2014 年 9 月 12 日至 2015 年 4 月 21 日，侯某某、李某以太原市汇世通汽车服务有限公司名义收取会员储值等费用人民币 7978942 元，涉及会员 634 人，其中被害人已达 256 人，涉及金额人民币 3247150 元。钱款用于支付电动汽车购车款，办公费用等。

原审法院认为，被告人侯某某、李某以推销商品为名，要求参加者以缴纳会费的方式获得加入资格，以发展人员的数量作为返利依据，引诱参加者继续发展他人参加，骗取财物，扰乱经济秩序与社会秩序，情节严重，其行为均已构成组织、领导传销活动罪，公诉机关指控罪名成立。原审法院判决侯某某犯组织、领导传销活动罪，判处有期徒刑 6 年，并处罚金人民币 20 万元；被告人李某犯组织、领导传销活动罪，判处有期徒刑 3 年，并处罚金人民币 10 万元。

宣判后，侯某某提出上诉，并称：“‘你推广，我送车’是为达到广告宣传及提高品牌知名度的目的，跟传销没有关系。在营销过程中，储值卡区别于传销中的‘会费’，其没有以发展人员的数量作为返利依据，不存在引诱他人办理储值卡。在本案中没有盈利，更不存在‘骗取财物’的行为。原审判决认定事实不清，证据不足，请二审法院依法改判。”

二审法院认为，上诉人侯某某、李某以推销商品的经营活动为名，要求参加者以缴纳会费的方式获得加入资格，以发展人员的数量作为返利依据，引诱参加者继续发展他人参加，骗取财物，扰乱经济秩序与社会秩序，情节严重，其行为均已构成组织、领导传销活动罪。上诉人侯某某在共同犯罪中起主要作用，系主犯，应当按照其所组织、指挥的全部犯罪处罚；上诉人李某在共同犯罪中起次要或辅助作用，系从犯，应当减轻处罚。上诉人李某接到其亲属的传话后，主动到公安机关如实供述了犯罪事实，系自首，可以从轻或减轻处罚。原审认定上诉人李某未能如实供述主要犯罪事实理由不足，应予以纠正。检察机关认为上诉人李某构成自首，可以从轻处罚的意见予以支持。原判事实清楚，证据确实、充分，适用法律正确，对上诉人侯某某的量刑适当，审判程序合法。二审法院最后维持对被告人侯某某的判决。

此案中的上诉人侯某某推行的“你推广，我送车”活动与众多传销模式相同或者相似，即（1）以推销商品为名，实际其活动却另有目的，即通过该活动非法获利或者骗取他人财物。事实也的确如此，侯某某以太原市汇世通汽车服务有限公司名义收取会员储值等费用人民币 7978942 元，涉及会员 634 人，其中被害人达 256 人，涉及金额人民币 3247150 元。（2）要求参加者以缴纳费用获得加入资格。侯某某所推行的“你推广，我送车”活动要求参加者以缴纳人民币 10000 元（后增加为人民币 13800 元）办理会员储值卡的方式取得会员资格。尽管侯某某上诉辩称储值卡区别于传销中的“会费”，但其本质系“入门费”，也就是说，如果不缴纳一定金额办理会员储值卡，就不能进入并开展“你推广，我送车”活动。（3）成为“你推广，我送车”活动的会员后，如果完成两张至三张会员储值卡推广的，公司按照会员三方合同送电动汽车一辆，以引诱参加者继续发展他人参加。不过，尽管侯某某实施的上述行为与传销活动的行为方式有相同或相似之处，但是此案最大的问题就是行为人在开展“你推广，我送车”活动中没有明显表现出上下线间的“层级”关系。我们注意到，针对上诉人侯某某提出的不构成本罪的上诉理由，二审法院的回应是“上诉人侯某某以开展‘你推广，我送车’活动为名，要求参加者缴纳会费获得加入资格，发展一定的人员送电动汽车，引诱参加者发展他人参加，骗取财物，其行为符合组织、领导传销活动罪构成要件”，故对上诉人侯某某的上诉理由不予采纳。应当说，二审法院对此问题的回应并不理想，因而值得质疑。因为，该回应并没有提及本罪的最本质特征“层级”关系的建立问题，只是认为侯某某的行为具有传销的某些特征（如要求参加者缴纳会费获得加入资格），就作出其行为符合本罪构成要件的认定。笔者认为，如果没有证据证实侯某某所开展的“你推广，我送车”活动中形成了层级关系，那么本案就因缺乏“金字塔”的组织结构而不能以本罪追究行为人的刑事责任（构成他罪的，则以相应犯罪追究刑事责任）。为了更好地对此做出论证，将本案法律文书所载明的认定事实的证据全部列出如下。[①]

（一）书证

1. 太原市公安局万柏林分局经侦大队出具的到案经过、抓获经过及情况说明，证明2015年9月22日，张某某等100余名群众来我局举报太原市汇世通汽车服务有限公司非法吸收公众存款案，报案群众称该公司已关门，公司法定代表人侯某某及副总经理李某已逃跑，投资款已无法归还。接到报案后，我局民警多次去侯某某、李某的住处查找，未找到二人。我局根据群众提供的侯某某、李某的电话联系，也无法联系上二人。后民警联系了侯某某的妹妹侯某锋，通过侯某锋的传话，2015年12月1日李某主动来我局并供述了非法吸收公众存款的犯罪事实。李某到案之前，我局从未对其采取过任何强制措施，其到案前也没有接受过我局询问、讯问。

2016年2月2日，民警根据研判得知网上逃犯侯某某在陕西西安市活动频繁，随后民警立即赶赴西安市，并于当日在西安市未央区尚稷路将侯某某抓获。

2. 中国银行业监督管理委员会山西监管局出具的证明材料，证明该局从未批准太原市汇世通汽车服务有限公司从事银行业金融机构业务活动。

---

① 参见山西省太原市中级人民法院（2018）晋01刑终355号刑事判决书。

3. 太原市汇世通汽车服务有限公司登记情况及营业执照，证明该公司类型为有限责任公司，法定代表人侯某某，注册资本 350 万元，成立日期 2014 年 4 月 8 日，经营范围包括汽车租赁；汽车销售（不含小轿车），汽车配件、汽车用品、五金交电、建材的销售。

4. 搜查证、搜查笔录及扣押清单，证明扣押太原市汇世通汽车服务有限公司办公物品若干，扣押房租 27500 元，扣押公司合同、会员卡等若干。

5. 协助查询财产通知书及银行账户交易明细。

6. 被害人报案统计表。

7. 合同、收款收据、身份信息、会员卡。

8. 购车发票。

9. 查获的宣传资料。

10. 被告人侯某某、李某的户籍证明。

（二）被害人报案材料及陈述

（三）司法会计鉴定意见书

1. 吸收存款金额：太原市汇世通汽车服务有限公司在 2014 年 9 月 12 日至 2015 年 4 月 21 日期间累计吸收存款 7978942 元。

太原市汇世通汽车服务有限公司以 500 元收取会员费 1 人次，以 5000 元收取会员费 1 人次，以 7000 元收取会员费 1 人次，以 8000 元收取会员费 1 人次，以 9000 元收取会员费 1 人次，以 10000 元收取会员费 598 人次，以 13000 元收取会员费 1 人次，以 13800 元收取会员费 57 人次，以 10000 元收取租车押金 3 人次，以 50000 元收取租车押金 6 人次。嫌疑人共计收取 634 位自然人缴纳不同金额的会员费。

2. 办公支出：太原市汇世通汽车服务有限公司在 2014 年 9 月至 2015 年 3 月期间，办公支出金额 230614.69 元，其中办公车辆费用 13181.36 元、办公费 154709.33 元、差旅费 4596 元、工资 13750 元、消费 10260 元、购买资产 34118 元。

3. 嫌疑人侯某某与部分会员资金往来。

4. 购车支出：按照太原市公安局万柏林分局提供的鉴定材料，机动车销售发票显示金额 5070300 元，嫌疑人银行交易明细显示：嫌疑人银行卡购车支出 2519983.70 元。

5. 借款支出：嫌疑人侯某某在 2014 年 9 月至公安机关立案期间，累计支付借款支出 273836.70 元。

6. 消费情况：嫌疑人侯某某在 2014 年 9 月至公安机关立案期间，累计用于个人消费金额 68295.56 元，嫌疑人李某累计用于归还信用卡支出 49979.91 元，两项消费合计 118275.47 元。

7. 其他支出：在 2014 年 9 月至公安机关立案期间，嫌疑人除上述支出项目以外的资金支付金额合计 5685819.69 元。

（四）证人证言

1. 赵某某的证言，证明其于 2014 年 9 月被侯某某叫到太原市汇世通汽车服务有限公司工作，负责公司的后勤。公司实际经营的业务就是通过办理会员卡，租赁或者赠送知豆、康迪电动汽车。现在公司有 600 多名会员，大约有 110 人拿到了公司赠送的电动汽车。这些车都上车牌了，有太原的、晋城的、陕西的牌照，有 50 多辆车已经过户。

2. 苏某某的证言，证明其于 2014 年 6 月至 2015 年 4 月在太原汇世通公司工作，刚进公司时负责在前台接待客户。公司主要是让客户办理会员卡，先填会员申请表，交 10000 元，后期是 13800 元，就可以成为公司会员，然后继续介绍新会员，介绍的会员人数达到公司的要求，公司免费送电动汽车。2014 年 10 月以后，公司办理会员的客户增多，李某就让苏某某去帮她了。会员申请表和会员合同一般是会员自己填写，李某和苏某某负责收钱盖章。之前收取客户会员费、签订合同都是李某一人管理。公司有 600 多名会员，收了 700 多万元。

（五）辨认笔录

辨认笔录，证明报案人郝某某、李某某、任某某分别辨认出被告人李某；赵某某辨认出被告人侯某某；会员李某某、赵某某分别辨认出被告人侯某某。

（六）被告人供述

1. 被告人侯某某供述，太原市汇世通汽车服务有限公司成立于2014年4月，公司经营范围为租赁、销售汽车以及销售汽车零部件等。公司法定代表人是自己，总经理也是自己。李某在公司没有职务，平时在公司给客户办理会员卡，填写会员信息，与会员签订合同及盖章，定期整理公司收入和支出的票据，有时候也带客户试乘试驾。

公司实际业务就是通过客户来公司办理会员卡，签订会员合同，满足合同内规定的条件，公司会免费赠送给客户知豆、康迪电动汽车，以此来推广公司新能源汽车的业务。客户来公司交10000元的预付储值金，然后提交身份证复印件，可以成为公司的会员。2015年1月以后需要交13800元的预付储值金才可以办理会员卡。会员卡有三种用途，一是租赁公司电动汽车可以打折，二是帮公司卖车有提成，三是参加“你推广，我送车”的活动，可以免费获赠电动汽车。

公司赠送电动车有几种形式：（1）成为公司会员后，再介绍两个会员办理会员卡，公司会在100天后赠送众泰知豆车一辆，并办理过户手续，但会员费用不退还；（2）介绍三个会员，公司免费租赁众泰知豆车一辆，租赁期为3个月（不能撕毁车身广告），10日内可以提车，并在提车100天后办理过户手续，会员费不退还；（3）办理会员卡交费后，可以交5万元押金直接提车，如果再介绍三个会员，公司赠送一辆众泰知豆车，10日内退还押金，100天后办理过户手续；（4）符合上述三条提车条件的会员，提车时均要向公司缴纳5000元的违章保证金，若办理过户手续时没有违章，30日内退还保证金；有违章的，公司处理违章后剩余的钱退还。

赠送电动汽车是自己想出来的，一共办理了600多个客户，共吸收了约700万元，拿到公司赠送电动汽车的大约有160人。公司一共购买了110多辆车，回购了一部分，按3万元到4万元的价格回购，这些会员有四五十人。会员中有几个直接交5万元押金提车的。客户打来的钱都打在自己的农行卡和民生银行卡上了。

公司在2015年1月组织过部分提到车的会员去泰国旅游，经费一部分是公司出的，花了八九万元，其他的会员自费。公司开过两次会议，第一次是在太原市台骀山开的，会议主要是给达到公司送车标准的会员发放电动汽车钥匙，当时参加会议的有100多人，领到钥匙的有50余人。第二次是2015年1月从泰国回来后，公司在滨河体育中心旁边一个会场开的，当时有100多人参加，会议主要是总结2014年成绩，规划2015年工作，逐步从送车变到租车。

2. 被告人李某供述，公司通过客户办理会员卡，租赁或者赠送给客户知豆、康迪电动汽车，以此来推广公司新能源汽车业务。公司实际上没有租赁出去一台电动汽车，也没有销售出去一台电动汽车。

公司有时组织去公园、小区、路边进行宣传，由侯某某总负责。2015年1月，公司组织部分提到车的会员去泰国旅游，大部分由公司出资。公司开过两次会，一次是在太原市台骀山开的，一次是在滨河体育中心旁边一个会场开的。

自己在公司负责和客户签订合同，有不明白合同内容的客户，就给对方讲解一下，然后在合同上盖公司的公章。会员卡一般由苏某某办理，苏某某不在时，自己也办理。

从上述证据看出，本案明显没有表现出“你推广，我送车”活动中形成了层级关系，因而难以符合本罪要求具有“层级”的构成要件。笔者认为，根据《传销刑事案件适用意见》的规定，本罪的“层级”是指组织者、领导者与参与传销活动人员之间形成的上下线关系层次，此种上下线层次关系包含两大实质性内涵：一是上线以下线的人员数量作为其晋升的基础；二是上线以下线缴纳的“入门费”作为计酬或者返利的依据。而本案中，无论何种证据都不能证实参加“你推广，我送车”活动的成员表现出了在满足某种条件下可以晋升某一级别的状况，也没有证据可以证实先加入者直接或者间接以其介绍的后加入者的数量作为计酬或者返利依据的情形。事实上，上诉人侯某某策划的“你推广，我送车”活动并没有会员级别的划分，虽然会员介绍两个或者三个会员的加入，就可以获赠一辆电动汽车，似乎是从后加入者那里获得的返利，也似乎表现出了层级关系，但根据“你推广，我送车”活动的规则，在介绍两个会员加入活动组织的情况下，介绍者实际上是无法从被介绍者的“入门费”中获得一辆电动汽车的赠送的。因为一辆电动汽车价值约人民币 40000 元，每个加入者的“入门费”是 10000 元或者 13800 元，即使介绍者以两个被介绍者的“入门费”全部（20000 元或者 27600 元）作为返利数额，那也无法与价值 40000 元的电动汽车相匹。换言之，上诉人侯某某策划“你推广，我送车”的经营活动，不可能因介绍两个会员的加入而发生亏损。应当说，侯某某非法获利的密码并不是特定的某个介绍者介绍了两个或者三个会员的加入，而是以所有参与活动的人员为基础并利用返利的时间差。具言之，某个介绍者获得一辆电动汽车的赠送，其获利的渠道不仅仅来源于其所介绍的两个或者三个会员，其他介绍者，乃至所有的会员均对其提供了帮助或者做出了贡献。因此，实质上所有参与“你推广，我送车”活动人员之间的关系均为平行的，没有表现出层级关系。况且，如果一定要将介绍者与被介绍者认定为具有层级关系，那么其层级也只是 2 层（因为介绍者获赠电动汽车后就不再享受“福利”，因此当介绍者获赠电动汽车后实际上中断了与后面参与人员的利益关系），显然不符合传销所应有的“金字塔”结构的特征。另外，如果将发起人侯某某与所有的参与人员认定为具有层级关系，那也不符合本罪要求的上线以下线缴纳的“入门费”作为计酬或者返利依据的构成要件。基于上述分析，笔者认为上述案例中侯某某策划的“你推广，我送车”活动，不存在层级关系，因而不符合本罪的构成特征。那么，司法机关对侯某某、李某以本罪追究刑事责任，其定性是有待商榷的。

第四章

组织、领导传销活动罪的主体

简言之，犯罪主体即为刑法规定的实施犯罪行为的人。这里的“人”，包括自然人和单位。在我国刑法中，自然人犯罪主体最具普遍性，大部分犯罪的主体被规定为自然人。至于单位能否成为犯罪主体，曾经有过激烈的争论。但1987年《海关法》确立了单位可以作为犯罪主体，之后较多的行政法及单行刑法均规定了单位的犯罪主体。1997年修订的现行刑法中，共有140余个罪名规定了单位犯罪主体，其中分则第三章“破坏社会主义市场经济秩序罪”中，就有61个，其中有的还规定犯罪主体只能是单位。[①]另外，在理论上，犯罪主体有一般主体和特殊主体之分。“前者指达到刑事责任年龄、具有辨认和控制自己行为能力的自然人犯罪主体，后者除要求一般主体所具备的条件外，还必须具备特殊的身份。”[②]

根据立法安排，本罪的主体只限于传销活动的组织者和领导者，其他参与（包括积极参与和一般参与）传销活动的人员，均不能成为本罪的主体。具体地说，本罪的主体是凡达到刑事责任年龄（年满16周岁）并具有刑事责任能力的自然人，同时，立法没有为本罪的主体设置任何特殊身份的要求，因此本罪的主体为一般主体。

关于何为本罪的组织者、领导者，《立案追诉标准（二）》第78条第2款作出了解释性规定，即“传销活动的组织者、领导者，是指在传销活动中起组织、领导作用的发起人、决策人、操纵人，以及在传销活动中担负策划、

① 如《刑法》第162条的妨害清算罪、虚假破产罪，其主体便是公司、企业，等等。

② 李晓明主编:《中国刑法基本原理》，法律出版社2005年版，第256页。

指挥、布置、协调等重要职责，或者在传销活动实施中起到关键作用的人员”。《传销刑事案件适用意见》对本罪组织者、领导者的认定作了进一步细化，其第2条第1款规定：“下列人员可以认定为传销活动的组织者、领导者：（一）在传销活动中起发起、策划、操纵作用的人员；（二）在传销活动中承担管理、协调等职责的人员；（三）在传销活动中承担宣传、培训等职责的人员；（四）曾因组织、领导传销活动受过刑事处罚，或者一年以内因组织、领导传销活动受过行政处罚，又直接或者间接发展参与传销活动人员在十五人以上且层级在三级以上的人员；（五）其他对传销活动的实施、传销组织的建立、扩大等起关键作用的人员。”根据司法实践，在本罪组织者、领导者的认定方面有诸多值得探讨的问题。

一、单位能否成为本罪的主体

对于单位能否成为本罪的主体，刑法理论界有不同的看法，存在肯定与否定两种观点。持肯定观点的学者认为：“本罪的主体是一般主体，既包括自然人，也包括单位。”[①] 还有学者指出，由于《刑法》第231条规定，单位犯第221条至第230条规定之罪的，对单位判处罚金，并对直接负责的主管人员和其他直接责任人员，分别依照第221条至第230条的规定处罚。因此，结合该条规定的内容，个人和单位均可构成本罪。[②] 持否定观点的学者则认为：“根据《刑法修正案（七）》第4条的规定，本罪的主体不包括单位。原因在于，虽然刑法总则中原则性地规定了‘公司、企业、事业单位、机关、团体实施的危害社会的行为，法律规定为单位犯罪的，应当负刑事责任’。但是，从刑法分则条款对单位犯罪的规定看，都以专门的条款规定‘单位犯

① 《刑法学》编写组：《刑法学（下册·各论）》，高等教育出版社2019年版，第104页。

② 参见董文蕙：《论组织、领导传销活动罪——兼解读〈刑法修正案（七）〉第四条》，载《宁夏大学学报（人文社会科学版）》2009年第4期。

前款罪的’，以此表明单位可以构成该罪，而没有此类规定的，则表明单位不能构成该种犯罪，即使是实践中有的单位可以实施也能够实施，也不能以单位犯罪论处。考察《刑法修正案（七）》第4条对组织、领导传销罪的规定，没有设置这样的特别条款，而且，就《刑法修正案（七）》的规定内容来看，同样是新设罪名的第7条的出售或者非法提供公民个人信息罪，就在第3款明文规定‘单位犯前两款罪的，对单位判处罚金，并对其直接负责的主管人员和其他直接责任人员，依照各该款的规定处罚’。显然，对本罪没有规定单位可以构成，并非立法者的疏漏所致。”① 另有学者认为，根据1999年7月3日起施行的最高人民法院《关于审理单位犯罪案件具体应用法律有关问题的解释》第2条“个人为进行违法犯罪活动而设立的公司、企业、事业单位实施犯罪的，或者公司、企业、事业单位设立后，以实施犯罪为主要活动的，不以单位犯罪论处”的规定，单位不能成为组织、领导传销活动罪的主体，对于组织者和主要参与者要以自然人犯罪定罪处罚。②

在正式表明本书的观点前，暂且先举两个案例。一是张某某组织、领导的“善心汇”传销活动系列案之查某某等组织、领导传销活动案。经湖南省永州市冷水滩区人民法院一审审理查明，张某某分别于2012年4月27日、2013年5月24日在深圳注册了深圳市安能洁创新科技有限公司、深圳市善心汇文化传播有限公司。2015年，张某某受到云互助、3M等网络资金盘的启发，萌生了依托深圳善心汇公司打造类似网络平台系统的想法。2016年春节期间，张某某将开发善心汇系统的思路和规划告知燕某某，燕某某陆续提供给张某某20余万元资金用于开发系统。2016年4月，黄某某通过招聘入职深圳善心汇公司，按照张某某的授意和思路开发众扶互生系统1.0版本。当月，众扶互生系统1.0版开放注册开始试运行。2016年5月28日，众扶

① 林亚刚:《〈刑法修正案（七）〉“组织、领导传销罪”的解读》，载《政法论丛》2009年第6期。

② 参见詹庆:《“传销罪”罪名法定化之研究——兼评〈刑法修正案（七）〉草案中“组织领导传销罪”》，载《政治与法律》2009年第2期。

互生系统 1.0 版在善心汇网站上正式上线。为扩大善心汇，张某某先后成立了多家公司。2016 年 5 月 27 日，张某某注册成立了海南同明实业有限公司和海南善心汇文化传播有限公司，主要负责管理善心汇在海南的业务，以及接待、培训前来观光、考察的善心汇会员；2016 年 12 月 9 日，成立惠州市旭阳升信息科技有限公司，用于审核善心汇会员资料。2017 年 6 月，惠州市旭阳升信息科技有限公司被张某某安排为深圳善心汇公司收取售卖善种子、善心币，解冻费，会员升级等费用；2016 年 12 月 22 日，成立深圳市慧尚品爱购电子商务有限公司，用于管理慧尚品电子商城及与善心汇众扶互生系统的对接；2017 年 3 月，注册成立中农善心（北京）科技有限公司，由董某负责开展“百日百村”计划，在农村开设合作社和超市，以“扶贫”的名义为善心汇进行宣传；等等。[①] 二是黎某某组织、领导传销活动案。2016 年 1 月，王某 1（已判决）通过工商注册在浏阳市成立了浏阳健坤电子商务科技有限公司，并出资请他人设置了名为“健坤易购”的网上购物平台。同年 4 月，王某 1 与张某 7（在逃）商议，决定利用该公司“健坤易购”微信公众平台采取消费返利的模式吸引社会公众购买和投资。黎某某投资 3000 元入股该公司，经自己和发展的下线业务员推荐介绍，名下含本人共发展王某某、黎某 1、黎某 2、汤某 2、鲁某、黎某 3、管某、唐某 2、钟某等多级会员 82 名，会员共购买产品或投资 6514 笔，投资金额为 370 余万元，返利 128.88 万元，被告人黎某某从中提成获利 20.26 万元。[②] 上述两案例表明，张某某与黎某某并不是一开始就以实施传销而设立公司，而是之后整体改为传销的经营模式，此种情形无疑属于“公司、企业、事业单位设立后，以实施犯罪为主要活动”的范围。不同的是，前者在实施传销活动后为了扩大规模或者有利于传销活动的进一步开展，又先后注册成立了多家公司，这些“公司”显然属于“个人为进行违法犯罪活动而设立的公司、企业、事业单位实施犯罪”的

① 参见湖南省永州市冷水滩区人民法院（2017）湘 1103 刑初 564 号刑事判决书。

② 参见湖南省浏阳市人民法院（2018）湘 0181 刑初 280 号刑事判决书。

范畴。因而根据最高人民法院《关于审理单位犯罪案件具体应用法律有关问题的解释》第 2 条的规定，上述两种情形均属于自然人犯罪主体，而没有单位犯罪主体存在的余地。根据目前的司法实践，除单纯的自然人组织、领导传销活动犯罪之外，其余凡是以公司等单位名义实施传销活动犯罪的，基本与上述两案例中行为人所采取的行为模式相同。由此可见，单位能否成为本罪的主体的确是一个备受质疑的问题。进而言之，传销犯罪与其他犯罪不同，行为人为了实现预期目标，往往一开始就要设立某一公司（甚至多个公司）进行掩护或者包装，以利于传销活动的大规模开展。同时，有的行为人即使开始设立某一公司时是打算用于合法或者正常经营的，但是后来将经营模式全部改变成了传销（上述所举两例即是）。加之，根据《禁止传销条例》及《公司法》的有关规定，对于实施传销行为的公司等单位可以对其进行吊销营业执照的行政处罚，[①] 因而将单位纳入刑罚处罚（罚金）成为不必要之举，亦即只对行为人（自然人）处以刑罚（包括自由刑和罚金刑）就已经能够满足惩治传销犯罪的需要。基于上述分析，将单位排除在本罪的主体之外的观点似乎有着很厚重的实践基础和法律基础作为支撑。

然而笔者认为，无论从法律规定上看，还是基于实践考察，单位无疑是本罪的主体。

首先，《刑法》第 231 条规定，单位犯第 221 条至第 230 条规定之罪的，对单位判处罚金，并对直接负责的主管人员和其他直接责任人员，分别依照第 221 条至第 230 条的规定处罚。显然，该条是一个概括性或者统领性的规定，是立法节约资源的表现，也就是说，单位能成为《刑法》第 221 条至第 230 条规定之罪的主体。而本罪所对应的第 224 条之一也当然被涵括在内，在法律没有特别作出排除性规定的情况下，没有

---

① 《禁止传销条例》第 25 条规定："工商行政管理部门依照本条例第二十四条的规定进行处罚时，可以依照有关法律、行政法规的规定，责令停业整顿或者吊销营业执照。"《公司法》第 213 条规定："利用公司名义从事危害国家安全、社会公共利益的严重违法行为的，吊销营业执照。"

理由将单位排除在本罪主体的范围之外。有必要说明的是，刑法分则在部分条款中特别作出单位可以成为该罪的主体的表述，是因为该条款的前后条款中没有规定单位可以成为其犯罪主体，而《刑法》第 231 条对第 221 条至第 230 条规定之罪的单位主体作出了统领性的规定，《刑法修正案（七）》在增设本罪时才没有多此一举地重申单位可成为本罪主体的内容。所以，上述学者关于刑法分则条款中只有专门设置“单位犯前款罪的”内容，单位才能成为该罪的主体的观点，是不正确的，也是对《刑法修正案（七）》的误读。

其次，虽然实践中行为人成立公司基本是表现为为进行传销犯罪活动而设立，或者公司设立后以实施犯罪为主要活动的情形，但从理论上讲，并不能排除行为人设立公司后不主要实施传销犯罪活动的情形，而且从目前的司法实践来看，也出现了有单位以本罪被追究刑事责任的案例。例如，上述所举权健公司组织、领导传销活动案，天津市武清区人民法院认定被告单位权健公司构成组织、领导传销活动罪，依法判处被告单位权健公司罚金人民币 1 亿元。又如盛世新影投资管理有限公司、北京优乐星空文化传媒有限公司等组织、领导传销活动案，该案原审人民法院认为，被告单位盛世新影投资管理有限公司、北京优乐星空文化传媒有限公司以及被告人蔡某某、汪某某等以推荐理财活动能够获得高额收益为名，要求参加者以缴纳一定费用获得加入资格，按照一定顺序组成层级，直接或间接以发展人员的数量作为返利依据，引诱参加者继续发展他人参加，骗取财物，扰乱经济社会秩序，其行为均已构成组织、领导传销活动罪。原审法院最后判决：被告单位盛世新影投资管理有限公司犯组织、领导传销活动罪，判处罚金人民币 100 万元；被告单位北京优乐星空文化传媒有限公司犯组织、领导传销活动罪，判处罚金人民币 100 万元。① 另外，有单位虽然参与了他人组织、领导的传销活动，但所参与的传销活动并不是其整个

① 参见江苏省徐州市中级人民法院（2019）苏 03 刑终 475 号刑事裁定书。

经营活动的全部或者主要部分，而是其整个经营活动的一部分。例如，广西壮族自治区防城港市防城区人民法院审理的陆某等组织、领导传销活动案。2014 年 1 月 6 日在广州市成立的广东云某惠网络科技有限公司，其主要运营云某商城。“云某惠”采取“消费全返”的经营模式吸收会员，要求参加者以缴纳会员费获得加入资格，联盟商家、企业上交创业共享金，代理缴纳代理费，以发展人员的数量作为返利依据，引诱参加者继续发展他人参加，没有投资任何实业产生利润，严重扰乱经济秩序，其相关经营行为被广州市海珠区工商行政管理局认定构成了《禁止传销条例》所指的传销行为。[①] 而“云某惠”采取的所谓“联盟商家、企业上交创业共享金”的经营行为，其中某些被联盟的商家、企业等单位参与“云某惠”传销的行为极有可能只是其整个经营活动中的一部分，因而如果它们被认定为传销活动的组织者、领导者，那么无疑会成为本罪的单位犯罪主体。从上看出，有些学者根据最高人民法院《关于审理单位犯罪案件具体应用法律有关问题的解释》第 2 条的规定，主张本罪一律要以自然人为主体定罪处罚，其观点并不正确。当然，如果以实践中基本不存在设立公司等单位非为实施传销犯罪，从而主张排除单位作为本罪的犯罪主体，也是没有充分依据的。

最后，《传销刑事案件适用意见》第 2 条第 2 款规定：“以单位名义实施组织、领导传销活动犯罪的，对于受单位指派，仅从事劳务性工作的人员，一般不予追究刑事责任。”显然，该司法解释对单位可以成为本罪的主体做出了肯定。

二、“追诉标准”与厘定组织者、领导者范围的关系

根据《传销刑事案件适用意见》的规定，本罪的入罪标准是“组织内部参

---

① 参见广西壮族自治区防城港市防城区人民法院（2019）桂 0603 刑初 74 号刑事判决书。

与传销活动人员在三十人以上且层级在三级以上”，亦即必须同时满足“三十人”和“三级”两个条件。由此引发出如下两个问题：一是是否组织传销内部成员达“三十人以上”且层级在“三级以上”的人员均应认定为组织者、领导者而追究刑事责任？二是是否组织传销内部成员未达“三十人以上”且层级未达“三级以上”或者只满足其中一个条件的人员均不能认定为组织者、领导者并不予追究刑事责任？笔者接下来对上述两个问题分别探讨。

（一）完全满足“追诉标准”情形下应否一律认定为组织者、领导者的问题

有学者在论及组织者、领导者与一般参加者的区分问题时认为：“一般参加者在被发展为成员后，如果在后续传销活动的实施或传销组织的扩大中发挥了关键作用，应当被认定为组织者、领导者，只要其组织、领导行为涉及的层级数达到三级以上、人数在三十人以上，就应当承担刑事责任。”[①] 其意思是，凡是在传销活动中发展内部人员在 30 人以上且层级在 3 级以上的，均应当或者一律认定为组织者、领导者，以本罪追究刑事责任。笔者对此难以认同。根据《传销刑事案件适用意见》第 1 条第 1 款的规定，组织内部参与传销活动人员在 30 人以上且层级在 3 级以上的，应当对组织者、领导者追究刑事责任。其意思是，当行为人开展的传销活动达到上述程度（标准）时，才对该传销组织中的组织者、领导者予以刑罚处罚。据此，认定本罪的组织者、领导者，显然需要根据《传销刑事案件适用意见》第 1 条第 1 款及第 2 条第 1 款的规定，将行为人开展传销活动的规模与其在传销组织中所起的作用两方面结合起来综合判定。具言之，对本罪的组织者、领导者，应当遵循如下逻辑从两个层面展开认定：首先是确定传销活动的规模，即确定某传销活动是否达到了组织内部参与传销人员在 30 人以上且层

① 肖中华：《再论组织、领导传销活动罪界定的基本问题》，载《检察日报》2019 年 3 月 27 日第 003 版。

级在3级以上的入罪标准。司法解释之所以将“内部参与传销人员在三十人以上且层级在三级以上”的传销组织确定为刑法意义上的传销组织，是因为达到如此规模的传销活动才会体现出本罪特有的“金字塔”组织结构（层级关系），也才会显示出相当的社会危害程度，当然也才会有将其纳入刑法评价的必要性。其次是在确定为刑法意义上的传销组织中认定组织者、领导者。依据《传销刑事案件适用意见》第2条第1款的规定，在传销活动中起发起、策划、操纵作用，承担管理、协调、宣传、培训等职责，曾因组织、领导传销活动受过刑事处罚，或者1年以内因组织、领导传销活动受过行政处罚又直接或者间接发展参与传销活动人员在15人以上且层级在3级以上，以及其他对传销活动的实施、传销组织的建立、扩大等起关键作用的5类人员，均可以确定为传销活动的组织者、领导者。由上，本罪组织者、领导者的认定范围应为：在直接或间接发展内部参与传销活动人员在30人以上且层级在3级以上的传销组织中，符合《传销刑事案件适用意见》第2条第1款规定的5类人员。同时需要强调的是，根据《传销刑事案件适用意见》的规定，上述5类人员是“可以”认定为组织者、领导者，而不是“应当”或者“一律”认定为组织者、领导者。按照这一标准，可得出如下结论：行为人在确定为刑法意义上的传销组织中即使发展传销人员在30人以上且层级在3级以上，但其不一定对传销活动的实施、传销组织的建立、扩大等起关键作用，因而无法被认定为组织者、领导者。这样看来，将凡是直接或间接发展内部参与传销人员在30人以上且层级在3级以上的传销人员当然地确定为组织者、领导者，显然是对司法解释的误读与曲解。

基于上述分析，司法机关往往仅以行为人符合“内部参与传销人员在三十人以上且层级在三级以上”的要求而作为指控或者认定其为组织者、领导者的理由，这一做法并不恰当，甚至有出现错误的危险。例如，莫某某等组织、领导传销活动案。莫某某、李某某1、李某某、陈某某、何某某，分别在2013年至2015年间，打着纯“资本运作”的幌子，虚构中央操盘，在北部湾布局，暗中实施“国家秘密政策”，为北部湾吸聚资金，带动北部湾的经济发展之事实，而后采取拉人头方式，在茂名组织和诱骗了大批亲朋好友参与“1040资本运作项目”传销组织。其中，莫某某经上线邱某3发展介绍、李某某1经上线莫某4发展介绍、李某某经上线李某某1发展介绍、陈某某经上线陈某10发展介绍、何某某经上线邱某4发展介绍，均一次性交付70000元后成为“1040资本运作项目”的传销组织成员，而后上述人员积极发展下线，其发展的下线体系均已超过3个层级和30人。[①] 又如潘某某组织、领导传销活动案。该案一审法院在判决的理由部分作出了如下阐述，即“被告人潘某某组织、领导以投资经营活动为名，要求参加者以缴纳费用的方式获得加入资格，并按照一定顺序组成层级，直接或者间接以发展人员的数量作为计酬或者返利依据，引诱参加者继续发展他人参加，骗取钱财，扰乱经济社会秩序的传销活动，组织、领导的传销人员在30人以上且层级在3级以上，侵犯公民财产权利，扰乱社会管理秩序，其行为已构成组织、领导传销活动罪。公诉机关指控的犯罪事实成立，罪名准确”。[②] 审理上述两案的司法机关特意描述被告人符合组织、领导的传销人员在30人以上且层级在3级以上的入罪标准，似乎让人认为被告人之所以构成本罪，就只是因为他们的行为均符合了司法解释确定的追诉标准。诚然，要构成本罪无疑首先要求符合司法解释规定的入罪标准，但是笔者认为如此刻意的描述是存在问题的。其主要问题是：上述第一个案例表述为各被告人“发展的下线体系已超过3个层级和30人”及第二个案例表述为“组织、领导的传销人员在30人以上且层级在3级以上”，可是如上所述，在一个刑法意义上的传销组织里发展的下线体系已超过3个层级和30人，其并不一定就是组织者或领导者，因为有的传销组织制定的规则在下线体系已超过3个层级和30人的情况下，一方面行为人不一定是起发起、策划、操纵作用的人员，另一方面也不一定是承担管理、协调、

---

① 参见广东省茂名市电白区人民法院（2017）粤0904刑初1118号刑事判决书。

② 参见湖北省武汉市东西湖区人民法院（2018）鄂0112刑初165号刑事判决书。

宣传、培训等职责的人员，还可能不属于“其他对传销活动的实施、传销组织的建立、扩大等起关键作用的人员”。所以在此种情形下，即使行为人发展的下线体系已超过3个层级和30人，但其仍然有可能不符合司法解释规定的组织者或者领导者的认定要求，从而不能以本罪追究行为人的刑事责任。当然，从上述两案所查明的事实来看，案例一中的被告人莫某某、李某某1、李某某、陈某某、何某某和案例二中的被告人潘某某均参加的是已经被确定为刑法意义上的传销组织“1040资本运作项目”组织，而且两案中的各被告人均已晋升到该传销组织的最高级别（即老总级别），而处于“老总”级别的传销者一般已经发展了很多的下线人员及建立了很高的层级，一般还专职或者指挥他人从事管理、协调、宣传、培训方面的工作，因此，司法机关将上述各被告人认定为组织者、领导者，以本罪追究刑事责任并不存在定性上的错误。

但是对于赵某组织、领导传销活动案，司法机关将其认定为组织者、领导者，其正确性则值得质疑。该案查明的事实及判决结果如下。[①]

赵某于2016年6月经人介绍加入善心汇。善心汇共有五个层级：B轮功德主、A轮功德主、C轮服务中心、B轮服务中心、A轮服务中心。后赵某在加入善心汇期间，以布施帮助别人为名，通过介绍购买“善种子”及“善心币”、返利等方式，发展为善心汇A轮功德主，先后直接或间接发展了下线鲜某、袁某伟、杜某等50余人，层级已达5级。

上述事实有受案登记表、立案决定书、户口证明、归案经过、物证、书证、证人证言、赵某的身份证明及供述和辩解等证据证实，足以认定。

一审法院认为，被告人赵某以扶贫济困、均富共生、布施帮助别人为名，要求参加者以缴纳费用的方式获得加入资格，并按照一定顺序组成层级，直接或者间接以发展人员的数量作为计酬、返利依据，引诱参加者继

① 参见云南省大理市人民法院（2018）云2901刑初106号刑事判决书。

续发展他人参加，骗取钱财，扰乱经济和社会秩序，被告人赵某组织参与传销活动的人员在30人以上且层级在3级以上，其行为已构成组织、领导传销活动罪。最终，法院以被告人赵某犯组织、领导传销活动罪，判处其有期徒刑2年，缓刑3年，并处罚金人民币50000元。

在此案的一审庭审中，被告人赵某对公诉机关指控的事实、罪名均无异议，但其辩护人提出：被告人赵某不是本案中传销活动的组织者和领导者，同时认定被告人赵某直接或间接发展了下线30人以上、进行传销活动的层级已达3级以上的证据不足，故公诉机关指控被告人赵某构成组织、领导传销活动罪事实不清，证据不足，应当宣告被告人赵某无罪。笔者认为，从该案查明的事实来看，赵某能否成为传销活动的组织者、领导者的确是有疑问的，辩护人提出赵某无罪的辩护意见并非没有道理。虽然赵某所加入的“善心汇”已被确定为刑法意义上的传销组织，但是赵某在该传销组织所设置的从低到高的B轮功德主、A轮功德主、C轮服务中心、B轮服务中心、A轮服务中心的五个级别中，只是达到“A轮功德主”这一较低级别而已；虽然赵某在传销活动中先后直接或间接发展了下线鲜某、袁某伟、杜某等50余人，层级为5级，但是在上述所举张某某组织、领导的“善心汇”传销活动系列案之查某某等组织、领导传销活动案中，经湖南省永州市冷水滩区人民法院一审审理查明，截至2017年7月24日案发时，“善心汇”传销组织的众扶互生系统共有注册会员5981028人，其中激活会员5361936人，层级75层，涉案金额104683400100.16元。[①]可见，赵某作为该传销组织中的“A轮功德主”，其在发展下线的过程中，即使实施了宣传行为以引诱他人加入传销组织，但鉴于其所处的级别，其不可能属于在传销组织中专职从事宣传职责的人员，因而其实施的宣传行为不能归为“专职行为”，只能是发展下线过程中的附带性行为。同时，对于“善

① 参见湖南省永州市冷水滩区人民法院（2017）湘1103刑初564号刑事判决书。

心汇”这样一个拥有“注册会员5981028人，其中激活会员5361936人，层级75层”的庞大传销组织来说，赵某所发展的50余名下线可以用“沧海一粟”来形容。基于此，在没有证据证实赵某是该传销组织者的发起者、策划者、操纵者的前提下，其既不属于专职从事管理、协调、宣传、培训的人员，也不属于曾因组织、领导传销活动受过刑事处罚，或者1年以内因组织、领导传销活动受过行政处罚，又直接或者间接发展参与传销活动人员在15人以上且层级在3级以上的人员，另外也难以将其归为“其他对传销活动的实施、传销组织的建立、扩大等起关键作用的人员”的范畴，所以，基于本罪避免打击面过宽、过大的立法精神以及刑法的谦抑性，应将赵某排除在“善心汇”传销组织中的组织者、领导者的范围外，不以本罪追究其刑事责任为宜。

（二）不满足“追诉标准”情形下应否一律不认定为组织者、领导者的问题

根据司法实践，这个问题实际可以分成两种情形：一是“追诉标准”的两个条件均没有满足，即行为人组织传销内部成员不达到30人且层级不达到3级；二是“追诉标准”的两个条件只符合其中一个，即行为人组织传销内部成员不达到30人，但层级达到了3级，或者内部成员达到了30人，但层级不达到3级。上述两种情形下对组织者、领导者如何认定，笔者认为不能一概而论。首先，在行为人属于发起者或者策划者的情形下，如果其发展的传销内部成员不达到30人且层级不达到3级，或者只符合“追诉标准”两个条件的其中一个条件的，那么根据目前不处罚本罪未遂犯的司法实践（不过笔者主张对于发起、策划传销的未遂犯应予刑罚处罚，具体见后述），对于离“三十人且层级为三级”的标准较远的行为人可不认定为组织者、领导者。其次，在行为人不属于发起者或者策划者，而是属于被发展参与传销组织的情形下，如果其所参与的传销组织已经被确定为属于刑法意义上的传销组织，行为人发展的传销内部

成员未达到30人且层级未达到3级，或者只符合“追诉标准”两个条件的其中一个条件，同时行为人不属于承担管理、协调、宣传、培训等职责的人员，也不属于曾因组织、领导传销活动受过刑事处罚，或者1年以内因组织、领导传销活动受过行政处罚，又直接或者间接发展参与传销活动人员在15人以上且层级在3级以上的人员，那么对其应不予认定为组织者、领导者。最后，在行为人不属于发起者或者策划者，而是属于被发展参与传销组织的情形下，如果其所参与的传销组织已经被确定为属于刑法意义上的传销组织，行为人发展的传销内部成员未达到30人且层级未达到3级，或者只符合“追诉标准”两个条件的其中一个条件，但行为人属于承担管理、协调、宣传、培训等职责的人员，或者属于曾因组织、领导传销活动受过刑事处罚，或者1年以内因组织、领导传销活动受过行政处罚，又直接或者间接发展参与传销活动人员在15人以上且层级在3级以上的人员，那么因其对传销活动的实施、传销组织的扩大等起关键作用或者具有较大的主观恶性，应当将其认定为组织者、领导者。对于后者，司法实践中就有过行为人虽发展下线的层级达到3级但人数没有达到30人或者人数达到30人但层级没有达到3级而以本罪追究刑事责任的案例。例如，前文提到的高某某等组织、领导传销活动案，其基本案情及判决结果如下。①

2014年年底，高某某经魏某（在逃）介绍在合肥市加入了以“连锁经营”为名的“纯资本运作”传销组织，成为魏某的直接下线。该传销组织以虚拟的份额作为“股份”供参加人员购买，第一股（份）为3800元，以后每股（份）以3300元计，最多一人可购买21股（份）计69800元。该传销组织按参加人购买股份多少分为五个等级：业务员（1—2份）、组长（3—9份）、主任（10—64份）、经理（65—599份）、老总（600份以上），每一

① 参见安徽省合肥市庐阳区人民法院（2018）皖0103刑初122号刑事判决书。

个加入的人员最多可发展3名直接下线，通过不断发展人员及自己所处的级别按不同比例提成，牟取非法利益，以此建立起“五级三晋制”的上下级网络关系。为方便管理，该传销团队成立经理室，管理魏某团队3级30人以上下线人员。

高某某加入该传销组织后，在合肥市庐阳区金碧花园小区、干休所宿舍、金鸟花园、绿都花园等多个合肥市居民小区从事传销活动。其间，直接发展了方某、李某3作为其下线，方某又发展了白某作为其下线，李某3又发展了李某1、李某4作为其直接下线，白某又发展了袁某2、伊某作为其下线，伊某又发展了孔某某作为其下线，依此高某某共直接、间接发展了至少11级23人加入该传销组织从事非法传销活动。2016年12月前后，高某某担任魏某团队经理室的大总管，负责魏某团队下线人员的管理，获得返利约人民币2万元。

李某某于2017年2月经老乡王某某介绍加入该传销组织，其间，发展了吴某、李某5为其直接下线，李某5又发展了鞠某2、杜某等人为其直接下线，杜某又发展了张某1、李某6等人为其直接下线，依此被告人李某某共计发展了至少4级9人加入该传销组织从事非法传销活动。2017年4月，李某某担任魏某团队经理室的自律总管，负责团队的纪律作风，获得返利人民币近2万元。

孔某某于2017年3月经伊某介绍加入该传销组织，其间，发展了孔某、郭某2、董某、郭某4等人作为其直接、间接下线。2017年4月，孔某某担任魏某团队经理室的自配总管，负责配合自律总管李某某管理团队的纪律作风。

袁某2于2016年5月经人介绍加入该传销组织，其间发展了袁某、谢某、陈某2、闫某某等作为其直接、间接下线。2017年1月，袁某2担任魏某团队经理室的能力总管，负责该传销团队新进人员的培训等。

一审法院认为：被告人高某某、李某某、孔某某、袁某2共同以“连锁经营”活动为名，要求参加者以缴纳费用方式获得加入资格，并按照一定顺序组成层级，直接或者间接以发展人员的数量作为计酬、返利依据，引诱参加者继续发展他人参加，骗取财物，扰乱经济社会秩序，其行为均已构成组织、领导传销活动罪，且系共同犯罪，对上述被告人均应按照各被告人在犯罪中的地位、作用分别依法予以惩处。遂判决：一、被告人高某某犯组织、领导传销活动罪，判处有期徒刑1年6个月，并处罚金人民币4万元；二、被告人李某某犯组织、领导传销活动罪，判处有期徒刑1年，并处罚金人民币2万元；三、被告人孔某某犯组织、领导传销活动罪，判处有期徒刑10个月，缓刑1年，并处罚金人民币1万元；四、被告人袁某2犯组织、领导传销活动罪，判处有期徒刑10个月，缓刑1年，并处罚金人民币1万元。

从司法机关对该案所认定的事实来看，被告人高某某共直接、间接发展了至少11级23人、李某某发展了至少4级9人，被告人孔某某和袁某2分别发展下线成员大致4人（二人没有层级数的认定），显然四被告人的行为均不符合“组织内部参与传销活动人员在三十人以上且层级在三级以上”的追诉标准，但是，司法机关对他们的处理结果是正确的，即四被告人均应被认定为组织者、领导者，并以本罪追究刑事责任。因为，虽然四被告人发展的下线人员均未达到30人以上，但他们在传销组织中属于专职从事管理、协调、宣传、培训的人员，即分别担任魏某团队经理室的大总管、自律总管、自配总管和能力总管，实施了管理、协调、宣传、培训的“专职行为”，无疑对传销活动的实施、传销组织的建立和扩大等起关键作用。所以，将他们悉数认定为传销活动的组织者、领导者，应当说不存在疑问。

又如前文提到的樊某某等组织、领导传销活动案，对于该案中的被告人明某某，司法机关以其对传销活动以及对传销组织的扩大起到了关键作用为由而将其纳入本罪的组织者、领导者范围，应当说这一处理结果也是没有问题的。该案公诉机关对明某某的指控、明某某的辩解、辩护人的辩护意见以及一审法院的判决结果等基本情况如下。①

公诉机关指控：

被告人樊某某、樊某、明某某参与组织、领导的传销活动是以参加“纯资本运作”行为为名，通过拉人头发展下线，形成上下线传销网络关系，要求下线交纳一定数额的申购款购买虚拟份额作为参加该传销组织的入门费，然后由上线人员瓜分申购款的方式进行的传销活动。其中被告人明某某于2010年2月由樊某发展，在南宁市交纳69800元钱申购21份份额加入该“资本运作”传销组织，成为樊某的直接下线人员。在参与“资本运作”传销活动的过程中，明某某先后发展了明某2、明某3、刘某2等人交钱加入该传销组织。随着下线人员的滚动增加，明某某的伞下人员不断壮大，已超过15人，层级超过3级。明某某于2010年12月担任大经理，在大经理室负责传销体系的安全、自律、保密工作，2011年年中至2012年4月期间主要负责申购工作，其行为起到组织、领导的关键作用，应当以组织、领导传销活动罪追究刑事责任。

明某某的辩解、辩护人的辩护意见：

被告人明某某对起诉书指控的事实及罪名无异议，但辩称其担任大经理只负责自己伞下人员的申购工作。明某某的辩护人提出：认定明某某构成犯罪的证据不足，其伞下组织人员均属于下线，其上线樊某4的组织体系与其无关，明某某作为大经理负责申购、保密工作，但在案证据不能证实其是为谁申购、保密。

一审法院的判决结果：

关于明某某的辩护人提出的认定明某某构成犯罪证据不足的意见，一审法院经查，明某某参加“资本运作”传销组织后，虽然其伞下人员人数较少，但其在体系内担任体系大经理室的大经理，负责申购、保密等工作。明某

① 参见广西壮族自治区南宁市西乡塘区人民法院（2017）桂0107刑初710号刑事判决书。

某作为大经理室的大经理对“资本运作”传销活动的实施、扩大等起关键作用。因此，对其行为应当追究刑事责任。故辩护人的该辩护意见，不予采纳。一审法院最后判决：被告人明某某犯组织、领导传销活动罪，判处有期徒刑1年6个月，并处罚金人民币20万元。

从此案看出，被告人明某某经他人介绍加入传销组织后，虽然其发展的下线人数不多、层级不高（其伞下人员已超过15人，层级超过3级），相对在整个“纯资本运作”传销组织或者某单个传销体系中拥有众多下线人员、层级更高的传销者来说，按理明某某对传销组织的扩大不应起关键的作用，但司法机关之所以将其纳入刑法的视野，主要是考虑明某某在大经理室担任大经理并负责传销体系的安全、自律、保密、申购工作的因素。按照本案司法机关查明的事实，“经理室”是传销组织“老总”设立并管理自己伞下传销体系的中枢，进入经理室工作的人员要由“老总”从伞下有能力的经理级别人员中指定，并从中任命大经理作为经理室的负责人。可见，大经理的职位及其从事的管理等工作在传销组织及具体传销活动的开展中是十分重要的。对于一个庞大的传销组织而言，管理工作必不可少。而明某某作为大经理，在“经理室”这样的管理中枢从事着安全、自律、保密、申购工作，其对传销组织的生存扩大、正常运转以及传销活动的顺利开展，无疑起着关键性的作用，因而将明某某认定为组织者、领导者并以本罪追究其刑事责任，是符合《传销刑事案件适用意见》的规定的（当然，由于大经理是由传销组织的“老总”指定或任命，并在“老总”的指挥下开展管理工作，因此明某某在共同犯罪中的地位可确定为从犯，而该案并没有将明某某与其上线“老总”在共同犯罪中的作用大小做出区分，似有不妥）。

三、对“其他起关键作用的人员”的理解

我国刑法分则以及司法解释规定了诸多的“兜底条款”。有学者指出，

兜底条款之所以被广泛运用主要是由于立法者无法穷尽并预测一切可能的情形，于是借助兜底条款立法技术，意图达到法律涵盖范围的最大化，其目的在于严密法网，堵截法律漏洞，以便法官在没有明确法律依据而又必须对相关案件作出裁判的情况下能够有自由裁量的空间和可能。①《传销刑事案件适用意见》第2条第1款首先采取了列举的方法［即第（1）项至第（4）项］明确了本罪组织者、领导者可以认定的范围，同时又采取兜底的方法［即第（5）项］对本罪组织者、领导者认定的范围进行了概括性规定。显然，司法解释的该项兜底性规定是在解释者无法预测究竟有多少情形或者哪种情形可以认定为本罪组织者、领导者的情况下，为了达到认定组织者、领导者范围的最大化以及体现认定中的公正性，而采取的一种司法举措。那么，对于《传销刑事案件适用意见》第2条第1款第（5）项“其他对传销活动的实施、传销组织的建立、扩大等起关键作用的人员”的内涵与外延如何把握，就是一个十分值得研究的问题。因为，其直接关乎传销犯罪圈大小的划定并牵涉是否与立法精神相适的问题。

根据体系性解释规则，对“其他起关键作用的人员”的内涵与外延，应当从如下两个层面予以把握：一是与司法解释列举的起发起、策划、操纵作用的人员以及在传销活动中承担管理、协调、宣传、培训等职责的人员相同，此类人员仍然属于已加入传销组织体制内的传销人员，否则其所实施的行为不属于本罪的实行行为，从而不能划为“其他起关键作用的人员”的范围；二是此类人员所实施的行为对传销活动的实施、传销组织的建立和扩大等所起的作用，必须与《传销刑事案件适用意见》第2条第1款所列举的发起、策划、操纵以及管理、协调、宣传、培训等行为所起的“关键作用”具有程度上的同一性或者类似性。

基于上述对“其他起关键作用的人员”的范围的界定，实践中有的行

① 参见何荣功：《刑法“兜底条款”的适用与“抢帽子交易”的定性》，载《法学》2011年第6期。

为人应否被认定为组织者、领导者，很是值得商榷。笔者暂且列出以下三个案例，对此进行一番探讨。

（一）樊某某等组织、领导传销活动案

该案经审理查明，被告人樊某某等人在南宁市以“纯资本运作”为名开展传销活动，该传销组织在人员管理上采用“五级三晋制”。所谓“五级”，就是根据参加者及其下线申购的份额将参加人员分为业务员—业务组长—主任—经理—老总五个级别，其中，1—2 份是业务员级别，3—9 份是业务组长级别，10—64 份是业务主任级别，65—599 份是经理级别，600 份以上是老总级别。所谓“三晋”，就是低级别晋升高级别的三种方法，即主任以下级别晋升为主任级别只要份额累积到 10 份以上即可，主任级别晋升为经理级别，除累积份额达到 65 份以上外，还必须有 2 名直接下线人员为主任级别，经理级别晋升为老总级别，除累积份额达到 600 份以上外，还必须有 3 名直接下线人员为经理级别。从公诉机关提供并经庭审举证、质证的证人证言中，笔者发现有诸多处于“老总”级别的人并没有认定为组织者、领导者而受到刑事追究。

具体有：（1）证人柴某 1 的证言。证实其于 2009 年 6 月，经樊某某（老总级别）邀约到南宁并在樊某某游说后于 11 月参加“资本运作”，成为樊某某下线人员。其加入后发展了尚某等人加入，2011 年年初，樊某某通知并带其参加“资本运作”老总复制会，其晋升为老总级别人员。（2）证人罗某 1 的证言。证实其于 2010 年 7 月由樊某 3、樊某 1、杜某等人帮助办理交纳申购款 69800 元加入“资本运作”，成为罗某 2 的直接下线人员。2011 年 8 月其晋升老总级别。（3）证人贾某的证言。证实其于 2010 年 10 月由倪某某发展加入“资本运作”，2011 年 12 月其达到老总级别。（4）证人樊某 1 的证言。证实 2009 年 11 月，其由樊某 2、蒋某发展加入“资本运作”，是蒋某的直接下线人员，2012 年 1 月其晋升老总级别，伞下人员有 30 人以上。（5）证人尚某的证言。证实其于 2010 年 3 月由柴某 1 发展加入“资本

运作”，2011年6月其晋升老总级别。（6）证人杜某的证言。证实2010年5月，其经樊某2等人发展加入“资本运作”，2011年12月其晋升老总级别。（7）证人尹某1的证言。证实2010年3月，其经樊某4、樊某某多次游说加入“资本运作”，其于2011年8月晋升老总级别，伞下人员超过30人。（8）证人吕某1的证言。证实其于2010年8月经吕某2发展加入“资本运作”，2012年2月其晋升老总级别，伞下人员超过30人。（9）证人马某的证言。证实其于2010年4月经樊某1、杜某、樊某2等人游说发展加入“资本运作”，2011年4月其晋升老总级别。（10）证人苏某的证言。证实其于2010年6月加入“资本运作”，2011年7月其晋升老总级别。（11）证人李某1的证言。证实其于2009年1月参加“资本运作”，成为李某4的直接下线人员。加入后，其发展了李某5等人，并于2009年8月晋升老总级别。[①] 笔者认为，由于此案中的11位“证人”已成为传销组织的最高级别（老总级别），因而应当悉数将其划为“其他起关键作用的人员”范围而认定为组织者、领导者。因为，传销的基本特征是以传销者发展的下线人员组成层级，并依据发展下线的人数多少计酬。那么，传销者在传销组织中所获得的级别高低完全是靠其发展下线的人数来决定的，即随着传销者发展的人数、层级增多，其取得的级别也就会随之增高。换言之，除发起者外，其他后加入的传销者要想按照传销规则晋级，必须想办法发展下线人数。根据此案传销组织的规则，晋升老总级别的条件是“除累积份额达到600份以上外，还必须有3名直接下线人员为经理级别”。可见，除发起者外，其他后加入传销组织的传销人员如果晋升到该传销组织的最高级别，那么其一定已经发展了较多参与传销的人员且组建了较高的层级，在达到此种程度时，按理其对传销活动的实施、传销组织的扩大等起到了关键作用，如果其不属于专职从事管理、协调、宣传、培训等工作的人员，就应当划为“其他起关键作用的人员”并认定为组织者、领导者。需要强调的是，从司法实践来看，“纯资本运作”

① 参见广西壮族自治区南宁市西乡塘区人民法院（2017）桂0107刑初710号刑事判决书。

是一个传销人员众多、分支体系遍布全国的庞大的传销组织，而这与诸多“老总”级别传销者的共同“努力”是分不开的，因此，将这些对传销活动的实施、传销组织的扩大等起到了关键作用的“老总”认定为组织者、领导者以本罪追究刑事责任，无疑与本罪的立法精神不悖。

（二）侯某某等组织、领导传销活动上诉案

前文提到的侯某某等组织、领导传销活动上诉案，虽然笔者从整体上论证了该案当中的被告人侯某某推行“你推广，我送车”活动所发展的成员因缺乏层级关系而不以本罪处理为宜，但即便以本罪定性，该案中的另一上诉人李某能否构成本罪也存在疑问。根据被告人侯某某的供述，“你推广，我送车”活动的系列方案是由其发起和策划，李某在公司没有职务，平时在公司给客户办理会员卡，填写会员信息，与会员签订合同及盖章，定期整理公司收入和支出的票据，有时候也带客户试乘试驾；根据被告人李某的供述，其在公司负责和客户签订合同，有不明白合同内容的客户，其给对方讲解一下，然后在合同上盖公司的公章。会员卡一般由苏某某办理，苏某某不在时，李某也办理。根据证人苏某某的证言，其刚进公司时负责在前台接待客户。2014 年 10 月以后，公司办理会员的客户增多，李某就让苏某某去帮她。会员申请表和会员合同一般是会员自己填写，李某和苏某某负责收钱盖章。之前收取客户会员费、签订合同都是李某一人管理。该案一审及二审最后查明被告人（上诉人）李某的行为事实为：其担任太原市汇世通汽车服务有限公司副总经理，负责与参加者签订合同，办理会员储值卡，收取会员储值费用等事宜。李某上诉的理由是：其主动到公安机关，如实交代了犯罪事实，系自首，且又系从犯，认罪悔罪，原判量刑畸重。[①] 笔者认为，虽然李某上诉的理由中没有提及其无罪的问题，但对李某究竟能否以本罪追究刑事责任，应当说是值得认真考虑的。根据本案查明的事实以及被告人的供述和

---

① 参见山西省太原市中级人民法院（2018）晋 01 刑终 355 号刑事判决书。

辩解、证人证言，上诉人李某虽然居于副总经理职位，但其并不属于《传销刑事案件适用意见》规定的在传销活动中起发起、策划、操纵作用的人员，也不属于在传销活动中承担管理、协调、宣传、培训等职责的人员，当然也没有证据证实其属于曾因组织、领导传销活动受过刑事处罚，或者1年以内因组织、领导传销活动受过行政处罚，又直接或者间接发展参与传销活动人员在15人以上且层级在3级以上的人员。因此，如果要对其以本罪追究刑事责任，就只能考察其是否属于“其他对传销活动的实施、传销组织的建立、扩大等起关键作用的人员”。而从李某的工作内容来看，其“负责与参加者签订合同，办理会员储值卡，收取会员储值费用等事宜”，只能算是日常事务性质的工作，虽然其行为对传销活动的实施或者扩大起到一定的促进作用，但并不能将之归于“关键作用”的范畴。即便李某在传销活动中有过一定的管理或者宣传的行为，但是其行为并不能达到对传销活动的实施、传销组织的建立和扩大等起关键作用的程度，而且如前所述，《传销刑事案件适用意见》第2条第1款规定的承担管理、协调、宣传、培训等职责的人员中的“职责”，应是指具有从事上述各项工作的专门职位以及专门担负上述各项工作的情形，同时根据规定，即便是承担管理、协调、宣传、培训等职责的“专职”人员，也是“可以”认定为本罪的组织者、领导者，而不是“必须”或者“应当”认定为本罪的组织者、领导者。所以，从本案所提供的材料所表明的事实来看，李某不应被认定为组织者、领导者。

（三）谭某某等组织、领导传销活动、非法拘禁案

在谭某某等组织、领导传销活动、非法拘禁案中，行为人蒋某某能否构成本罪非常值得质疑。该案的原审判决认定，被告人蒋某某作为管家，负责开门、锁门、保管钥匙等与传销活动有关的行为，还参与非法限制他人人身自由的行为。原审法院认为，被告人蒋某某与被告人谭某某等人在参加“天津天狮组织”之后，听从其上线的安排，分别在该组织中承担管理、协调等职责，通过非法拘禁他人，限制他人人身自由的方式，以推销

天津商品为名，要求参加者以购买商品获得加入资格，并按照一定顺序组成层级，以虚假投资商品或发展人员的数量作为计酬、返利依据，引诱参加者继续发展他人参加，骗取财物，扰乱经济社会秩序，侵犯了他人的人身自由，其行为均构成组织、领导传销活动罪和非法拘禁罪。原审法院最后判决：被告人蒋某某犯组织、领导传销活动罪，判处有期徒刑 10 个月，并处罚金 2000 元；犯非法拘禁罪，判处有期徒刑 8 个月。决定执行有期徒刑 1 年 3 个月，并处罚金 2000 元。二审法院维持原判。[①] 从此案认定的事实来看，司法机关将蒋某某确立为“管家”的职位，只认定其有“负责开门、锁门、保管钥匙等与传销活动有关的行为”。笔者认为，蒋某某名为“管家”，该角色似乎给人感觉其在传销组织或者传销活动中承担了重要的管理职责，但无论如何，该角色只不过是一种为传销活动提供后勤性或纯劳务性支持的行为，也是一种机械性的（而非主动性）并受他人指挥的行为，因而对该传销组织“天津天狮”的建立、扩大以及传销活动的具体开展根本不起关键性作用。从语义上看，“关键”是指“事物最关紧要的部分”或者“对事物发展变化起决定作用的因素”，[②] 可见，只有在传销组织中居于重要的职位或者属于重要的部门并实施了对传销活动、传销组织的建立、扩大等起到了决定性作用的管理人员，才能将其认定为本罪的组织者、领导者。同时，如前所述，“管理”作为本罪的实行行为，其不仅应由专职人员实施，还必须由已经加入传销组织的人员实施，而蒋某某并不是该传销组织的传销人员（而是传销组织者、领导者雇请的“管家”），因此，其履行的“管家”职责实际并不属于本罪实行行为“管理”的范畴。既然如此，要认定蒋某某为组织者、领导者，就要考察其是否属于“其他对传销活动的实施、传销组织的建立、扩大等起关键作用的人员”。显然，基于上述分析，蒋某某也难以被划入此类人员的范畴。另外，假如将蒋某某纳入本罪处罚考虑的是其

---

① 参见江西省赣州市中级人民法院（2018）赣 07 刑终 219 号刑事裁定书。

② 参见《新华词典》，商务印书馆 2013 年版，第 350 页。

与他人共同实施了非法限制他人人身自由的行为，从而认为其对传销活动的开展起到了关键性作用，那这种处理结论也是不妥的。因为，司法机关已经以非法拘禁罪对蒋某某进行了处罚，在对其非法拘禁犯罪行为予以单独评价的情况下，再以此作为其在传销活动中起到了关键作用的情节，显然违反了禁止重复评价的原则。需要进一步强调的是，“管理”事实上是一个包容性非常强的概念，应当说在传销组织的建立乃至扩大或者具体传销活动开展中的许多场合、诸多层面都会出现管理行为。这里需要确定的是，在传销组织或者活动中究竟行使了怎样的管理行为才能被认定为本罪的组织者、领导者的问题。根据《传销刑事案件适用意见》第 2 条第 1 款的规定，在传销活动中承担管理等职责的人员可以认定为组织者、领导者，据此规定，对于在传销活动中承担管理职责的人员，可以将其认定为组织者、领导者，也可以不认定为组织者、领导者，关键要看该管理人员的管理行为是否对传销活动的实施、传销组织的建立及扩大等起到关键的作用。可以肯定的是，将凡是在传销活动中实施了管理行为的行为人一律作为本罪的组织者、领导者进行处罚，是与立法精神及司法解释的规定相悖的。综上，笔者认为，如果依据本案查明的事实只认定蒋某某实施了“负责开门、锁门、保管钥匙等与传销活动有关的行为”，那么其就难以被划入“其他起关键作用的人员”的范围，当然就不应当将其认定为组织者、领导者并以本罪追究刑事责任。

需要特别强调的是，上述后二例中的李某和蒋某某不仅不应作为“其他起关键作用的人员”被认定为组织者、领导者，而且以其实施的行为性质，也不应认定为组织者、领导者。因为从查明的事实来看，二者既不是传销的发起者或者策划者，也不是之后加入传销组织的传销人员，所以其行为不属于本罪的实行行为，而是典型的帮助行为。而如下所述，立法没有规定帮助行为可以构成本罪，所以对他们均不能以本罪追究刑事责任。由此看来，李某和蒋某某即使对传销活动的实施起到了关键作用，但因其从事的工作并不是本罪的实行行为而不能构成本罪。

四、提供帮助行为者能否认定为本罪的组织者、领导者

根据《传销刑事案件适用意见》的规定，在传销活动中承担管理、协调、宣传、培训等职责的人员可以认定为本罪的组织者、领导者。如上所述，由于实施“管理、协调、宣传、培训”的行为要限制在传销活动中，而且这些行为是传销的实行行为（组织、领导行为），因此，承担管理、协调、宣传、培训等职责的人员就必须是传销组织（或者体系）内的传销者，亦即，传销的“管理、协调、宣传、培训”行为应由已经加入传销组织的传销者做出，如果由传销组织外的人员做出（即非传销者为传销组织的传销活动进行管理、协调、宣传、培训），那么此种情形下就不能将其认定为本罪的组织者、领导者而以本罪追究刑事责任。基于这样的分析，以下案例中陈某、金某、王某某1三人能否以本罪处罚，就很值得商榷。该案公诉机关指控意见、被告人辩解及辩护人的辩护意见、法院查明事实及判决结果如下（因该案适用简易程序审理，所以反映庭审活动的法律文书有些简略）。①

公诉机关指控意见：

公诉机关根据港检刑诉〔2019〕113号起诉书，指控被告人陈某、金某、王某某1犯组织、领导传销活动罪，建议判处被告人陈某有期徒刑8个月，并处罚金4万元；被告人金某有期徒刑8个月，并处罚金4万元；被告人王某某1有期徒刑8个月，并处罚金1万元。

被告人辩解及辩护人的辩护意见：

被告人陈某、金某、王某某1及辩护人对公诉机关的指控无异议；辩护人均提出陈某、金某、王某某1是从犯；对扣押三被告人的车辆和其他物品，不是涉传销活动的作案工具，请求返还给被告人；陈某、金某的罚金过高，请求减少罚金。

---

① 参见广西壮族自治区防城港市港口区人民法院（2019）桂0602刑初140号刑事判决书。

法院查明事实：

2018年3月，被告人陈某、金某在广西北海市非法开设第一条一日游线路，路线为“北海—防城港—东兴—南宁—北海”，主要是招揽传销行业人员和“新人”（尚未缴纳传销资金的人员）上车。陈某与金某各占50%股份，由陈某雇请大巴车，还雇请邓某某、王某某2、李某某为该条线路的团长，轮流每天负责随车带团，旅途中的一切事情由团长负责管理协调，并对接国门演艺剧场。该国门演艺剧场被传销行业人员称为“千人宴”，表演过程中有隐晦讲述“资本运作”传销行业内容，暗示到此的千万人都是参加“资本运作”的，以现场气氛造就“资本运作”合法化的假象，达到为新人洗脑的目的。陈某还雇请导游顾某某，车途中宣传“资本运作”传销行业内容，利用沿途景点歪曲国家政策为新人洗脑。

2018年8月，陈某、金某、被告人王某某1、周某（另案处理）和刘某某（在逃）在防城港市开设第二条“一日游”线路，路线为“防城港—东兴—南宁—防城港”，陈某、金某、王某某1、周某和刘某某各占20%股份。该条线路由陈某雇请白某为团长，负责每天随车带团。该条线路的导游是王某某3，车途中宣传“资本运作”传销行业内容，利用沿途景点歪曲国家政策为新人洗脑。

法院判决结果：

被告人陈某、金某、王某某1长期以非法经营“一日游”形式，雇请他人在一日游过程中对涉传销人员进行培训讲课，在传销活动中起到宣传作用，为传销组织的扩大起到关键的作用，应当以组织、领导传销活动罪共犯定罪处罚，三被告人的行为已构成组织、领导传销活动罪。公诉机关的指控成立。在共同犯罪中，被告人陈某、金某、王某某1均起辅助作用，系从犯，应当从轻处罚。辩护人提出陈某、金某、王某某1是从犯的辩护意见，予以采纳。被告人陈某、金某、王某某1到案后能如实供述自己的罪行，是坦白，且愿意接受处罚，对其可以从轻处罚。公诉机关的量刑建议适当，予以采纳。遂判决：一、被告人陈某犯组织、领导传销活动罪，判处有期徒刑8个月，并处罚金4万元；二、被告人金某犯组织、领导传销活动罪，判处有期徒刑8个月，并处罚金4万元；三、被告人王某某1犯组织、领导传销活动罪，判处有期徒刑8个月，并处罚金1万元。

值得注意的是，根据该案判决书记载，三被告人最初是以非法经营罪被逮捕的，公诉机关起诉时改变定性而以本罪起诉，这说明公诉机关对本案的定性并非十分确定。虽然在庭审中，三被告人及其辩护人对于公诉机关指控的罪名均无异议，而且一审法院最后也支持了公诉机关的指控，认定三被告人构成组织、领导传销活动罪的共犯，并作为从犯处罚，但笔者认为，基于判决书所提供的材料分析，对三被告人以本罪论处并不妥当。因为，从本案判决的理由看出，三被告人之所以被以本罪定性，是因为他们“长期以非法经营‘一日游’形式，并雇请他人在一日游过程中对涉传销人员进行培训讲课，起到宣传传销活动的作用，为传销组织的扩大起到关键的作用”。可是从所查明的事实来看，被告人陈某、金某在广西北海市非法开设的“一日游”，二人各占50%的股份，陈某、金某与王某某1等5人在防城港市开设的“一日游”，5人各占20%的股份，可见三被告人并不属于传销组织的传销者，而是依托传销组织独立谋取传销活动“边缘”非法利益的“编外人员”。同时，三被告人也不属于传销组织的雇佣人员，因为其开展“一日游”所获取的收入并没有与他人（传销组织成员）进行分摊。因而，三被告人的行为最大的可能性是其与传销组织成员达成了某种协议，此种情形应当将三被告人的行为定性为对传销活动的帮助行为（实际上一审法院认定三被告人系共同犯罪起辅助作用的从犯，而所谓的“辅助”即为帮助），而刑法并没有将为传销活动提供帮助的行为纳入刑罚处罚范围，所以，三被告人显然不能与传销的组织者、领导者构成本罪的共犯，当然将其确定为组织者、领导者而以本罪追究刑事责任并不正确。

值得研究的是，对于因组织、领导传销活动受过处罚（包括刑事处罚和行政处罚）后又回到原传销组织协助其他组织者、领导者实施管理等行为的人员，能否认定为组织者、领导者。例如，杨某某等组织、领导传销活动上诉案。[①]

2014年4月，杨某某、陈某某的下级人员宋某甲、黄某甲（均已判刑）带队将非法传销组织“天津天狮生物发展有限公司”网络的一根支线从河北廊坊迁移至淮安市区境内，在淮安市租住房屋，建立新“家”（即传销窝点）。该传销组织打着“天津天狮生物发展有限公司”的名义，以销售“碧泉”“卡蒂维妮”品牌的化妆品为幌子骗取群众钱财。该组织共设五个级别，从低到高依次为：E、D、C（内部又分小C、大C）、B（内部又分小B、大B）、A（内部又分小A、大A）共5级。加入该组织至少要缴纳2800元购买一份产品（实际无产品，此2800元为人头费），直接以发展人员数量作为返利的依据，引诱、训斥参加者继续发展他人参加组织。杨某某作为该组织原大A级领导，因涉嫌组织、领导传销活动罪于2015年1月被山东泰安警方采取强制措施，2015年10月左右回到传销组织，指导帮助组织人员运行管理团队。

一审法院认为，被告人陈某某、杨某某组织、领导以推销商品为名，要求参加者以购买商品获得加入资格，并按照一定顺序组成层级，直接或者间接以发展人员的数量作为计酬或者返利依据，引诱、胁迫参加者继续发展他人参加，骗取财物，扰乱经济社会秩序，其行为均已构成组织、领导传销活动罪，遂判决：被告人杨某某犯组织、领导传销活动罪，判处有期徒刑1年6个月，并处罚金人民币1万元。

上诉人杨某某提出的上诉理由之一是：其只是在团队管理等方面提供指导、帮助，未实施组织、领导传销活动，不应认定为组织、领导传销活动罪。

对于上诉人杨某某所提其不构成组织、领导传销活动罪的上诉理由，二审法院经查：首先，杨某某原系涉案传销组织最高级领导人员，且其已经因

---

① 参见江苏省淮安市中级人民法院（2019）苏08刑终202号刑事裁定书。

涉案组织的传销活动被山东省泰安市泰山区人民法院判处刑罚，其主观上对该组织系传销组织、陈某某等人所从事的是传销活动等均是明知的；其次，杨某某实施了一系列帮助陈某某管理、经营的行为，帮助出谋划策、卡账等；最后，杨某某在实施管理、策划行为时，形式上有无回归传销组织，有无获取报酬等，均不影响该罪的认定。综上，该上诉理由无事实和法律依据，不能成立，故不予采纳。二审法院遂作出驳回上诉、维持原判的终审裁定。

从此案所查明的事实来看，杨某某原系传销组织“天津天狮生物发展有限公司”的最高级别（大A级）传销人员，被山东省泰安市泰山区人民法院判处过刑罚，于“2015年10月左右回到传销组织，指导帮助组织人员运行管理团队”，并“实施了一系列帮助陈某某管理、经营的行为，帮助出谋划策、卡账等”。显然，司法机关将杨某某回到传销组织后所实施的行为定性为帮助行为。笔者认为杨某某上诉提出“其只是在团队管理等方面提供指导、帮助，未实施组织、领导传销活动，不应认定为组织、领导传销活动罪”的理由是有道理的。虽然《传销刑事案件适用意见》规定“曾因组织、领导传销活动受过刑事处罚，或者一年以内因组织、领导传销活动受过行政处罚，又直接或者间接发展参与传销活动人员在十五人以上且层级在三级以上的人员”可以认定为组织者、领导者，但是该司法解释明确上述两类人员必须满足“又直接或者间接发展参与传销活动人员在十五人以上且层级在三级以上”的条件，才可以将其认定为组织者、领导者，显然对于此种情形，司法解释仍然要求行为人实施了本罪的组织、领导行为（实行行为），即对于帮助行为明确表明了将其排除出刑事处罚范围的立场。而杨某某虽然原系案涉传销组织的成员，但是由于其已经受到了司法机关的刑事处罚，那么其彼时的组织、领导传销活动的犯罪行为即随着法律所作出的否定性评价而成了“历史”，杨某某重新回到原传销组织后仅是协助陈某某管理传销团队，并没有亲自实施引诱或者胁迫他人参加传销的行为，因此其行为只能是为陈某某提供帮助行为，将其认定为组织者、领导者并不符合司法解释的规定。另外，本案二审法院以杨某某“主观上对该组织系传销组织、陈某某等人所从事的是传销活动等均是明知的”作为回应杨某某上诉的理由并不充分（或者根本就站不住脚），因为帮助犯的构成也需要以行为人明知他人实施的是犯罪行为而予以提供帮助为要件，所以仅以杨某某主观上的“明知”为由认定其为组织者、领导者，不具有任何理论和法律的依据。同时，二审法院认为“杨某某在实施管理、策划行为时，形式上有无回归传销组织，有无获取报酬等，均不影响该罪的认定”，该观点更有“蛮不讲理”之嫌。因为，本罪的实行行为就是组织、领导传销活动，如果不确定杨某某是否回归传销组织并作为传销人员之一，不确定杨某某是否获取了报酬以及其获取报酬的形式究竟是传销组织支付的固定劳务工资还是来源于其直接或者间接发展的传销人员所缴纳的“入门费”，那么又从何谈起或者又如何断定其实施了组织、领导传销活动的实行行为呢？基于上述分析，既然司法机关将杨某某的行为定性为帮助行为，那么根据立法及司法解释的规定就不应将其纳入本罪处罚的范围。因而，杨某某的上诉理由应当得到支持。

另一个值得研究的问题是，受传销活动发起者或者策划者雇请或者安排的在传销组织中担任要职或者身居重要岗位的人员（如董事长助理、财务总监、行政主管、培训主管等）应否均认定为组织者、领导者。例如，在上述所举湖南省永州市冷水滩区人民法院审理的张某某组织、领导传销活动系列案之查某某等组织、领导传销活动案中所查明的，将负责为“善心汇”传销组织开发“众扶互生系统”的黄某某认定为组织者、领导者，就存在疑问。该案经审理查明，2016 年 4 月，黄某某通过招聘入职深圳善心汇公司，按照另案被告人张某某的授意和思路开发众扶互生系统 1.0 版本。当月，众扶互生系统 1.0 版开放注册开始试运行。2016 年 5 月 28 日，众扶互生系统 1.0 版在善心汇网站上正式上线。后因会员人数急剧增长，2016 年 10 月至 2017 年 2 月，张某某安排黄某某等人将众扶互生系统 1.0 版本升级至 2.0 版本。依据另案被告人张某某的供述：2016 年 5 月上线的善心汇众扶互生系统 1.0 版本系统功能比较单一，只提供个人版会员的注册，随着会员和资金量的增多，1.0 系统出现的问题也较多，于是其要求技术部门开始着手研发更多容量、更稳定、功能性更多的 2.0 版本。2016 年 9 月 1 日，众扶互生系统 2.0 版本正式上线，解决了系统承载量、稳定性等很多问题，并且新版本加入了很多功能模块。[①] 应当说，黄某某受雇并按张某某的指示负责开发的众扶互生系统 1.0 版本和 2.0 版本，其在该组织中所起的作用或者所处的地位不可谓不重要，可以说，其研发的众扶互生系统对“善心汇”传销组织的发展、壮大以及传销活动的具体开展无疑起着关键的作用。亦即，如果没有黄某某研发的众扶互生系统，“善心汇”传销组织不可能至案发时能发展到“共有注册会员 5981028 人，其中激活会员 5361936 人，层级 75 层，涉案金额 104683400100.16 元”的巨大规模。根据黄某某在该传销组织中所起的作用，鉴于其既不属于发起者、策划者、操纵者，也不属于专职承担管理、协调、宣传、培训等职责的人员，那么按理应将其划为《传销刑事案件适用意见》中规定的“其他对传销活动的实施、传销组织的建立、扩大等起关键作用的人员”的范围，并认定为组织者、领导者。然而无论如何，黄某某并不是“善心汇”传销组织中的传销人员，因而其单纯实施的研发众扶互生系统的行为不是本罪的组织、领导行为（实行行为），而是帮助行为。所以笔者认为，如果为传销犯罪提供帮助的行为也可以或者应当纳入本罪处罚的话，那么黄某某无疑将被划为“其他起关键作用的人员”的范围，并将其认定为组织者、领导者，否则其只能被排除在“组织者、领导者”的范围之外。

综上，需要从总体上强调的是，目前司法实践中几乎将传销活动发起者或者策划者雇请或者安排的在传销组织中担任要职或者身居重要岗位，甚至是一般的从事管理等工作的人员，均认定为组织者、领导者，这是非常值得质疑的。笔者认为，由于本罪的立法只明确规定对“组织、领导”

① 参见湖南省永州市冷水滩区人民法院（2017）湘 1103 刑初 564 号刑事判决书。

的实行行为且只能在实施实行行为者中选择组织者、领导者进行刑事处罚，因此在严格贯彻罪刑法定原则之下，对于为传销者提供帮助的行为人不能以本罪的共犯论处（只能进行行政处罚）。当然不得不说，上述情形的出现，表明目前在惩治传销犯罪方面的立法是存在重大不足的，因而需要适时修改（详见后文）。

五、对“受单位指派仅从事劳务性工作”的理解

《传销刑事案件适用意见》第 2 条第 2 款规定：“以单位名义实施组织、领导传销活动犯罪的，对于受单位指派，仅从事劳务性工作的人员，一般不予追究刑事责任。”这里的关键就是如何把握“劳务性工作”的实质内涵问题。我们认为，所谓劳务性工作，是指行为人（受指派人）与指派单位存在劳务关系，亦即前者作为提供劳务的一方为接受劳务的一方（后者）提供劳务服务，由接受劳务一方按照约定支付报酬而建立的一种民事权利义务关系。通俗讲，前者与后者就是雇员与雇主的关系。在此种情形下，作为雇员其只领取雇主（指派单位）配发的工资，即其所获取的劳务报酬直接来源于雇主，与“直接或者间接以发展人员的数量作为计酬或者返利依据”的要求并不符合，虽然其从事的工作对传销活动的开展具有关联性也有一定的促进作用，但并非对传销活动的实施以及传销组织的建立、扩大等起关键作用。同时，“劳务性工作”只能限于非传销人员实施，如果是传销者实施则属于本罪的实行行为。由此，“劳务性工作”只能是受雇人为雇主提供的一种帮助行为。由于本罪的组织、领导行为是实行行为，提供帮助的行为并不符合本罪客观方面的构成特征，所以对于在传销组织中仅从事“劳务性工作”的人员，应不予追究刑事责任。当然，如果行为人在从事劳务性工作中突破了帮助行为的界限而具有本罪的实行行为时（如引诱或者胁迫他人加入传销组织而组建层级并以发展人员的数量作为计酬或者返利的），则可以将其认定为组织者、领导者。笔者列出如下三则案例，对

何谓“劳务性工作”及其应否承担刑事责任的问题，进行具体探讨。

（一）唐某某等组织、领导传销活动上诉案

该案的原审判决认定、原审判决、上诉理由及二审判决结果分别如下（摘要）。[①]

原审判决认定：

2007年7月13日，为成为美国“立新世纪”公司江西省代理，被告人唐某某、程某某、徐某某等25人共同出资200万元注册成立了江西精彩生活实业有限公司，唐某某任法定代表人、执行董事兼经理。2009年8月，江西精彩生活实业有限公司法定代表人变更为李某某，股东变更为唐某某、程某某等八人，唐某某任董事长。2010年4月2日，江西精彩生活实业有限公司更名为江西精彩生活投资发展有限公司（以下简称江西精彩公司）。

2008年12月18日，江西精彩公司创办开通了太平洋直购官方网，在网站上出售之前购买的美国“立新世纪”公司的保健品以及其他商品。随后，被告人唐某某依托太平洋直购官方网，推出了“BMC”模式（企业、媒介、消费者的英文缩写），设计出以PV为计量单位的会员消费积分返利制度。唐某某陆续招募被告人程某某、徐某某、董某等人加入江西精彩公司，并逐步委任为公司高层管理人员，负责公司日常管理、经营、宣传和推广工作。为吸引人员参加，被告人唐某某等人对太平洋直购官方网的会员级别不断做出调整，最终形成了从普通会员、银卡会员、金卡会员、钻石卡会员到渠道商总共16个级别的会员制度，由低到高不同级别的会员享有不同的返利比例。

江西精彩公司经营的业务主要有网络商城（含手机缴费、游戏充值、DIY商城）、BMP贷款、BMC电子商务师培训等。因为收入很少，需要发放

① 参见江西省高级人民法院（2013）赣刑二终字第63号刑事判决书。

的返利又很多，导致江西精彩公司巨额亏损。为防止资金链断裂，江西精彩公司使用渠道商交纳的保证金来发放返利，导致保证金巨额亏空。经鉴定：截至2012年4月9日，江西精彩公司累计毛利收入174329411.02元，累计费用支出1551614045.40元，累计亏损1377284634.38元；截至2012年4月9日，江西精彩公司账面反映保证金余额3561485482.30元，其中应以货币资金形式返还的有2482695729.29元，应以归还贷款形式返还的有1078789753.01元，但江西精彩公司账面资金结余仅有932109111.79元。

被告人程某某于2007年7月13日和被告人唐某某、徐某某等人共同出资200万元成立江西精彩生活实业有限公司。程某某出资8万元，持股4%。2009年4月，应唐某某之邀，程某某在江西精彩公司商品部任主管，负责与供货商洽谈、商品上架、商品售后服务等。2010年7月，程某某任行政部经理，负责车辆管理、办公用品采购、固定资产管理登记、来访人员接待、后勤服务保障等事务，以及省市县三级代理商合同的签订、盖章、登记、保管等。2011年3月，程某某成为总经理办公室成员之一，对公司各项业务的开展进行全面监督和管理，并负责财务部。2011年11月，程某某被派至深圳，担任深圳市精彩生活投资股份有限公司总经理助理，协助总经理刘某运作深圳市宝安区一大型购物中心项目即“精彩生活时空”大厦。2011年10月至2012年3月，程某某利用深圳精彩公司的三个银行账户，帮助江西精彩公司转移银行接口，继续收取保证金和发放返利。

被告人徐某某于2007年7月和被告人唐某某、程某某等人共同出资成立江西精彩生活实业有限公司，徐某某出资2万元，持股1%，后于2009年将股份转让。2009年6月，应唐某某之邀，徐某某成为江西精彩公司客服部员工，负责接听咨询电话。2009年9月至10月，徐某某调到商品部，成为商品联盟部负责人，负责与供货商洽谈业务。2010年7月至8月，徐某某被任命为市场部经理，负责宣传讲解公司的经营理念、发展模式、业务平台，以及对省市县区域代理商申请、渠道商权益转让、保证金返退、返利发放、BMP贷款申请、招商会申请、派员授课等事项的审核，还多次在招商会上亲自授课。2011年3月，徐某某成为总经理办公室成员，对公司各项业务的开展进行全面监督和管理，并负责市场部、咨询部、法务部、文化宣传部、业务核算部工作。

被告人董某于2009年6月通过网上招聘成为江西精彩公司客服部员工，负责接听客服电话，解答会员的咨询等。2010年3月，董某被调到市场部，负责省市县渠道商的接待、给来自全国各地的会员进行讲解培训、宣传公司的运营模式、受邀讲课培训。2010年7月，董某调入业务审核部，负责审核省市县渠道商的资质和返利情况。2011年3月，董某成为总经理办公室成员，对公司各项业务的开展进行全面监督和管理，并负责信息系统部、研发中心。2011年6月，董某兼任IT运营部经理，负责市场招商返利系统的完善，以及将唐某某和总经理办公室的意见提交给技术部门开发设计，并验收。

原审判决：

原审法院认为，被告人唐某某、程某某、徐某某、董某作为江西精彩公司的发起人、操纵人、高级管理人员，以太平洋直购官方网为依托，以开展电子商务为名，要求参加者以购买商品或交纳保证金的方式获得加入资格，并按照一定顺序组成层级，间接以发展人员的数量作为返利依据，骗取巨额保证金，严重扰乱经济社会秩序，其行为均已构成组织、领导传销活动罪，且系情节严重。公诉机关对被告人唐某某、程某某、徐某某、董某指控的罪名成立。

上诉理由：

上诉人程某某上诉提出：公司的经营行为不符合传销活动的特征，属于合法的经营行为；其没有组织、领导传销活动的主观故意，不存在骗取他人财物的犯罪目的；其仅是履行职务，即使公司的经营行为确系传销，也不应当认定其构成组织、领导传销活动罪。综上，恳请二审法院改判无罪。程某某的辩护人提出：原判查明的事实存在很多矛盾的地方，且缺乏相应的证据证实，无法形成完整的证据链；从犯罪构成要件来看，主观方面没有任何证据证明程某某有骗取财物的情形和目的，客观方面程某某从事的是一些正常的劳务行为，不是高级管理人员；鉴定意见错误，应重新鉴定。综上，请求二审法院改判程某某无罪。

上诉人徐某某上诉提出：其不具有犯罪的主观故意，不存在非法占有他人财产的目的，实际也未得到任何非法财产；其不是本案的组织者、领导者，从客服部普通员工做到总经理办公室成员，均是服从公司安排，履行自己的职务。综上，请求二审法院改判无罪。徐某某的辩护人提出：徐某某不具有组织、领导传销活动的故意，无非法占有他人财产的目的，也没有任何非法收入；徐某某在公司的行为系公司委派的劳务性工作，不应追究刑事责任；鉴定意见错误，申请重新鉴定；BMC 模式与传销无关，申请对 BMC 模式进行鉴定。综上，不应追究徐某某的刑事责任。

上诉人董某上诉提出：其与公司是一种劳动合同关系，系公司员工，所有行为均是职务行为，不是组织者、领导者；其工资收入与公司市场业绩没有任何关系；其没有犯罪的故意，不具有非法占有他人财物的目的。综上，恳请二审法院从轻、减轻量刑。董某的辩护人提出相同的辩护意见，并请求二审法院宣告缓刑。

二审判决：

关于上诉人程某某、徐某某、董某及其辩护人提出不是组织者、领导者的上诉理由和辩护意见，经查，上诉人程某某、徐某某、董某身为江西精彩公司的高级管理人员，在董事长唐某某的领导下，各自主要负责财务、市场、技术，对公司传销活动的实施、扩大起了关键作用，并非受单位指派仅从事劳务性工作的普通人员，可以认定为传销活动的组织者、领导者。故上述理由和辩护意见均不成立，不予采纳。二审法院除对上诉人董某由原审的判处有期徒刑 3 年改为判处有期徒刑 3 年缓刑 4 年之外，其余均驳回上诉，维持原判。

从此案中程某某、徐某某和董某的上诉看出，他们均提出了自身行为不构成犯罪并要求改判的请求，他们的辩护人也提出了相同的辩护意见。其理由之一，是认为仅履行职务或者在客观方面从事的是一些正常的劳务行为，或者与公司是一种劳动合同关系，系公司员工，所有行为均是职务行为，工资收入与公司市场业绩没有任何关系，因而不属于组织者、领导者。笔者认为，从该案查明的事实来看，上诉人徐某某和董某的上诉理由是值得肯定的，而程某某的上诉理由则没有道理。因为上诉人程某某于2009年4月应唐某某之邀，在江西精彩公司商品部任主管，虽然其最初从事的是比较简单的劳务性工作，但是自2010年7月开始任行政部经理后，其工作的性质即发生了明显的变化。更为重要的是，程某某是传销组织的发起者，而且从查明事实来看其并没有退股，说明其一直是传销组织的成员，因而其收入的高低应当与传销活动的开展好坏直接相关。既然如此，程某某在传销组织中属于专职承担管理、协调等职责的人员，其所实施的行为是本罪的实行行为，且对传销活动的实施、传销组织的建立、扩大等无疑起到了关键的作用，所以其上诉的要求不应得到支持。相反，上诉人徐某某虽然是江西精彩公司的入股者，但是其股份已经转让。在退出之后徐某某于2009年6月应唐某某之邀，成为江西精彩公司客服部员工，随后成为商品联盟部负责人，被任命为市场部经理、成为总经理办公室成员，显然，其为唐某某所雇请，尽管其从事的工作涉及管理、协调、宣传、培训等内容，但无论如何其行为性质都属于帮助行为，而非本罪的实行行为，因此不应将其认定为组织者、领导者。同时，上诉人董某于2009年6月通过网上招聘成为江西精彩公司客服部员工，于2010年3月被调到市场部、业务审核部，成为总经理办公室成员，负责省市县渠道商的接待、给来自全国各地的会员进行讲解培训、宣传公司的运营模式、受邀讲课培训。2010年7月，董某调入业务审核部，负责审核省市县渠道商的资质和返利情况。2011年3月，董某成为总经理办公室成员并兼任IT运营部经理，整体上承担了管理、协调、宣传、培训等职责，即便其所实施的行为对传销活动的正常开展以及传销组织的扩大起着关键的作用，但其毕竟不是传销组织的成员，其实施的任何行为都不是本罪的实行行为，而是典型的为传销活动提供帮助的行为，因而不应将其认定为组织者、领导者。基于上述分析，上诉人程某某的上诉请求及其辩护人的辩护意见难以成立，而徐某某和董某的上诉请求有理有据，因而二审法院以上诉人徐某某、董某身为江西精彩公司的高级管理人员，并非受单位指派仅从事劳务性工作的普通人员为由，对后二上诉人的上诉请求完全不予支持，并不妥当。

（二）马某某组织、领导传销活动案

该案的公诉机关指控、被告人辩解及辩护人辩护意见、一审法院查明事实和判决结果分别如下。[①]

公诉机关指控：

2015年8月，同案人李某1成为深圳南宇众创投资管理有限公司的钻石级会员后经一段时间的筹备，于同年10月30日在广西北海市注册成立北海南宇众创投资管理有限公司，以创业投资为名，要求参加者以缴纳投资款的方式成为会员，按照每层二人的顺序组成层级，直接以发展会员的数量和级别作为返利计酬的依据，引诱会员继续发展他人参加入会，该公司以深圳南宇众创投资管理有限公司的网站为经营平台，加入的会员均在该网站注册登记，发展下线人员所获得收益也发放进该网站的账户内，至2016年5月15日北海南宇众创投资管理有限公司共发展了3000多名会员。李某1担任该公司的法人代表、董事长及股东，另外两名股东为姜某、高某1；高某2为总经理，负责管理公司的日常工作。被告人马某某于2015年10月起在北海南宇众创投资管理有限公司工作，于2016年3月担任该公司副经理，负责该传销组织的财务工作，主要负责收取新会员缴纳的投资款，并通过其本人的银行账户转账到深圳总公司和李某2、孙某等人（另案处理）

① 参见广西壮族自治区合浦县人民法院（2018）桂0521刑初44号刑事判决书。

的银行账户。经向银行查询，马某某名下的工商银行账户共收到会员投资款5208000元以上。

被告人辩解及辩护人辩护意见：

被告人马某某对公诉机关指控罪名没有异议，对指控的犯罪事实有异议，辩称：1.其是公司带薪上岗人员之一，每月领取工资，在公司内仅负责打扫卫生，任公司副经理后也是负责打扫卫生，没有管过钱；2.其没有发展下线，没有提成或分红；3.尾号为8419的工商银行卡不是由其本人保管。马某某请求从轻处罚。

马某某的辩护人对公诉机关指控马某某的罪名没有异议，提出如下辩护意见：1.马某某在本案中起次要辅助作用，是从犯。马某某于2015年11月起在该公司主要负责打扫卫生，2016年3月起担任该公司的副经理，主要工作是负责后勤，根据李某1安排代为收取新会员现金，不是其本人发展新会员收取，且收取新会员的款项由李某1转给公司账户及孙某，马某某没有相应的分红和提成。2.尾号为8419的工商银行卡不在马某某处扣押，即使该卡为马某某开户，但不是马某某管理，马某某没有发展会员，在该公司工作时间比较短，其取得的是劳务报酬。3.没有证据证明尾号为8419的工商银行卡为马某某操控，马某某根据李某1指令代为收取新会员投资款的行为不属于情节严重的情形。4.马某某因为法律意识淡薄而犯罪，其当庭认罪，有悔罪态度，是初犯。综上，建议判处马某某2年以下有期徒刑。

一审法院查明事实：

2015年8月，同案人李某1成为深圳南宇众创投资管理有限公司的钻石级会员，经筹备后于同年10月30日在广西北海市注册成立北海南宇众创投资管理有限公司。企业类型：有限责任公司（自然人投资或控股）；股东（发起人）：李某1、姜某、高某1；经营范围：企业投资信息咨询、企业管理咨询、理财信息咨询、企业形象策划、会议会展策划。李某1为执行董事、法定代表人。公司带薪上岗人员有被告人马某某和高某2、姜某、陈某、张某1、任某、张某2、孟某、郭某。其中高某2为总经理；被告人陈某为副经理，负责公司的会议安排；张某1、任某、张某2、孟某、郭某是讲师。讲师负责给老会员及新人讲课。至2016年5月15日北海南宇众创投资管理有限公司共发展了3000多名会员，涉案金额超过5000万元。被告人马某某于2015年11月到北海南宇众创投资管理有限公司工作，负责后勤。2016年3月，马某某任该公司副经理，主管该公司财务工作，负责收取新会员投资款。从2016年3月14日起至同年5月16日，马某某名下的工商银行账户共收到会员投资款5208000元以上。

一审法院判决结果：

一审法院认为，被告人马某某伙同他人以创业投资为名，要求参加者以缴纳投资款的方式成为会员，并按照一定顺序组成层级，主要以发展人员的数量作为计酬依据，引诱参加者继续发展他人参加，骗取他人财物，扰乱社会经济秩序，其行为构成组织、领导传销活动罪。公诉机关指控马某某的罪名成立。马某某直接或者间接收取参与传销活动人员缴纳的传销资金数额累计达250万元以上，应认定马某某的行为属组织、领导传销活动"情节严重"。北海南宇众创投资管理有限公司参与传销人员累计达120人以上，马某某是该公司副经理，负责财务工作，即收取新会员投资款等，在传销组织中承担管理职责，在共同犯罪中起主要作用，是主犯，应当按照其所参与的全部犯罪处罚，依法也应判处5年以上有期徒刑，并处罚金。辩护人关于马某某是从犯的辩解、辩护意见与查明事实不符，不予采纳。最后判决：被告人马某某犯组织、领导传销活动罪，判处有期徒刑5年6个月，并处罚金人民币160万元。

此案已经查明被告人马某某属于"带薪上岗人员"，其从事的具体工作最初是后勤，后来被聘任为公司副经理，主管财务工作，负责收取新会员投资款。可以看出，马某某名义上是主管财务工作，但其只负责收取新会员的投资款，亦即其工作只是依照公司的安排机械性地收取投资款及转款，而在其所进行的工作中，既没有直接发展下线，也没有从事对传销的实施及传销组织的建立、扩大等具有关键作用的管理、协调、宣传、培训等工作，所以严格来讲，马某某的行为并不是传销的实行行为，而是帮助行为。笔者认为，本罪的本质特征在于要求参加者以缴纳费用或者购买商品、服务等方式获得加入资格，并按照一定顺序组成层级，直接或者间接以发展人员的数量作为计酬或者返利依据，引诱、胁迫参加者继续发展他人参加。因此，实行行为应是与建立和发展传销组织以及具体开展传销活动直接相关的行为。显然，马某某的行为只是一种辅助性质的行为，即纯粹的劳务性行为。尽管通过马某某的账户收取会员投资款达5208000元以上，但无论马某某收取的会员投资款数额多大，其工作的实质内容也只不过就是“收取”而已，与传销的实行行为没有任何关联。也就是说，会员的投资款是在传销人员的“努力”下所获得的“成果”，而不是马某某“收取”行为而致。基于上述分析，笔者认为，司法机关将马某某认定为组织者、领导者以本罪追究刑事责任（而且以情节严重判处有期徒刑5年6个月），是非常值得质疑的。

（三）陆某组织、领导传销活动上诉案

该案原审认定事实、原审判决、上诉理由及二审结果分别如下。[①]

原审认定事实：

2014年1月，被告人陆某经董某介绍投资加入阿尔卑斯资产管理信托公司API公司，成为董某的直接下线。被告人陆某发展下线13层，其下线报案人数36人，报案人员投资额人民币1209.91万元，美元109.95万元。2014年下半年，被告人陆某作为董某助手帮助董某处理投资人账户报单、会议通知、发布收款账号、编写注册流程、联系公司境外年会等活动。

---

① 参见北京市第三中级人民法院（2017）京03刑终409号刑事裁定书。

原审判决：

北京市朝阳区人民法院认为，被告人陆某伙同他人以炒外汇为名，要求参加者以缴纳费用的方式获得加入资格，并按照一定顺序组成三级以上层级，直接或者间接以发展人员的数量作为计酬或者返利依据，引诱参加者继续发展他人参加，获得财物，其行为已构成组织、领导传销活动罪，且陆某下线中报案人员的投资额在250万元以上，系情节严重，应予处罚。北京市朝阳区人民检察院指控被告人陆某犯组织、领导传销活动罪的罪名成立。鉴于被告人陆某在共同犯罪中起次要作用，系从犯，故依法对其所犯罪行予以减轻处罚。最后判决：被告人陆某犯组织、领导传销活动罪，判处有期徒刑3年，罚金人民币15万元。

上诉理由：

陆某认为自己是传销活动的受害者，不是董某的助理，也没从董某处领取过工资，所做工作与其他团队负责人相同，没有组织、领导传销活动，原判认定其犯组织、领导传销活动罪的事实不清，证据不足。

陆某的辩护人提出，陆某是API公司传销活动的参与者，非组织者、领导者，其在传销组织中所实施的帮助新会员注册、编写会员注册流程、统计境外活动人员名单等行为应评价为劳务性工作，而该种工作对整个传销组织的扩大及骗取财物明显不起关键和重要作用。

二审结果：

对于陆某所提上诉理由及其辩护人所提辩护意见，二审法院经查，《传销刑事案件适用意见》中“二、关于传销活动有关人员的认定和处理问题”规定，“下列人员可以认定为传销活动的组织者、领导者：（一）在传销活动中起发起、策划、操纵作用的人员；（二）在传销活动中承担管理、协调等职责的人员……”在案证据证明，陆某不仅帮助其下线报单，而且帮助其他团队报单、发布公司收款账号、参与编写会员注册流程、通过其邮箱接收境外会议活动参加人员护照证件、订机票、统计报名名单，担当重要协助职能，对传销活动的实施和传销组织的扩大起到上传下达的重要作用，可以认定陆某在传销活动中承担了“管理、协调”职责，故一审法院将陆某认定为传销活动的组织、领导者于法有据，并无不当。最后，二审法院作出了驳回上诉、维持原判的终审裁定。

此案二审中，上诉人陆某的辩护人提出将陆某“在传销组织中所实施的帮助新会员注册、编写会员注册流程、统计境外活动人员名单等行为应评价为劳务性工作”的辩护意见，而二审法院则以陆某所实施的这些行为可以认定其在传销活动中承担了“管理、协调”职责作为回应，并认为陆某所承担的职责“对传销活动的实施和传销组织的扩大起到上传下达的重要作用”，可以认定为组织者、领导者，从而对上诉人陆某辩护人的该项辩护意见不予采纳。应当说，辩护人提出陆某的行为属于劳务性工作的用意，是说明陆某的行为对整个传销组织的扩大不起关键作用，从而达到将陆某排除出组织者、领导者范围的目标，这一辩护策略或者思路当然无可厚非。不过笔者认为，根据该案庭审查明的事实，陆某辩护人的该项辩护意见难以成立，因而二审法院没有采纳辩护人的辩护意见是值得肯定的。如上所述，“劳务性工作”只能限于非传销人员实施，即该种行为是受雇人为雇主提供的一种帮助行为，如果是传销者实施则属于本罪的实行行为。而此案的被告人陆某先是加入传销组织 API 公司成为传销人员，并发展下线人数 36 人，组建层级 13 层，随后作为董某的助手帮助董某处理投资人账户报单、会议通知、发布收款账号、编写注册流程、联系公司境外年会等工作。可见，被告人陆某所从事的上述工作，表面上看具有劳务的性质，但由于其本身是传销组织的成员，这些看似劳务性的工作实质上是本罪的实行行为，所以陆某并非以雇员的身份实施上述行为，不属于帮助行为，应当将其纳入应否认定为组织者、领导者的评价对象。鉴于陆某参加传销组织后，发展下线人数 36 人，组建层级 13 层，且按照安排“帮助董某处理投资人账户报单、会议通知、发布收款账号、编写注册流程、联系公司境外年会等活动”，其工作内容体现出“管理、协调”的特点，符合《传销刑事案件适用意见》关于在传销活动中承担管理、协调等职责的人员可以认定为组织者、领导者的规定，同时从总体上看，陆某的行为对传销活动的实施、传销组织的扩大起着关键的作用，因而司法机关将陆某认定为组织者、领导者，二审法院不采纳辩护人的辩护意见并驳回陆某的上诉请求，是完全正确的。

六、“空点”情形下组织者、领导者的认定

实践中，有的传销者为了达到发展下线以晋升级别等目的，往往借用（甚至伪造）他人身份证件并自己出钱申购份额（即缴纳“入门费”），而被借用（或者伪造）的人并没有实际参与传销活动，此种情形被称为“空点”（也称为“虚点”“虚线”“空线”等），与之对应的称为“实点”（或者“实线”）。由于本罪是以发展的人员数量及组建的层级数作为入罪的标准，同时人员数量也是司法解释规定的“情节严重”的情形之一（即组织、领导的参与传销活动人员累计达 120 人以上），所以对“空点”情形下组织者、领导者如何认定，具有研究的必要性。

对于行为人有意制造的“空点”，究竟能否作为发展的“人数”对待，实践中形成了两种截然不同的观点。持否定意见的人认为，“空点”不应计算在发展的“人数”范围内。例如，张某 1 组织、领导传销活动案。公诉机关指控，被告人张某 1 于 2016 年 11 月 3 日加入“善心汇”传销组织，在直接、间接推荐发展的下线会员数达到晋升 A 轮功德主等级会员的条件后，缴纳了 5 万元会费成为该等级会员，并通过口头介绍、建立微信群等形式，在丽水市莲都区范围内组织发展下线会员。经鉴定，截至 2017 年 7 月 24 日，被告人张某 1 的账户在整个善心汇会员网络中处于第 15 层，其下级网络有 4 层，共 52 个会员账号。针对指控，张某 1 的辩护人提出，张某 1 发展下线的会员人数不能仅以鉴定意见进行简单认定，而应该以实际参与人数予以认定，被告人张某 1 借用了十几位未实际参与人员的证件

进行注册，但并未将这些人员发展为下线，对此类人员不应认定为会员数。[①]又如郭某某等组织、领导传销活动案。公诉机关指控，被告人郭某某于2013年10月由赵某发展交钱申购份额加入“资本运作”传销组织，成为王某某、杨某某的间接下线及赵某的直接下线，加入后其发展了董某某等人交钱申购份额加入“资本运作”。随着下线人员的滚动增加，郭某某于2014年9月成为老总，负责管理下线学习、纪律等工作，其伞下人员超过30人，层级超过3级。庭审中郭某某的辩护人提出郭某某伞下存在“空点”的辩护意见。[②]再如乔某等组织、领导传销活动案。公诉机关指控，被告人乔某等人自2011年起在南宁市以交钱申购虚拟份额的形式参加“纯资本运作”进行传销活动，乔某在传销体系中承担管理、协调或者宣传、培训的职责。庭审中，乔某的辩护人提出，被告人乔某伞下虽有14名下线，但其直接发展的只有2人，且14人中有7人为空线，社会危害性较小。[③]持肯定意见的人则认为，“空点”与“实点”在本质上并无二致，其当然能认定为传销者所发展的“人数”。例如，针对上述所举张某1案辩护人的辩护意见，一审法院认为，被告人借用他人身份证件进行注册的目的是根据传销组织的规则获取“拉人头”带来的经济利益，且这些会员账号客观上起到了扩大传销组织规模、增加欺骗性的作用，故借用他人身份证件注册并使用的会员账户应认定为被告人发展的下线会员，对被告人张某1的辩护人提出的被告人张某1借用他人身份证件进行注册并使用的会员人数不应计入其发展下线人数的辩护意见，不予采纳。[④]又如针对上述所举郭某某案辩护人的意见，一审法院认为，第一，传销人员为了更快地晋升到更高的级别以获取更多的利益，根据传销组织的晋级规则，以他人的名义申购份额，实际掌控所申购份额对应的位置及收取该位置获得的

---

① 参见浙江省丽水市莲都区人民法院（2018）浙1102刑初88号刑事判决书。

② 参见广西壮族自治区南宁市西乡塘区人民法院（2016）桂0107刑初475号刑事判决书。

③ 参见广西壮族自治区南宁市青秀区人民法院（2015）青刑初字第894号刑事判决书。

④ 参见浙江省丽水市莲都区人民法院（2018）浙1102刑初88号刑事判决书。

提成，这本身就是开展传销活动的一种方式；第二，“空点”对于相关被告人晋升到老总级别进而获得老总级别的提成，起到了不可或缺的作用，换言之，“空点”对于相关被告人获得更多非法利益起到了关键的作用，因此，“空点”具有社会危害性，而非单纯的自害行为；第三，“空点”处在承上启下的位置，对传销组织层级的形成、规模的扩大也起到重要作用，即“空点”的作用与一般下线的作用并无实质区别。综上，所谓的“空点”也应认定在相关被告人的犯罪行为之中，因此，对于辩护人就“空点”提出的辩护意见，不予采纳。[①] 再如针对上述所举乔某案辩护人的意见，一审法院认为，根据该传销组织制定的规则，每一张身份证只能加入一次，最多只能购买21份份额，只能发展三个直接下线，所购买的份额可以转让、发展下线、领取提成等规定，“空点”“空线”能够承上启下，连接左右，对传销组织层级的形成、规模的扩大，在传销组织中所起的作用与“实点”并无区别，对传销组织的发展壮大起着重要的作用。因此，对于被告人乔某的辩护人提出的乔某发展的人员中有七人为“空线”，社会危害性较小的意见，不予采纳。[②]

应当说，在“空点”情形下，由于被借用或者被伪造身份证件的“人”并没有实际参与到传销组织（活动）中，那么制造“空点”者就无从论及引诱、胁迫这些“人”继续发展他人参加传销组织的问题，而这些“人”当然也不具有引诱、胁迫下线继续发展他人参加传销组织的可能。如果制造“空点”者本人不利用“空点”发展他人参加传销组织，那么就很难说“空点”具有“承上启下，连接左右”的作用。同时，既然被借用或者被伪造身份证件的“人”没有实际参与传销活动，那么此时制造“空点”者要提高自己在传销组织中的级别或者造成传销规模扩大的假象，这些“人”在传销活动中的具体“实施”行为就不能不由其自行操控，即自行将那些

① 参见广西壮族自治区南宁市西乡塘区人民法院（2016）桂0107刑初475号刑事判决书。

② 参见广西壮族自治区南宁市青秀区人民法院（2015）青刑初字第894号刑事判决书。

被借用或者被伪造的“人”形成所谓的上线与下线的关系，而这种“空点”层级的搭建只能是制造“空点”者自行出资缴纳“入门费”而达成，从而在不利用“空点”发展他人参加传销组织的情况下，只能形成自己“骗”自己的财物的状况。由此看来，要说制造“空点”者属于“自己是自己的被害人”，并非没有道理。因而，上述所举张某1案的一审法院认为“借用他人身份证件进行注册的目的是根据传销组织的规则获取‘拉人头’带来的经济利益”以及上述所举郭某某案的一审法院认为“以他人的名义申购份额，实际掌控所申购份额对应的位置及收取该位置获得的提成”的观点，与实践存在不相符之处。另外，“空点”情形引发争议的核心是解决其能否作为制造“空点”者所发展的“人数”并能否以此认定行为人作为组织者、领导者的问题，所以以“空点”在“客观上起到了扩大传销组织规模、增加欺骗性的作用”为由将“空点”认定为制造“空点”者所发展的“人数”，其结论并不可靠。

从总体上看，持肯定意见的观点一律将“空点”作为制造“空点”者所发展的“人数”予以认定，恐怕有过于绝对之嫌。同样，基于司法实践的考察，持否定意见的观点一律将“空点”排除在制造“空点”者所发展的“人数”之外，该结论亦过于绝对。因为在制造“空点”者事实上以“空点”为基础组建了传销层级的情况下，根据该传销组织的传销规则，其完全有可能凭此晋升到传销组织中的较高或者最高级别，此时制造“空点”者即完全有机会成为专职从事管理、协调、宣传、培训等职责的人员，甚至在一定区域或者某一传销分支体系中成为操纵者。同时，如果制造“空点”者自行操作以“空点”的名义发展了他人参与到传销组织中，那么此时“空点”就事实上发挥了“承上启下”的功能。所以，在上述两种情形下，将“空点”与“实点”在性质上做同一对待，并非没有道理。

基于上述分析，“空点”能否作为行为人发展的下线人数并以此作为认定其为组织者、领导者（或者情节严重）的依据，应当予以慎重考虑。笔者认为，从总体上看，这个问题的解决不能一概而论，而是应具体情况具体处理。例如，对于以下三种情形的行为人可以或者应当不予认定为组织者、领导者：（1）行为人甲发起传销活动，为了扩大影响，其借用或者伪造他人身份证件造成多人参与传销的假象，以引诱他人参与传销活动，如果其并没有基于“空点”的引诱发展到参与传销的人员，且其制造的“空点”的“人数”及“层级”刚好达到本罪的入罪标准（甚至超过入罪标准）时，其所在传销组织即被破获，那么此种情形下甲不应被认定为组织者、领导者（包括不应作为犯罪未遂而将其认定为组织者、领导者），因为其所设置的“空点”无论如何对本罪保护的客体都没有造成实际的侵害。（2）乙加入传销组织后只发展了少数下线人员，其完全靠借用或者伪造他人的身份证件，自己出资缴纳“入门费”，造成其发展较多下线人员的假象，由此晋升到传销组织的最高级别。在乙刚升任到最高级别时，其所在的传销犯罪组织即被破获，那么此种情形下，将乙作为组织者、领导者予以认定，似有不妥。因为，在几乎“突然”升任传销组织最高级别的情况下，行为人一般尚未专职实施诸如管理、协调、宣传、培训等对传销组织的扩大起关键作用的行为，同时根据上线直接或者间接从下线计酬或者返利的传销规则，乙的获利中包括自己设置“空点”时所缴纳“入门费”中的一部或者绝大部分，作为以“空点”为基础刚升任最高级别的行为人，其骗取他人财物的数额并不大，所以不将乙认定为组织者、领导者，可能更适宜。（3）丙加入传销组织后，因急于晋升级别，大量借用或者伪造他人身份证件，自己出资缴纳“入门费”而制造较多的“空点”，直至该传销组织被破获，丙既没能利用这些“空点”引诱他人加入传销组织，也没能利用“空点”晋升到理想的级别，那么就不应将其认定为组织者、领导者。因为，此种情形下丙所制造的“空点”并没能在传销组织中起到“承上启下”的作用，同时因其没有达到应有级别而无资格专职从事管理、协调、宣传、培训等工作，当然就不能将其划为对传销活动的实施、传销组织的扩大起到关键作用的范围。相反，如果制造“空点”者以“空点”为基础晋升到传销组织中的较高或者最高级别，并且借此成为专职从事管理、协调、宣传、培训等职责的人员，甚至成为传销活动的操纵者，或者，如果制造“空点”者自行操作以“空点”的名义发展了其他人员加入传销组织，从而使“空点”事实上发挥了“承上启下”的功能，且从其发展的人数及组建的层级来看对传销组织的扩大起到了关键作用，这种情形下的“空点”就应当作为制造“空点”者所发展的“人数”，从而将“空点”制造者认定为传销活动的组织者、领导者。

第五章 组织、领导传销活动罪的主观方面

理论上一般认为："犯罪主观方面，是指犯罪主体对自己的行为及其危害社会的结果所抱的心理态度。它包括罪过（即犯罪的故意或者犯罪的过失）以及犯罪的目的和动机这几种因素。"①关于罪过，我国《刑法》第14条和第15条分别对故意犯罪及过失犯罪作出了规定，即明知自己的行为会发生危害社会的结果，并且希望或者放任这种结果发生，因而构成犯罪的，是故意犯罪；应当预见自己的行为可能发生危害社会的结果，因为疏忽大意而没有预见，或者已经预见而轻信能够避免，以致发生这种结果的，是过失犯罪。理论上把行为人明知其行为会发生危害社会的结果，并且希望这种结果发生的心理态度称为直接故意，而放任这种结果发生的心理态度则称为间接故意。关于犯罪的目的，我国刑法并没有作出规范性的定义，理论上认为是指犯罪人主观上通过犯罪行为所希望达到的结果（不限于法益侵害结果），即是以观念形态预先存在于犯罪人大脑中的犯罪行为所预期达到的结果，其是主观的超过要素。②犯罪的目的只是某些犯罪（并非全部犯罪）构成所必备的主观要件要素，如《刑法》第217条规定的侵犯著作权罪，就要求行为人主观上要"以营利为目的"，否则不构成该罪。理论上将这种具有某种特定目的才能构成犯罪的情形，称为目的犯。

从本罪的立法看出，本罪在主观方面只能表现为故意，过失不可能构成本罪。因为，立法在本罪的罪状中作了"组织、领导以推销商品、提供

① 高铭暄、马克昌主编：《刑法学》，北京大学出版社、高等教育出版社2017年版，第104页。
② 参见张明楷：《刑法学（上）》，法律出版社2016年版，第298—299页。

服务等经营活动为名”“要求参加者以缴纳费用或者购买商品、服务等方式获得加入资格”“引诱、胁迫参加者继续发展他人参加”等表述，明显表现出了行为人所抱的故意主观心态。学界对于本罪的主观方面只能是故意并不存在争议，不过对于本罪故意的内容是否包括间接故意方面却存在不同的看法，由于本罪的立法还作出了“骗取财物”的规定，对于本罪是否为目的犯也存在分歧意见，因而有必要对上述问题进行厘清与厘定。

一、本罪主观方面是否包括间接故意

第一种观点主张，本罪主观方面的故意不包括间接故意，如有学者指出："本罪在主观方面只能出于直接故意。"① 另有学者认为："组织、领导传销活动罪的罪责形式是故意。这里的故意，是指明知是组织、领导传销活动骗取财物的行为而有意实施的主观心理状态。"② 这里的“有意”当然就是指直接故意。还有学者认为，本罪属于经济犯罪，主观方面应为直接故意，间接故意不能构成本罪。③ 第二种观点则主张，本罪的故意包括间接故意，如有学者认为：“本罪的责任形式为故意，即行为人明知自己组织、领导诈骗型传销活动会扰乱经济社会秩序，并且希望或者放任这种结果的发生。”④ 另有学者虽然没有直接指出本罪的故意包括间接故意，但从其“本罪的主观方面为故意”的表述中可以推定其持包括间接故意的观点。⑤

笔者认为，如果单从本罪罪状的内容分析，的确可以得出本罪的故意

---

① 参见马克昌主编:《百罪通论（上卷）》，北京大学出版社 2014 年版，第 477 页。

② 陈兴良:《规范刑法学（下册）》，中国人民大学出版社 2013 年版，第 729 页。

③ 参见董文蕙:《论组织、领导传销活动罪——兼解读〈刑法修正案（七）〉第四条》，载《宁夏大学学报（人文社会科学版）》2009 年第 4 期。

④ 张明楷:《刑法学（下）》，法律出版社 2016 年版，第 838 页。

⑤ 做此类表述的观点可参见：高铭暄、马克昌主编:《刑法学》，北京大学出版社、高等教育出版社 2017 年版，第 449 页；谢望原、赫兴旺主编:《刑法分论》，中国人民大学出版社 2011 年版，第 162 页；等等。

只能是直接故意而不包括间接故意的结论。因为，罪状中使用的“以……为名”“要求……”“引诱、胁迫……”以及“骗取……”等词语，明显体现出了行为人积极追求危害结果产生的主观心态。同时，作为破坏市场经济秩序犯罪的一种，实施本罪的行为人参与市场经济的运行中无不表现为积极地采取传销的方法攫取其中的利益，亦即那种不希望获利的状况一般是不会存在的（只不过这种利益是非法利益）。

但在仔细推敲之下，本罪的故意不应当排除间接故意的存在。首先，如前所述，本罪的客体是复杂客体，那么行为人在积极追求其中一个目标而侵犯某一客体的情况下，实际就是对侵害另一客体的放任。例如，行为人通过组织、领导传销犯罪活动积极追求“骗取他人财物”这一目标，实际就同时放任了对市场经济秩序和社会管理秩序侵害的发生。其次，实践中，在单位作为本罪的犯罪主体时，间接故意的存在是完全有可能的。例如，甲是某公司的老板，乙是该公司策划部的负责人，为了扩大公司的经营规模，乙策划出了传销的经营模式并付诸了实施，作为公司的“一把手”，甲明知乙策划的经营方案及所实施的活动是传销行为，但为了公司的利益其并没有对此加以阻止，而是放手由乙继续组织实施，显然甲的行为在主观方面属于间接故意的范畴。再如，某公司法定代表人丙与其企划部负责人丁共同商量公司的经营模式，在敲定某一经营方案后的具体实施中，丁自行改变了原来的方案，将该方案改变成传销的模式，丙虽然后来发现问题，但考虑到事已至此也就放任不管。显然，丙的举动也属于间接故意。上述情形下，如果认为本罪的故意只能是直接故意，那么对甲和丙就不能以本罪处罚，但这一处理结果恐怕令人难以接受。最后，在自然人作为本罪犯罪主体的情况下，如果发起者只有一人，当然不存在间接故意的可能，但在本罪出现共同犯罪的情形下，就会存在传销者有的持直接故意心态，有的则持间接故意心态的状况。依照我国《刑法》第 25 条的规定，两个以上的行为人具有共同犯罪故意，是成立共同犯罪的主观要件。刑法理论界一般认为，所谓共同犯罪故意，“是指各共同犯罪人认识他们的共同犯罪行为和行为会发生的危害结果，并希望或者放任这种结果发生的心理态度”。[①] 据此，“共同故意，可以是共同的直接故意，也可以是共同的间接故意，也可以是一方直接故意，参与的其他方是间接故意”，[②] 因而共同犯罪故意可以形成“直接故意 + 直接故意”“间接故意 + 间接故意”及“直接故意 + 间接故意”三种具体的组合形式。[③] 根据目前的司法实践，在策划实施传销活动人员较多、实施传销活动时间较长、传销组织规模较大的情况下，这样的传销组织一般为传销犯罪集团，而在犯罪集团中，各参与人持有不同的主观故意当然是一种客观的存在。

二、本罪是否为目的犯

由于本罪规定了“骗取财物”的内容，由此引发了本罪究竟是不是目的犯的争论。肯定论者认为本罪属于目的犯，但又存在“以牟利为目的”“谋取非法利益的目的”“骗取他人财物的目的”“非法占有为目的”及“非法占有他人财物的目的”等不同表述。例如，本罪的“主观方面只能由故意构成，并且具有非法牟利的目的。行为人明知自己组织、领导传销活动为法律所禁止，却通过组织、领导传销活动，达到骗取钱财，牟取非法利益的目的”[④]。“本罪在主观方面只能出于直接故意，并具有以组织、领导传销活动而谋取非法利益的目的。至于行为人是否通过传销活动实际获取利益，不影响犯罪的成立。”[⑤]“本罪的主观方面为故意，且具有骗取他人财物的目的。”[⑥]“本罪的主观方面只能是故意，过失不构成本罪，并且行为人主观上通常有通

① 高铭暄、马克昌主编:《刑法学》，北京大学出版社、高等教育出版社 2017 年版，第 166 页。
② 林亚刚:《刑法学教义（总论）》，北京大学出版社 2014 年版，第 511 页。
③ 参见陈志军:《共同犯罪的理论与实践》，中国人民公安大学出版社 2012 年版，第 55—56 页。
④ 周道鸾、张军主编:《刑法罪名精释》，人民法院出版社 2013 年版，第 482 页。
⑤ 参见马克昌主编:《百罪通论（上卷）》，北京大学出版社 2014 年版，第 477 页。
⑥ 高铭暄、马克昌主编:《刑法学》，北京大学出版社、高等教育出版社 2017 年版，第 449 页。

过传销活动骗取财物、非法集资或者其他方面的目的。”[①]“组织、领导传销活动罪属于诈骗犯罪，主观上具有非法占有的目的。”[②]“本罪的主观要件为故意，并且具有非法占有他人财物的目的。”[③]否定论者认为本罪不属于目的犯，如有学者认为：“本罪在主观方面是故意，但非法获利目的并不是本罪的主观（超过）要素。”[④]

笔者认为，要确定本罪是否为目的犯，必须首先厘定“骗取财物”的性质以及其在本罪中的地位。对此，学界大致出现了三种不同的意见。第一种意见认为，“骗取财物”不是本罪的构成要件。如有学者认为：“所谓骗取财物，是说由于传销行为属于非法，所以通过传销活动取得的返利、报酬等任何财产，均属于骗取财物。至于传销活动的组织、领导者实际上是否骗取到了财物，不影响本罪的构成。也就是说，组织、领导传销活动不以骗取财物为必要。所以，‘骗取财物’属于本罪可有可无的概念。”[⑤]第二种意见认为，“骗取财物”是本罪的本质或者根本特征，是构成本罪的必要条件，该观点为多数人所赞同。例如，“骗取财物——这是传销活动的最本质特征。传销活动的一切最终目的，都是骗取钱财”[⑥]。“根据刑法的规定，‘骗取财物’是组织、领导传销活动罪的构成要件之一，这也是传销活动的最本质特征，传销活动的一切目的都是骗取财物。”[⑦]“组织、领导传销活动罪当然以骗取财物为其构成犯罪的要件。如果没有骗取财物的，就不能构成本罪。”[⑧]第三种意见认为，“骗取财物”并不属于本罪的构成要件，但承认只有具有“骗

① 赵秉志主编：《刑法新教程》，中国人民大学出版社 2012 年版，第 449 页。

② 陈兴良：《规范刑法学（下册）》，中国人民大学出版社 2013 年版，第 729 页。

③ 黎宏：《刑法学各论》，法律出版社 2016 年版，第 199 页。

④ 周光权：《刑法各论》，中国人民大学出版社 2011 年版，第 286 页。

⑤ 曲新久：《刑法学》，中国政法大学出版社 2009 年版，第 378 页。

⑥ 黄太云：《〈刑法修正案（七）〉解读》，载《人民检察》2009 年第 6 期。

⑦ 陈国庆、韩耀元、吴峤滨：《〈关于办理组织领导传销活动刑事案件适用法律若干问题的意见〉：七条规定明确了六方面问题》，载《检察日报》2014 年 1 月 20 日第 3 版。

⑧ 陈兴良：《组织、领导传销活动罪：性质与界限》，载《政法论坛》2016 年第 2 期。

取财物”的性质时才能构成本罪。例如，有学者指出：“‘骗取财物’是对诈骗型传销组织（或者活动）的描述，亦即，只有当行为人组织、领导的传销活动具有‘骗取财物’的性质时，才成立组织、领导传销活动罪（如果行为人组织、领导的是原始型传销活动，则不可能成立组织、领导传销活动罪）。作为显示诈骗型传销组织（或者活动）特征的‘骗取财物’这一要素，并不要求现实地客观化。”①

笔者赞成“骗取财物”是本罪客观构成要件要素的观点。因为，立法草案最初是将本罪安排在第225条作为其之一，而立法机关最终将本罪置于第224条作为其之一，显然赋予了本罪与第224条规定的合同诈骗罪相同的本质属性，该本质属性就是“骗取财物”，只不过后者是采取签订、履行合同的手段骗取对方当事人的财物，而前者则采取的是传销的方式骗取他人（后加入传销者）的财物，这是其一。其二，刑法并没有将《禁止传销条例》中的三种传销类型悉数纳入本罪的处罚范围，而是只吸收了“拉人头”和“缴纳入门费”两种类型成为刑法意义上的传销，“团队计酬”型的传销则继续留给行政法调控。而如前所述，“拉人头”和“缴纳入门费”两种传销与“团队计酬”型的传销虽然在以发展下线组成层级方面具有相同之处，但二者最本质的不同就是：前者要求缴纳“入门费”获得加入资格，上线以发展的人数作为提成或者返利的依据，上线的获利来源于后加入者（下线）缴纳的“入门费”，此种情形下的行为人显然具有非法占有他人财物的目的；而后者则不要求缴纳“入门费”即可以加入传销组织，上线完全是以下线销售商品的业绩作为计酬的依据，其获利来源于下线实际销售商品的业绩，此种情形下的行为人无疑是依靠（甚至是剥削）他人（下线）的劳动力而不劳而获，属于谋取非法利益的性质。正是考虑到“团队计酬”型的传销具有实际经营的行为，刑法才没有将其纳入刑罚的处罚范围；也正是考虑到“拉人头”和“缴纳入门费”的传销不具有实际的经营活动（而是以推销商

① 张明楷：《传销犯罪的基本问题》，载《政治与法律》2009年第9期。

品、提供服务等经营活动为名)，刑法才将其从第 225 条(非法经营罪)调至第 224 条，向合同诈骗罪靠拢。而"骗取财物"是包括合同诈骗等在内的诈骗类犯罪的构成要件，那么作为第 224 条之一的本罪，自然不能将"骗取财物"排除在其构成要件之外。其三，持上述第一种意见的学者以传销行为属于非法为前提，从而推论出以非法行为取得的任何财产均属于骗取财物的结论，并得出"骗取财物"是本罪可有可无的概念，笔者认为该观点的立论基础并不可靠。因为，以非法行为取得的任何财产不可能推论出当然均归属于"骗取财物"的结论，如盗窃行为属于非法行为，那么基于盗窃的非法行为而获取的财物就是"骗取财物"吗？就拿"团队计酬"这一与"拉人头""缴纳入门费"最靠近的传销类型来说，"团队计酬"传销方式肯定是非法的，但依据这一非法行为所获取的所谓报酬，《禁止传销条例》是以"牟取非法利益"对之进行定性的。由此，"骗取财物"作为立法为本罪所作出的一种特别安排，实际表明了立法机关将本罪列为采取传销方式(手段)实施诈骗的用意，而在高度概括的刑法规范中，立法特别安排"骗取财物"这一用意绝非画蛇添足、可有可无。其四，持上述第三种意见的学者认为，"骗取财物"只是对诈骗型传销组织(或者活动)的描述或者是作为诈骗型传销组织(或者活动)特征的一种显示，其意思实际是不认可"骗取财物"是本罪的实行行为，因为"《刑法修正案(七)》的宗旨就是处罚组织、领导诈骗型传销活动的行为"，[①] 因而不以客观上骗取了他人财物为必要。但是实行行为必须在主观支配下所为，因此，作为组织、领导传销活动的行为，实际就是骗取他人财物的过程。另外，持该观点的学者存在自相矛盾之处，例如，一方面其以"由于组织者、领导者需要给参加者一定的返利，所以，要保证传销组织的生存，就必须不断成倍增加参加者。然而，由于参加者不可能无限量增加，所以，资金链必然断裂，刚参加的人或者最低层级的

① 张明楷:《刑法学(下)》，法律出版社 2016 年版，第 838 页。

参加者，就必然成为受害者”[①]作为本罪具备“骗取财物”特征的理由，但另一方面又否定“骗取财物”是本罪的构成要件。实际上，持该观点的学者阐述的上述问题就是本罪组织者、领导者实施传销行为的过程。也就是说，组织、领导传销活动与“骗取财物”是一个不可分割的整体，实践中所发生的传销犯罪案例无不表现出了这一客观事实。另外，持该观点的学者在谈及本罪与集资诈骗等罪的关系时指出：“成立诈骗型传销组织的行为，同时就是骗取他人财物的行为，因而属于一行为触犯数罪名的想象竞合。”[②]既然“骗取财物”的行为与成立传销组织的行为属于一行为，那么显然“骗取财物”就是本罪的实行行为，因此，该学者的此种观点与其关于“骗取财物”在本罪中的地位的整体主张，也是不能自圆其说的。基于上述分析，只有将“骗取财物”确定为本罪的客观构成要件，才能符合立法原意，也才能与刑法的一般理论以及司法实践相适应。

综上，既然“骗取财物”是本罪的客观构成要件要素，那么实施本罪的行为人在主观上就要具备骗取他人财物的目的（即以非法占有为目的），否则不构成本罪（有可能认定为“团队计酬”型传销而对行为人进行行政处罚，也有可能构成他罪）。当然，本罪以非法占有他人财物的目的为必要要件，并不是说该目的一定要实现（即实际取得他人财物）才能构成本罪。实践中有的行为人或者其辩护人往往以在传销活动中没有实际获利作为抗辩的理由，如王某某3等组织、领导传销活动案中，针对公诉机关对被告人王某某3、张某某等人以“纯资本运作”为名进行传销活动的指控，该案中的被告人郑某某、陈某某的辩护人均提出了被告人“在传销活动中没有获利，其本人也是受害者”的辩护意见。[③]笔者认为，如此的辩护意见当然不能得到采纳。同时需要回应的是，上述诸如“以牟利为目的”及“谋取

① 张明楷：《刑法学（下）》，法律出版社2016年版，第838页。

② 张明楷：《刑法学（下）》，法律出版社2016年版，第838页。

③ 参见广西壮族自治区南宁市青秀区人民法院（2015）青刑初字第894号刑事判决书。

非法利益的目的”等对本罪主观目的的表述，严格来说并不能与“骗取财物”的性质完全吻合。因为，“牟利”或者“获取非法利益”有可能是在真实甚至合法经营的基础上取得某种并不属于正当的利益，而如前所述，本罪的实行行为并不具有真实或者合法的基础，而是“以推销商品、提供服务等经营活动为名”，不具有实际的经营活动，通过建立“金字塔”式的层级结构，逐级骗取新人（下线）的财物。“因此，传销本质上是一种诈骗行为”[①]，应当以“非法占有他人财物为目的”（或者“以非法占有为目的”）的表述，才能与本罪主观目的的实质内涵相匹。另需要说明的是，我国刑法分则对目的犯的规定有两种形式：一是在法条中直接规定要以特定的目的为条件才能构成该罪，如走私淫秽物品罪要“以牟利或者传播为目的”，侵犯著作权罪要“以营利为目的”，等等；二是虽然在法条中没有直接做出以特定的目的为该罪构成要件的表述，但是根据该种罪的特征及其与其他相关犯罪的关系，某种目的必须作为该种罪的构成要件，否则不构成该种罪，如侵犯财产罪中的抢劫罪、盗窃罪、诈骗罪、抢夺罪等。而本罪显然属于上述第二种形式的目的犯。

需要附带提及的是，对于取得类的财产犯罪，行为人在主观上是否一定要有非法占有的目的，在大陆法系国家历来存在两种学说的对立。持“本权说”的学者认为，取得罪的本质是侵犯所有权及其他本权，所以，要求行为人在主观方面有作为所有权者而行动的意思，即要有非法占有的目的；而持“占有说”的学者则认为，财产罪的保护法益是占有本身，作为取得罪的主观要件是对侵害占有的事实有认识，并不要求行为人主观上有非法占有的目的。[②]我国学者也存在两种不同的观点。例如，刘明祥教授即以“在刑法未把非法占有目的规定为取得罪的成立要件的国家，采用必要说是违反罪刑法定主义的”等八大理由作为依据阐述了其认为取得罪无须非法占

① 黎宏：《刑法学各论》，法律出版社 2016 年版，第 198 页。

② 参见刘明祥：《财产罪比较研究》，中国政法大学出版社 2001 年版，第 77—78 页。

有目的的主张[①]，甚至有的学者主张应取消财产罪中的“非法占有目的”这一要素。[②]不过我国多数学者认为，财产类犯罪中的取得类犯罪必须要以非法占有为目的。例如，抢劫、盗窃、诈骗等侵犯财产罪是以非法占有为目的，即以将公私财物非法转为自己或者第三者不法所有为目的；[③]“侵犯财产罪是指以非法占有为目的，采用抢劫、盗窃、抢夺、诈骗等方法攫取公私财物，以及挪用、毁坏公私财物或者破坏生产经营的行为”，[④]其意思是，除挪用、毁坏公私财物或者破坏生产经营的犯罪以外，侵犯财产犯罪中的其他犯罪均需以非法占有为目的；“挪用型犯罪以外的取得财物的犯罪除要求故意外，还要求非法占有目的或不法所有目的”；[⑤]等等。笔者赞同多数学者的观点。就本罪而言，既然立法为本罪安排了“骗取财物”的构成要件，那么本罪亦属于取得类财产犯罪的范围，行为人在主观上就应当要有非法占有的目的。

根据司法实践，关于实施本罪行为人的主观目的方面，有如下两个问题存有争议，需要探讨并予厘定。

一是有的行为人以所谓献爱心、从事慈善事业等名义开展传销活动，认为其所开展的活动不具有骗取他人财物的目的，并以此作为否定其构成本罪的抗辩理由。例如，梁某某等组织、领导传销活动案。[⑥]

原审法院认定，2013年春，被告人高某某发展被告人张某某为中国新农村建设促进会爱心公益事业工作委员会（以下简称爱委会）传销组织会员，被告人张某某发展被告人梁某某为爱委会传销组织会员，被告人梁某某发展被告人朱某某为爱委会传销组织会员，被告人朱某某发展被告人王某

① 参见刘明祥：《财产罪比较研究》，中国政法大学出版社2001年版，第79—81页。

② 参见陈璇：《财产罪中非法占有目的要素之批判分析》，载《苏州大学学报（法学版）》2016年第4期。

③ 参见高铭暄、马克昌主编：《刑法学》，北京大学出版社、高等教育出版社2017年版，第493页。

④ 陈兴良：《规范刑法学（下册）》，中国人民大学出版社2013年版，第820页。

⑤ 张明楷：《刑法学（下）》，法律出版社2016年版，第938页。

⑥ 参见天津市第一中级人民法院（2016）津01刑终276号刑事裁定书。

某为爱委会传销组织会员，被告人王某某发展被告人郝某某为爱委会传销组织会员。爱委会以献爱心、慈善为名，要求参加者每人缴纳人民币3000元获得加入资格，按照每人发展二人加入，被发展人员再每人发展二人加入的顺序组成七人的小团体架构形式发展下线，形成上下级及层级关系，以发展人员的数量作为返利依据，引诱参加者继续发展他人参加。被告人王某某经爱委会同意在向爱委会缴纳保证金后在蓟县建立了爱委会驻蓟县办事处，并与郝某某发展他人参加爱委会。其中，王某某直接或间接发展下线70余人；郝某某直接或间接发展下线40余人。

原审法院认为，被告人高某某、张某某、梁某某、朱某某、王某某、郝某某组织、领导传销活动，其行为既扰乱了市场经济秩序和社会管理秩序，又侵犯了公民的财产所有权，均已构成组织、领导传销活动罪，应予惩处。判决：被告人高某某犯组织、领导传销活动罪，判处有期徒刑2年6个月缓刑3年6个月，并处罚金人民币15000元；被告人张某某犯组织、领导传销活动罪，判处有期徒刑2年缓刑3年，并处罚金人民币10000元；被告人王某某犯组织、领导传销活动罪，判处有期徒刑1年6个月缓刑2年，并处罚金人民币10000元；被告人梁某某犯组织、领导传销活动罪，判处有期徒刑1年缓刑1年6个月，并处罚金人民币8000元；被告人郝某某犯组织、领导传销活动罪，判处有期徒刑10个月缓刑1年，并处罚金人民币8000元；被告人朱某某犯组织、领导传销活动罪，判处有期徒刑10个月缓刑1年，并处罚金人民币5000元。

宣判后，原审被告人梁某某不服，提出上诉。主要上诉理由为，原判认定事实不清，适用法律错误。梁某某认为自己不具有组织、领导传销活动罪的犯罪故意，其认为是慈善活动才参加的，只找了一个下线，没有参与开设办公室，其行为不构成犯罪。

原审被告人张某某不服，提出上诉。主要上诉理由为，原判认定事实不清，定罪不当。张某某认为自己是出于做爱心事业的动机加入组织，根本不知道与传销有关，主观上没有犯罪故意；其将梁某某介绍给爱心公益事业组织，主要目的是共同献爱心，不是发展下线；其没有进入上下线层级关系，在组织内也没有任何领导地位和经销待遇；其去阜平捐款500元，当地政府颁发证书，场面正规，不容置疑；其没有得到任何返利，还曾自己搭钱；其不认识朱某某，也没给他上课；其行为与其他原审被告人的行为及后果无必然因果关系，应当认定其无罪。

原审被告人郝某某不服，提出上诉。郝某某认为自己主观上没有犯罪故意，其未能明辨真假，参与所谓的社会慈善捐助活动，主观上没有占有他人钱财的企图，觉察到错误后立即中止，具有受骗性；客观方面，没有组织、领导传销活动的行为，在传销组织中，其没有任何领导职务，直接、间接发展的实际人数不足30人，未达3个层级；其没有非法牟利行为，其用自己的钱捐款20050元，从自己捐出的钱中得返利2800元，亏损17150元，其行为危害性轻微，应免予刑事处罚。

关于各上诉人认为没有犯罪故意的上诉理由，二审法院认为，本案相关证据证明，爱委会的加入规则为，每人缴纳人民币3000元可成为会员，即以公益事业为名，要求参加者以缴纳费用的方式获得加入资格。爱委会的组织规则和返利规则为，每名会员再发展他人入会，会员之间形成层级关系，以发展人员的数量作为返利依据，引诱会员继续发展他人参加。故爱委会的这种运作方式完全符合传销组织的特征。虽爱委会打着献爱心、做慈善的名义，但没有证据证明其收取的费用系用于公益事业，且公益事业与收取高额入会费及会员获取返利目的自相矛盾，故应认定成立爱委会的目的是以公益事业的虚假名义骗取他人财物。三名上诉人均辩称主观上没有犯罪故意，参加爱委会的目的是献爱心，做公益事业。但上诉人明知爱委会的上述运作模式而加入，并积极开展工作发展他人成为下线，表明其主观上具有非法获利的目的及具有犯罪故意。二审法院最后作出了驳回上诉、维持原判的终审裁定。

笔者认为，司法机关对此案的处理结果是正确的。应当说，有的行为人在参加此类所谓以献爱心、从事慈善事业等为名义开展传销活动的传销组织前，也许的确没有真正了解“活动”的真实面目，在很大程度上是受到了他人的蛊惑或者欺骗而身不由己地参与到了传销活动中，就仅此而言，尚可以认定其对此种传销行为的刑事违法性存在错误的认识，因而以其不具有非法占有目的或者不具有骗取他人财物的主观故意作为抗辩的理由，应当是能得到赞同的。但是，在行为人加入此类传销组织后，再以其所实施的行为不具有骗取他人财物的目的作为抗辩的理由，显然就难以成立了。因为，不管行为人最初是受他人诱骗，还是一开始内心确定就是从事慈善或公益活动，总之在其进入该组织并具体参与一系列活动之后，其对该组织所运作的模式或者规则不可能完全不知情。也就是说，随着行为人对传销组织运行模式及相关规则的不断了解，其明知所参加的只是以献爱心、从事慈善事业等为名，实际从事的是传销违法犯罪的组织，而为了将自己投入的本金捞回的同时赚取更大的收益，在“一不做，二不休”的心态支配下仍然采取引诱等手段设法发展他人参加，以增加下线人员数量，此时其主观上骗取他人财物的目的就已经昭然若揭。所以，除非行为人被诱骗加入此类传销组织后便立即脱离，否则，只要其实际参与了此类组织后续的各种传销活动，就不能否认其具有骗取他人财物的目的。

二是受雇在传销组织中承担管理、协调、宣传、培训等职责的人员，也往往认为其主观上不具有骗取他人财物的目的。例如，前文提到的唐某某等组织、领导传销活动上诉案，该案中的上诉人程某某上诉提出：其没有组织、领导传销活动的主观故意，不存在骗取他人财物的犯罪目的。唐某某的辩护人提出：从犯罪构成要件来看，主观方面没有任何证据证明程某某有骗取财物的情形和目的。上诉人徐某某上诉提出：其不具有犯罪的主观故意，不存在非法占有他人财产的目的，实际也未得到任何非法财产。徐某某的辩护人提出：徐某某不具有组织、领导传销活动的故意，无非法占有他人财产的目的，也没有任何非法收入。上诉人董某上诉提出：其工资收入与公司市场业绩没有任何关系，其没有犯罪的故意，不具有非法占有他人财物的目的。董某的辩护人也提出了与董某上诉理由相同的辩护意见。对于上诉人程某某、徐某某、董某及其辩护人提出的没有骗取他人财物的目的的上诉理由和辩护意见，二审法院做出的回应是：上诉人程某某、徐某某、董某身为高级管理人员，明知公司掩饰返利真实来源，系挪用后加入的渠道商交纳的保证金来发放推广返利，仍在董事长唐某某的领导下，各负其责，共同推动传销活动的扩大。虽然三人不是渠道商，除职务升迁和工资上涨外，未直接从传销活动中获利，但不影响共同犯罪的认定，故对该上诉理由和辩护意见不予采纳。[①]

应当说，二审法院以上诉人程某某、徐某某和董某（以下简称三上诉人）与董事长唐某某成立共同犯罪作为回应三上诉人的上诉主张，其整体思路表面上似有值得称道之处。因为，只要确定三上诉人与唐某某成立共同犯罪，那么他们就与唐某某一样自然具有了骗取他人财物的主观目的（实际上唐某某在上诉中也提出了其没有骗取财物的理由，二审法院对其的回应是：经查，上诉人唐某某明知公司的收入少，需要支付的推广返利多，资金缺口巨大，仍挪用后加入的渠道商交纳的保证金来发放推广返利，并夸大盈利前景，掩饰返利真实来源，引诱更多的人交纳保证金成为渠道商。江西精彩公司所收取的保证金被唐某某个人控制、支配，大量保证金被用于发放推广返利，还有部分被唐某某个人挥霍，导致保证金巨额亏空，应当认定为骗取财物），从而达到认定三上诉人均构成犯罪的目标。但问题是，如前所述，在三上诉人中，除程某某外，董某和徐某某并不是传销组织中的传销人员，二者所实施的行为并非本罪的实行行为，而是目前立法尚未纳入本罪刑事处罚范围的帮助行为。既然董某与徐某某不构成本罪，那么当然就无从讨论二者与唐某某等人成立共犯的问题；既然董某、徐某某与唐某某等人不成立共同犯罪，那么司法机关以“共同犯罪”的思路回应董某与徐某某关于其不具有骗取他人财物目的的上诉主张，当然就不具有实质上的可取性。

---

① 参见江西省高级人民法院（2013）赣刑二终字第63号刑事判决书。

为了准确厘定三上诉人的主观心态，不妨将法院查明的三上诉人的行为事实再次予以详细呈现。该案原审判决认定事实如下。[1]

被告人程某某于2007年7月13日和被告人唐某某、徐某某等人共同出资200万元成立江西精彩生活实业有限公司。程某某出资8万元，持股4%。2009年4月，应唐某某之邀，程某某在江西精彩公司商品部任主管，负责与供货商洽谈、商品上架、商品售后服务等。2010年7月，程某某任行政部经理，负责车辆管理、办公用品采购、固定资产管理登记、来访人员接待、后勤服务保障等事务，以及省市县三级代理商合同的签订、盖章、登记、保管等。2011年3月，程某某成为总经理办公室成员之一，对公司各项业务的开展进行全面监督和管理，并负责财务部。2011年11月，程某某被派至深圳，担任深圳市精彩生活投资股份有限公司总经理助理，协助总经理刘某运作深圳市宝安区一大型购物中心项目即"精彩生活时空"大厦。2011年10月至2012年3月，程某某利用深圳精彩公司的三个银行账户，帮助江西精彩公司转移银行接口，继续收取保证金和发放返利。

被告人徐某某于2007年7月和被告人唐某某、程某某等人共同出资成立江西精彩生活实业有限公司，徐某某出资2万元，持股1%，后于2009年将股份转让。2009年6月，应唐某某之邀，徐某某成为江西精彩公司客服部员工，负责接听咨询电话。2009年9月至10月，徐某某调到商品部，成为商品联盟部负责人，负责与供货商洽谈业务。2010年7月至8月，徐某某被任命为市场部经理，负责宣传讲解公司的经营理念、发展模式、业务平台，以及对省市县区域代理商申请、渠道商权益转让、保证金返退、返利发放、BMP贷款申请、招商会申请、派员授课等事项的审核，还多次在招商会上亲自授课。2011年3月，徐某某成为总经理办公室成员，对公司各项业务的开展进行全面监督和管理，并负责市场部、咨询部、法务部、

① 参见江西省高级人民法院（2013）赣刑二终字第63号刑事判决书。

文化宣传部、业务核算部的工作。

被告人董某于2009年6月通过网上招聘成为江西精彩公司客服部员工，负责接听客服电话，解答会员的咨询等。2010年3月，董某被调到市场部，负责省市县渠道商的接待、给来自全国各地的会员进行讲解培训、宣传公司的运营模式、受邀讲课培训。2010年7月，董某调入业务审核部，负责审核省市县渠道商的资质和返利情况。2011年3月，董某成为总经理办公室成员，对公司各项业务的开展进行全面监督和管理，并负责信息系统部、研发中心。2011年6月，董某兼任IT运营部经理，负责市场招商返利系统的完善，以及将唐某某和总经理办公室的意见提交给技术部门开发设计并验收。

如前所述，承担管理、协调、宣传、培训职责的人员属于“专职人员”，此类“专职”行为大致有以下几种情形：一是受传销组织委托、雇用或者招聘而专门实施管理、协调、宣传、培训的行为；二是加入传销组织后一定时间退出（或者被开除），又被传销组织人员邀请回到传销组织专门实施管理、协调、宣传、培训的行为；三是加入传销组织后晋升到一定级别，由于能力突出而被“上级”任命或者提拔至某一职位而专门实施管理、协调、宣传、培训的行为；四是加入传销组织后，由于发展下线人员数量达到该传销组织规则的最高级别，从而专职实施管理、协调、宣传、培训的行为。应当说，后两种人员不仅对于其所加入的传销组织的传销规则、制度是清楚的，即其对传销实际就是骗取他人财物的行为是已经明知的，而且其也在事实上享受了其发展的下线所缴纳的“入门费”所带来的福利（即获得了提成或者返利），同时其明知积极实施管理、协调、宣传、培训的行为，就是为了发展更多的人员加入传销组织，以期从后加入者缴纳的“入门费”中获取更多的财物。所以后两种人员如果要辩称其主观上不具有骗取他人财物的目的或者没有实施传销犯罪的故意，显然是难以成立的。对于第二类人员主观上的认定，应视不同情形分别处理。如果行为人返回传销组织后不再从其原来发展的下线获取提成或者返利，而是接受传销组织的雇请专职从事管理、协调、宣传、培训工作，仅领取传销组织支付的工资作为报酬的，那么其就不具有直接骗取他人财物的目的；反之，如果行为人返回传销组织后仍然从其原来发展的下线获取提成或者返利，并在传销组织中专职从事管理、协调、宣传、培训工作的，则其一定具有直接骗取他人财物的目的。而第一类人员完全是被传销组织雇用或者招聘入职的，由于其没有晋升级别的需要或者无发展下线的“任务”，其工资或者劳务报酬直接来源于传销组织的“老板”（雇佣者）的支付，此类人员当然表现不出其直接或者间接从下线获得提成或者返利的情况，其所从事的管理、协调、宣传、培训工作也当然表现不出具有骗取他人财物的目的（实际上其关注的是如何从传销组织“老板”那获得更高的报酬）。因此对于第一类人员以及第二类中返回传销组织后不再从其原来发展的下线获取提成或者返利的人员，应当认定其主观上不具有骗取他人财物的目的。

基于上述分析，结合法院查明的上案中三上诉人的行为事实，笔者认为，对于三上诉人主观目的的认定，可从以下三个方面分别进行：一是上诉人程某某一直持有江西精彩公司的股份，亦即其一直是江西精彩公司的股东，虽然其专职从事管理工作，不直接发展下线，但其所实施的行为无疑均为本罪的实行行为，而且依据其所持股权的分红以及从事管理所领取的工资报酬，无不包含了后加入传销者所缴纳“入门费”中的部分，由此其在江西精彩公司中实施管理等的行为，肯定与唐某某成立本罪的共犯，当然就表现出了其与唐某某具有相同的骗取他人财物的主观心态。所以，上诉人程某某以其不具有骗取他人财物的目的为由提起的上诉，其请求当然就不能得到支持。二是上诉人徐某某虽然先是作为江西精彩公司的股东，但其在受唐某某雇请进入江西精彩公司承担管理、宣传等职责之前，已经退股。而该案并没有证据证实其接受唐某某邀请承担公司的管理、宣传职责之后仍然从其之前发展的下线获得提成或者返利，因此其已不再属于江西精彩公司这一传销组织中的传销者（成员）。既然如此，徐某某受雇所实施的管理、宣传等行为就不属于本罪的实行行为，而是为唐某某等组织者、领导者提供帮助的行为。由此，徐某某不能与唐某某等人成立本罪的共犯，其以不具有骗取他人财物的目的作为上诉的理由，应当得到支持。三是董某作为传销组织江西精彩公司的“编外人员”，与徐某某一样，其在江西精彩公司所从事的管理、宣传、培训工作，只是为唐某某等组织者、领导者提供帮助的行为，并不能与唐某某成立本罪的共犯，当然就不具有骗取他人财物的主观目的，因而其上诉的请求也应当予以支持。综上，针对三上诉人在主观方面不存在骗取财物目的的上诉主张，二审法院将纯属帮助者身份的董某、徐某某与纯属实行者身份的程某某并列而做出概括性的回应，并不妥当，同时将董某和徐某某与唐某某一起认定为共同犯罪，从而对董某与徐某某关于不具有骗取他人财物目的的上诉主张做出不予支持的结论，也并不正确。

第六章

组织、领导传销活动罪的停止形态

理论上一般认为，犯罪的停止形态只存在于故意犯罪中，它“是指故意犯罪在其发展过程中，行为由于某种原因产生停顿所呈现的各种状态，即犯罪既遂、犯罪预备、犯罪未遂和犯罪中止”。[①]本罪的主观方面表现为故意，所以本罪也存在诸如犯罪既遂、犯罪预备、犯罪未遂和犯罪中止的停止形态。尽管司法实践中罕见，甚至没有出现处罚本罪预备犯、未遂犯及中止犯的案例，但是没有实践不等于无须关注，相反，研究犯罪的停止形态是刑法理论上绕不过的问题。因此，对本罪的停止形态进行探讨，是理论对其表达关切的必然要求。

一、本罪犯罪预备的认定

我国《刑法》总则对犯罪预备规定了全面处罚的原则，但是我国学者对此提出了诸多质疑。例如，有学者以普遍处罚预备犯缺乏足够的法理正当性、普遍处罚预备犯没有刑事政策上的必要性、预备行为的起点捉摸不定、预备行为的终点难以界定、预备行为不具有类型性和限定性、预备行为的主观不法要素证明困难、预备犯构成特征的规范依据不足以及浪漫的立法规定与现实的司法选择形成完全背离的格局等理由详细论证了预备犯普遍处罚原则的困境。[②]有学者甚至直接指出，我国刑法“将所有的犯罪

① 刘宪权:《故意犯罪停止形态相关理论辨正》，载《中国法学》2010 年第 1 期。

② 参见梁根林:《刑法总论问题论要》，北京大学出版社 2018 年版，第 379—398 页。

预备行为宣告为刑事可罚，不仅违反刑罚的经济性原则，实践中无法实行，而且也是没有理论根据的。因为，预备行为对于法益损害的危险本质上是抽象的、间接的，只有在具备特殊原因的情况下，才可以把它宣告为刑事可罚。这种‘撒大网式’的规范方式，不仅是一种立法与理论上的懒惰，而且，它明显具有国家刑罚权滥用的危险。国家在犯罪面前更无须如此如临大敌”。[①] 不过，既然刑法对处罚预备犯作出了如此的规定，同时尽管目前的司法实践对本罪预备犯的处罚难觅踪迹，但基于对本罪停止形态研究的完整性考虑，笔者还是决定在理论上对本罪预备形态的司法认定进行探讨。

（一）预备犯的构成特征

我国《刑法》第22条规定："为了犯罪，准备工具、制造条件的，是犯罪预备。"立法的这一规定，并不是犯罪预备的定义，因为它没有真正揭示犯罪预备的实质内涵。"通说认为，行为人已经为犯罪准备工具、制造条件，由于意志以外的原因而使行为人并未能着手实行预定的犯罪的停止形态，是犯罪预备。"[②] 从该定义看出，犯罪预备具有以下4个基本构成特征。

（1）行为人准备工具、制造条件是为了实行犯罪。这是行为人主观上具有确定的犯罪故意的表现，也是区别于人们日常生活中各种正常活动的标志。该特征表明，行为人不仅认识到其准备工具、制造条件的行为是为了实行犯罪而创造便利，而且希望这种便利条件能够有效促进并完成犯罪。（2）客观上表现为行为人已经为实行犯罪而实施了准备工具、制造条件的预备行为。所谓"准备工具、制造条件"，是泛指为了更好或有效实施并顺利完成某种犯罪而创造便利的各种行为，如购买或者制造某种物品作为犯罪工具、谋议犯罪的计划等。该特征表明，行为人已经突破其单纯的

① 李海东:《刑法原理入门（犯罪论基础）》，法律出版社1998年版，第138页。

② 林亚刚:《刑法学教义（总论）》，北京大学出版社2014年版，第394页。

犯罪意图而展现出了应有的外部系列活动，其与犯意表示具有本质的区别。（3）行为人还未能着手实行犯罪而停止下来。所谓“未能着手实行犯罪”，是指行为人因某种原因未能完成需要的预备行为或者虽然完成了预备行为但因某种原因而未能实施刑法分则规定的某一具体犯罪构成要件中的客观行为。该特征表明，行为人没有突破“着手”的界限，亦即在“着手”之前被迫停止下来，否则即不属于犯罪预备而为犯罪未遂。（4）未能着手实行犯罪系行为人意志以外的原因而导致。所谓“意志以外的原因”，是指不受行为人主观意志所左右而导致其不能或无法着手犯罪的实行行为的各种主客观因素。该特征表明，行为人在着手实行犯罪前停止下来，具有被迫性和非主动性，因而形成了区别于预备中止的标志。

符合上述4个特征的，即为犯罪预备。同时从这4个特征中可见，是否着手实行犯罪是犯罪预备与犯罪未遂等停止形态的分水岭，因而准确把握“着手”的内涵是极为关键的一步。

对于“着手”的判断，在外国刑法理论上出现了多种不同的看法，形成了纷繁复杂的学术争论的局面。总括起来分为三大阵营，即主观说、客观说和折中说。主观说认为，未遂犯实行着手的判断，应以行为人主观的犯罪意思为认定标准，即只要行为能够表现出行为人的危险性格，犯罪即已着手。客观说认为，未遂犯之可罚性基础或刑罚理由，在于行为人所实施的行为，在客观上有可能导致符合构成要件的结果发生，或者对于刑法所要保护的法益有造成侵害之危险。该说又分为形式的客观说和实质的客观说，前者以行为人开始实施符合构成要件的行为为实行的着手；后者则认为只有实施的行为具有引起结果的迫切危险性时，才属于实行的着手。折中说认为，在确定实行的着手时，只重视行为者的主观面或只重视行为者的客观面都是不妥当的，因而应从行为者的整体计划出发，以法益侵害的危险性是否迫切为基准来确定实行着手。[①]

① 参见陈家林：《外国刑法通论》，中国人民公安大学出版社2009年版，第418—426页。

我国多数学者在对犯罪“着手”的认定上采用的是实质客观说。例如，周光权教授认为，主观说对着手的判断标准并不明确，而且存在提前认定着手，因而有扩大犯罪未遂范围的危险；形式客观说由于没有从实质上回答何为实行行为以及何为着手、如何认定着手，因而此观点不解决实际问题；实质客观说由于提供了较形式客观说更为明确、可靠的判断标准，因此是合理的。[①] 又如张明楷教授认为，犯罪的本质是侵犯法益，故没有侵犯法益的行为不可能构成犯罪，当然也不可能成立未遂犯。因此，犯罪未遂只能是具有侵害法益紧迫危险的行为，换言之，只有当行为产生了侵害法益的具体危险状态时，才是着手。[②] 再如陈兴良等学者认为：“凡是实行行为必然是侵害法益的行为，而对未遂犯的处罚要求其对法益的侵害具有紧迫的危险，只有法益的侵害面临逼近的危险，如继续进一步发展就可能实现法益的侵害，此一行为的时点就是实行行为的着手。”[③] 还如高铭暄等学者认为，着手“是实行行为的开始时刻，它使行为人之犯意由模糊变为明确，由意识产生意志，使法益遭受侵害的可能性飞跃为现实性，若无主动或被动的阻断，将合乎规律地产生刑法分则规定的危害结果”。[④] 笔者也赞同实质客观说。因为，要将某一行为认定为刑法上的着手，应当首先要以刑法的谦抑思想作为理论基础，过于提前认定犯罪的着手，实际与该理论不符。同时，根据实质客观说，针对不同的犯罪、不同的案件易于厘定着手的时点。毕竟犯罪有行为犯、危险犯、结果犯等形态之分，而它们对着手的认定有各自不同的要求。因此，只有当某种行为使刑法所保护的具体权益或者使犯罪对象遭受紧迫的危险或威胁时，此时的行为才为刑法中的“着手”。

---

① 参见周光权:《刑法总论》，中国人民大学出版社 2011 年版，第 187—188 页。

② 参见张明楷:《刑法学（上）》，法律出版社 2016 年版，第 342 页。

③ 陈兴良主编:《刑法总论精释（上）》，人民法院出版社 2016 年版，第 441—442 页。

④ 高铭暄、赵秉志主编:《犯罪总论比较研究》，北京大学出版社 2008 年版，第 200 页。

（二）本罪预备犯认定的实践展开

根据上述关于犯罪“着手”的判断标准，对本罪预备的认定应当综合考虑如下三个方面的因素：一是本罪的实行行为是组织、领导行为，因此组织、领导是指传销活动具体实施中的行为，亦即“以推销商品、提供服务等经营活动为名，要求参加者以缴纳费用或者购买商品、服务等方式获得加入资格，并按照一定顺序组成层级，直接或者间接以发展人员的数量作为计酬或者返利依据，引诱、胁迫参加者继续发展他人参加，骗取财物，扰乱经济社会秩序的传销活动”中所实施的组织、领导行为。因此，本罪的实行行为应在组建传销组织后开始具体实施传销活动的阶段中，而在此之前所实施的行为，即为预备行为。二是虽然立法对本罪的成立没有明确的“门槛”要求，但是“扰乱经济社会秩序”的表述以及司法解释对本罪的“追诉标准”要求，足以说明本罪并非一旦实施即为既遂的举动犯。因此，认定本罪的着手节点应当适当延后。三是本罪的组织者、领导者在开展传销活动中，与被发展的下线人员存在“合约”的情况。亦即，除引诱、胁迫外，被发展的下线人员往往有打探“军情”或与组织者、领导者商谈的举动。对此，认定本罪的着手必须考虑被发展人员的现实危险度。

基于上述分析，行为人为了组织、领导传销活动犯罪而创造便利条件，由于其意志以外的原因而被迫停止下来的以下几种情形成立本罪的预备犯。

1. 设立公司的行为。为了顺利并大规模开展传销活动，行为人（一般为发起人）往往会事先注册一个或者多个公司以提供有力的支撑，包括行为人本人成立，也包括行为人伙同他人设立。例如，宁某、蒲某 1 与保某 1 组织、领导传销活动案，该案原判认定，三被告人分别于 2016 年 5 月、4 月、9 月加入“唯宝汇”传销组织，“唯宝汇”是由王某某、刘某等人先后成立的河北富祥珠宝首饰有限公司、河北至宝网络科技有限公司和河北至宝电子商务有限公司在互联网注册的电子商务平台。[①] 又如杨某某等组织、领导传销活动案，该案的原审判决认定，2017 年 12 月 6 日，王某（另案处理）指派被告人杨某某担任法定代表人在河南省平顶山市石龙区注册成立平顶山市山生有杏农业科技有限公司（以下简称山生有杏公司）。山生有杏公司借销售杏油、杏酒等市场无法流通产品以及荒漠治理为名，制定入会、提成分润制度。为了吸引更多会员，山生有杏公司根据会员所缴纳购买产品套餐的款项，向会员发放注有会员姓名、时间、交费金额、编号的期权证，并谎称公司上市后该期权证作为原始股份凭据。[②] 再如李某某 1 组织、领导传销活动案，原审法院认定，2005 年起，被告人李某某 1 策划成立公司进行市场经营活动。2005 年 9 月至 2010 年 10 月间，李某某 1 相继在中国香港、中国大陆注册成立了斐梵国际（亚太）有限公司、斐贝（国际）集团有限公司、斐贝国际电子商务（北京）有限公司、深圳斐贝电子商务有限公司、斐玛特（香港）电子商务有限公司、深圳斐玛特电子商务有限公司等多个自然人独资或由李某某 1 实际控制的公司。李某某 1 通过上述公司，招募、组织人员通过网络店铺，以销售美体内衣、健康食品、护肤品、日用品的名义从事传销活动。[③]

2. 包装行为。为了掩人耳目并吸引更多的人员参与传销，行为人往往会为自己的传销组织进行精心的包装。例如，上述所举宁某、蒲某 1 与保某 1 组织、领导传销活动案，传销组织“唯宝汇”即“以帮扶中国好企业，捧红中国好品牌”为由，吸引会员加入，并要求加入会员缴纳会费注册账号，成为“唯宝汇”会员，鼓励会员发展他人加入，并以相互推荐的关系组成一定顺序的层级组建团队，建立明确的返利制度。又如莫某某等组织、领导传销活动案，经审理查明，被告人莫某某、李某某 1、李某某、陈某

① 参见青海省海东市中级人民法院（2020）青 02 刑终 6 号刑事裁定书。

② 参见河南省平顶山市中级人民法院（2019）豫 04 刑终 540 号刑事裁定书。

③ 参见山东省泰安市中级人民法院（2014）泰刑三终字第 29 号刑事判决书。

某、何某某，打着纯“资本运作”的幌子，虚构中央操盘，在北部湾布局，暗中实施“国家秘密政策”，为北部湾吸聚资金，带动北部湾的经济发展之事实，而后采取拉人头方式，在茂名组织和诱骗了大批亲朋好友参与“1040资本动作项目”传销组织。①

3. 分工行为。这是传销活动正式开始前行为人（发起人）或者其召集、招募、雇用、拉拢、鼓动他人聚集一起灌输传销行为并一起策划如何开展传销活动较为集中的阶段性行为。例如，蔡某某等组织、领导传销活动上诉案，原判决认定：2015 年 4 月 23 日，被告人蔡某某注册成立被告单位盛世新影投资管理有限公司，2016 年 7 月 13 日，王某乙注册北京优乐星空文化传媒有限公司，被告人蔡某某作为该公司的股东，后法定代表人变更为被告人蔡某某。2017 年 5 月，被告人蔡某某、汪某某共同合伙预谋，被告人蔡某某作为公司成立项目的总负责人（CEO）；被告人汪某某作为该项目具体负责人发展会员及团队，负责市场发展和推广；被告人汪某某介绍被告人吕某某加入该传销组织提供技术方支持，并负责设立网站和后台维护；被告人王某加入负责财务管理，收取传销资金，发放会员分配奖金。② 又如何某某等组织、领导传销活动案，永州市零陵区人民法院认定，2017 年 3 月 6 日，永州市联万家网络科技有限公司在永州市工商行政管理局注册登记成立。2017 年 3 月 22 日，永州市联万家网络科技有限公司聘请徐某为公司董事长，负责接待来公司考察的代理商和会员、出席公司活动并讲话；聘请管某某为公司执行总裁，主管业务执行，负责对公司重大投资项目进行审核；聘请何某某为公司董事长助理，负责公司网站、会员系统的管理维护，协助董事长进行接待工作；聘请尹某某为公司财务总监，负责公司员工工资结算、生活开支及公司进出账目。2017 年 7 月 10 日，为拓展永州市联万家网络科技有限公司的业务，蓝某某与吴某某在广东省东莞市工商行政管理

① 参见广东省茂名市电白区人民法院（2017）粤 0904 刑初 1118 号刑事判决书。

② 参见江苏省徐州市中级人民法院（2019）苏 03 刑终 475 号刑事裁定书。

局注册成立广东联万家国际供应链有限公司。其中蓝某某为公司法人代表，负责管理公司；吴某某任公司客服总监，日常负责公司客服部；董事长助理何某某负责接待到广东联万家国际供应链有限公司考察的代理商、会员；公司行政总监为彭某，负责公司人事招聘；营运总监为陶某某，负责公司市场；策划总监为昌某某，负责公司广告策划；联合大学校长为黄某某，副校长为蒋某某、陈某某，负责推广公司平台、运营模式。①

4. 设立网站及吸收传销人员平台的行为。非传统传销活动均采取在网络空间中进行，因此，行为人都要设置网站并设立网络平台，以便于开展传销活动。例如，上述所举何某某等组织、领导传销活动案，永州市联万家网络科技有限公司设立公司网站，在互联网上建立“联万家”会员加盟商操作系统与手机 APP 软件，并按照公司运营模式进行运作。又如张某某分别于 2012 年 4 月 27 日、2013 年 5 月 24 日在深圳注册了深圳市安能洁创新科技有限公司、深圳市善心汇文化传播有限公司。2015 年，张某某受到云互助、3M 等网络资金盘的启发，萌生了依托深圳善心汇公司打造类似网络平台系统的想法。2016 年 4 月，黄某某通过招聘入职深圳善心汇公司，按照张某某的授意和思路开发出“众扶互生系统 1.0 版”，以方便传销人员注册并借此开展传销活动。②

5. 制定传销规则的行为。传销人员在正式组织、领导传销活动前，往往要将本传销组织开展传销活动的各种规则事先制定出来，包括加入资格的标准、级别的设置、上线发展下线的要求、晋级的规则、返利方式及比例以及传销组织的管理模式等，此举完全是行为人为了顺利实施传销活动并达至预期目标而提供的制度支撑。例如，韩某某等组织、领导传销活动案，该案原审法院判决认定，被告人韩某某等所加入的“天津天狮”传销组织从高到低共分为 A、B、C、D、E 5 个级别，新人加入需至少购买一份 2800

① 参见湖南省永州市中级人民法院（2019）湘 11 刑终 538 号刑事判决书。

② 参见湖南省永州市冷水滩区人民法院（2017）湘 1103 刑初 564 号刑事判决书。

元的虚拟产品，并采取“拉人头”的方式提升级别，获取一定提成。该团伙以“家”的模式进行管理，由其中的C级别成员担任“家长”，每个“家”即为一个传销窝点，成员有十余人。“家长”对成员进行分工，对“家”进行管理，每个“家”的成员不定期交换流动。①

6. 寻找或定制“产品”的行为。传销是一种无实际经营的活动，但为了引诱他人加入传销组织，行为人往往需要推出一种并非物有所值的产品，以要求参加人购买而获得加入的资格，可这一举动只不过是用来开展传销的噱头。例如，上述所举李某某1组织、领导传销活动案，为引诱他人加入传销行列，被告人李某某1成立的斐梵国际（亚太）有限公司首先寻找代工厂加工、定制其所需要的、能够上市销售的产品，然后虚高产品价格并设定多种产品套餐。消费者购买规定的套餐后成为斐梵公司的银卡会员、金卡会员或钻石卡会员，同时取得了发展其他人成为会员的资格及继续购买产品的资格。又如李某等组织、领导传销活动案，经审理查明：2018年8月起，被告人李某、韩某某共谋运营“某盒”手机牟利，以“某盒”手机APP和深圳市某公司为依托，二被告人联系手机制造厂家定制手机，通过二维码、微信群等方式进行推广，以购买“某盒”手机阅读新闻返利为名，要求参加者以3980元人民币购买“某盒”手机，以发展下线人员数量作为计酬和返利依据，引诱参加者继续发展其他人员参加。②

7. 编写、制作宣传或者诱人的技巧等材料的行为。由于传销不是真实的经营活动，所以不管是传统的还是新型的传销模式，为了能够诱使更多的人参与传销，行为人基本都会精心编写、制作一些诱人的宣传资料（或课程）、PPT软件，同时还会编写出一些教人如何引诱他人加入传销组织的技巧的材料（或课程），以对他人进行“洗脑”之用。

8. 开始宣传的行为。整个传销活动正式开始时，传销者利用网络或者

---

① 参见安徽省黄山市中级人民法院（2020）皖10刑终23号刑事裁定书。

② 参见山东省烟台市莱山区人民法院（2019）鲁0613刑初319号刑事判决书。

在街边此种“撒大网”式的发送各种“投资”信息的行为，由于对象的不特定性以及所谓投资信息内容的抽象性，决定了不特定的对象是否参加传销的不特定性，当然对本罪所保护的权益也具有不特定性。所以，处于该阶段的宣传行为不能确定为“着手”，应当认定为本罪的预备行为。同时，如果将传销活动看成一个“合约”的过程，那么引诱人就是邀约方，被引诱人就是受邀约方（承诺方），即使引诱人向受邀约方发出参加传销组织的“邀约”，但受邀约方不一定接受并参加传销组织。所以从这个角度分析，行为人向特定的对象进行宣传的行为，也属于本罪的预备行为。

二、本罪既遂与未遂的划分

（一）本罪能否存在未遂的争议及其确立

关于本罪既遂与未遂的关系，理论界与实务界争议的焦点主要集中在本罪能否存在未遂的问题上（至于本罪既遂与未遂如何具体划分的问题则鲜有论及），争议的原因主要源于本罪是行为犯还是结果犯。亦即，如果本罪是行为犯，按照有的学者的观点，行为人一旦完成一定的行为即为犯罪的既遂，没有未遂存在的余地；如果本罪是结果犯，无论是理论界还是实务界均认可结果犯存在犯罪未遂，那么本罪就存在未遂这一犯罪停止形态。因此，要探讨本罪既遂与未遂的划分问题，首先要解决本罪究竟是行为犯还是结果犯，进而厘定本罪是行为犯的情况下是否存在未遂形态。

关于本罪是结果犯还是行为犯的问题，在理论界存在一定的争议，有学者认为“应当将本罪认定为结果犯”，[①] 但多数学者认为，本罪应当为行为犯。如有学者认为，从修正案的法律条文表述来看，本罪的“组织、领导”

① 贾宇:《论组织、领导传销活动罪》，载《人民检察》2010 年第 5 期。

的意义指向应是组织、领导传销活动，而不是组织、领导传销组织。因此，只要实施了组织、领导传销活动的行为就构成本罪，至于其组织、领导之下的传销活动是否形成相对严密的组织形态，在所不问。同样，其组织、领导之下的传销活动是否大规模开展，是否造成严重结果，均不影响本罪的成立。这些特征也从侧面表明本罪是行为犯，而不是结果犯。因此，本罪既遂的标志是组织、领导行为的完成而不是发生了法定的犯罪结果。①“从《刑法修正案（七）》第4条的规定看，本罪属于行为犯，作为行为犯，原则上说只要实施了组织、领导传销的行为，就可以认定为犯罪的既遂。也就是说，实施该行为，无论具体的传销活动开始与否，也无论非法获利有多少以及发展了多少会员和产生怎么样的社会影响，都应该作为犯罪既遂来评价。”②实务界也多赞成本罪属于行为犯。如有观点认为：“根据《刑法》第224条之一的规定，只要实施了组织、领导以推销商品、提供服务等经营活动为名，要求参加者以缴纳费用或者购买商品、服务等方式获得加入资格，并按照一定顺序组成层级，直接或者间接以发展人员的数量作为计酬或者返利依据，引诱、胁迫参加者继续发展他人参加，骗取财物，扰乱经济社会秩序的传销活动，即构成犯罪，属行为犯。”③又如在孙某某等组织、领导传销活动上诉案中，审理该案的二审法院在回应上诉人孙某某是否成立犯罪中止时认为，组织、领导传销活动罪是行为犯，只要行为人完成了《刑法》第224条之一所规定的组织、领导传销犯罪行为，对社会的危害性即已产生，且达到《传销刑事案件适用意见》中规定的传销组织层级及人数后，犯罪即成为既遂状态。④

---

① 参见董文蕙：《论组织、领导传销活动罪——兼解读〈刑法修正案（七）〉第四条》，载《宁夏大学学报（人文社会科学版）》2009年第4期。

② 林亚刚：《〈刑法修正案（七）〉“组织、领导传销罪”的解读》，载《政法论丛》2009年第6期。

③ 陈国庆、韩耀元、吴峤滨：《〈关于办理组织领导传销活动刑事案件适用法律若干问题的意见〉：七条规定明确了六方面问题》，载《检察日报》2014年1月20日第003版。

④ 参见广西壮族自治区北海市中级人民法院（2017）桂05刑终179号刑事裁定书。

对于行为犯是否存在犯罪未遂的问题，尽管不乏持否定观点的学者，但目前绝大多数中外学者认为，行为犯存在未遂。例如，马克昌等学者认为，行为犯不同于举动犯。举动犯的既遂以着手实行犯罪为标志，至于着手实行到何种程度，并不影响犯罪既遂的成立；而行为犯只有当实行行为达到一定程度时，才过渡到既遂状态。同时，在行为犯中，尽管法律条文并没有将危害结果作为犯罪构成的必要条件，也没有将完成实行行为作为犯罪既遂的标志，但也绝不意味着，只要行为人一着手于犯罪的实行行为，就成为犯罪的既遂形态，而是有一个由量变到质变的过程。[①] 高铭暄等学者认为，行为犯的既遂虽然并不要求造成物质性的和有形的犯罪结果，而是以行为完成为标志，但是这些行为又不是一着手即告完成的，按照法律的要求，这种行为要有一个实行过程，要达到一定程度，才能视为行为的完成。[②] 张明楷教授则直接指出，行为犯是行为与结果同时发生的犯罪，因而存在犯罪未遂，只不过行为犯也需要联系法益的侵害程度来区分既遂与未遂。也就是说，即使刑法理论与司法实践可能难以归纳行为犯的侵害结果内容，但这并不能丝毫不顾及行为对法益的侵害与威胁，而是意味着必须通过行为的进程认定其对法益的侵害程度。因此，在未实行终了的情况下，行为犯存在犯罪未遂。[③] 陈兴良教授将行为犯分为举动犯、程度犯（过程犯）和危险犯，他认为，程度犯是“指行为人在着手实施刑法分则规定的构成要件的行为以后，虽然不要求发生某种危害结果，但要求将行为实施到一定程度，才构成犯罪既遂的情形。以此，在程度犯的情况下，存在犯罪的未完成形态”。[④] 在德国，理论上也认为行为犯存在未遂，如德国刑法学家汉斯·海因里希·耶赛克和托马斯·魏根特认为：“在单纯的行为犯情况下，同样可能有犯罪未遂，而且，一方面，如果行为并非因其实施即既遂，而是需要特定

---

① 参见马克昌主编:《犯罪通论》，武汉大学出版社 1999 年版，第 499—500 页。
② 参见高铭暄主编:《刑法专论（上编）》，高等教育出版社 2002 年版，第 293 页。
③ 参见张明楷:《刑法学（上）》，法律出版社 2016 年版，第 349 页。
④ 陈兴良:《本体刑法学》，中国人民大学出版社 2011 年版，第 387 页。

的时间；另一方面，在错误地认为构成要件要素（不能犯未遂）的场合，可能认定各种各样的未遂。”[①] 另外，美国在立法中对行为犯的未遂问题直接作出了规定。根据美国《模范刑法典》的规定，实施了行为就算既遂的犯罪也可能存在犯罪未遂。例如，为了犯罪破他人之门而入，只需有此行为就构成既遂罪。这个罪也可能有未遂，如被告人为犯罪目的破门进了屋，但这是一所无主的被废弃的房子。[②]

李斯特指出：“未遂的本质特征在于，无论是在主观还是在客观上均没有发生符合构成要件的对外部世界的改变。”[③] 传销犯罪即使在作为行为犯的情况下，要达到“发生符合构成要件的对外部世界的改变”（既遂），无疑也需要一个实行的过程，其以直接或者间接发展的人员按照一定顺序组成层级的特征尤其如此。传销的人员数量及层级性决定了行为人实施传销过程的必定性，而且在采取传统传销模式（即“面对面”模式）的情形下，这个过程相对于其他有的犯罪而言还可能更长。因此，在组织、领导传销活动中的某一个节点，就可能因行为人意志以外的各种因素的影响和制约致使传销行为停止下来，从而出现传销犯罪的未遂。所以笔者认为，无论本罪是结果犯还是行为犯，均存在犯罪未遂的停止形态。

另外需要探讨的是，如果将本罪确定为情节犯，其是否存在未遂形态的问题。刑法规定的情节，有定罪的情节与量刑的情节之分。亦即，如果以情节严重（或情节恶劣）作为犯罪成立要件的，即为定罪情节，这就是情节犯；如果以一定的情节（如情节特别严重）作为加重处罚事由的，则属于量刑情节（加重处罚），但不属于情节犯的范畴。虽然立法没有为本罪设置入刑的具体标准，不能直接确定本罪属于情节犯，但《传销刑事案件适用意见》规定本罪的追诉标准是“组织内部参与传销活动人员在三十人以

---

① ［德］汉斯·海因里希·耶赛克、托马斯·魏根特：《德国刑法教科书》，徐久生译，中国法制出版社2001年版，第628页。

② 参见储槐植：《美国刑法》，北京大学出版社2005年版，第108页。

③ ［德］李斯特：《刑法教科书》，徐久生译，法律出版社2006年版，第335页。

上且层级在三级以上”，显然并没有考虑将传销的数额作为追诉标准的因素，那么能否与本罪规定的加重情节（亦即情节严重的，处5年以上有期徒刑）相对应，以司法解释规定的追诉标准而将本罪确立为情节犯（即处5年以下有期徒刑或者拘役的即为基本情节）？

关于情节犯是否存在未完成形态，刑法理论上存在两种不同的观点。否定观点认为，行为之预备、未遂和中止，表明情节尚未达到严重程度，因而情节犯无未完成形态可言；肯定观点则认为，某些情节犯，虽然行为未完成，但综合考察达到情节严重的程度，同样构成犯罪，因而不能否认在一定情况下，情节犯也具有未完成形态。[①]

考察情节犯能否存在未遂形态，可以从厘清结果犯与情节犯的关系的路径进行，因为结果犯存在未遂形态，是学界不争的事实，所以如果厘定情节犯之“情节”包含有结果犯之“结果”的内容，那么就肯定情节犯存在未遂形态的可能性。笔者认为，虽然结果犯与情节犯具有各自的内涵，但应当说二者之间并非绝对排斥，而是存在包容与被包容的关系。有学者就这样指出：作为情节犯中的情节严重相对来说是个较为概括性的规定，它需要结合具体案件并将情节具体化来综合考虑行为的社会危害性和行为人的人身危险性；而结果犯的危害结果相对来说就较为具体，虽然它也包含了实际上造成可见的物质性的危害结果和无形的无法具体测量的危害结果等形式，但是相对情节犯中的情节要求来说，其所涵盖的范围较小。[②]也就是说，情节犯中的情节，其外延要大于结果犯中的结果，结果往往作为情节的其中一项考察内容，为此，结果应为情节所包容。亦即，情节犯虽然不直接等于结果犯，但前者与后者存在重合的内容。而且，根据行为人行为所体现的客观事实，虽然当时没有达到情节严重，但如果继续发展下去就具有导致情节严重的高度可能性或必然性，此时无疑会因为行为人意志以

① 参见陈兴良：《规范刑法学（上册）》，中国人民大学出版社2013年版，第208—209页。
② 参见李翔：《情节犯研究》，上海交通大学出版社2006年版，第175页。

外的原因而出现未遂的犯罪形态。因此，情节犯存在未遂等未完成形态是可以肯定的（是否具有可罚性是另一回事）。陈兴良教授就认为："情节犯虽然在一般情况下不存在未完成形态，但不能排除未完成形态的存在。因为行为是否完成，只是考察情节是否严重的一个指标，如果其他情节严重，即使行为未完成也可能构成犯罪。"[①] 此观点无疑是正确的。实际上，我国司法实务界认可情节犯存在犯罪未遂的形态。例如，《刑法》第215条规定的非法制造、销售非法制造的注册商标标识罪，要求情节严重的才构成该罪，是典型的情节犯。2011年1月10日最高人民法院、最高人民检察院、公安部《关于办理侵犯知识产权刑事案件适用法律若干问题的意见》第9条规定，尚未销售他人伪造、擅自制造的注册商标标识数量在6万件以上的，部分销售他人伪造、擅自制造的2种以上注册商标标识，已销售标识数量不满1万件，但与尚未销售标识数量合计在3万件以上的，以销售非法制造的注册商标标识罪（未遂）定罪处罚。综上所述，即使将本罪确立为情节犯，也存在犯罪未遂形态的余地。

（二）本罪既遂与未遂的划分

如上所述，既然无论是行为犯还是结果犯、情节犯均存在犯罪未遂形态，那么本罪也当然如此。因此，探讨本罪既遂与未遂的具体划分标准，便成为一个重要的课题。

我国《刑法》第23条第1款规定："已经着手实行犯罪，由于犯罪分子意志以外的原因而未得逞的，是犯罪未遂。"理论上给出的定义是，"我国刑法中的犯罪未遂，是指行为人已经着手实行具体犯罪构成的实行行为，由于其意志以外的原因而未能完成犯罪的一种犯罪停止形态"[②]。据此，成立我国刑法中的犯罪未遂，须同时具备以下三个条件：一是行为人已经着手实行

---

① 陈兴良：《规范刑法学（上册）》，中国人民大学出版社2013年版，第209页。

② 高铭暄、马克昌主编：《刑法学》，北京大学出版社、高等教育出版社2017年版，第153页。

犯罪；二是犯罪未得逞，亦即犯罪未完成而停止下来；三是犯罪未得逞是因为行为人意志以外的原因导致。由于犯罪“未得逞”是犯罪既遂与未遂的分界线，所以，正确区分既遂与未遂，对“未得逞”的内涵进行准确的界定，成为重要的关键点。

关于何谓“未得逞”，我国刑法学界存在不同的认识，大致出现了以下几种观点。一是犯罪目的说。该说认为，应当以犯罪目的是否达到作为犯罪既遂与犯罪未遂的区分标准，犯罪目的达到的是犯罪既遂，犯罪目的达不到的是犯罪未遂。这里的犯罪目的应当理解为行为人希望通过实施犯罪行为，达到某种危害结果的心理态度。二是犯罪结果说。该说认为，应当以犯罪结果是否发生作为犯罪既遂与犯罪未遂的区分标准，发生了犯罪结果就是犯罪既遂，没有发生犯罪结果就是犯罪未遂。值得注意的是，这里的犯罪结果是法律所规定的结果，而不是行为人的目的结果，否则犯罪结果说实际上等同于犯罪目的说。三是犯罪构成要件齐备说。该说认为，犯罪既遂就是行为具备了分则具体犯罪构成的全部要件，因而若行为人着手实行犯罪后，违背其意志而使犯罪未能具备分则具体犯罪构成全部要件的，即为犯罪未遂。① 四是犯罪既遂立法模式说。该说认为，刑法分则是以犯罪既遂模式为设计前提的，因而应当以刑法分则中规定的具体犯罪既遂对犯罪行为的行为要素和结果要素的要求为标准，准确界定“犯罪未得逞”。亦即，符合刑法分则规定的行为要素和结果要素的要求，就是犯罪既遂，不符合就是犯罪未遂。② 五是法益毁灭说。该说认为，刑法设立犯罪的目的是保护法益，行为人实施犯罪的目的是毁灭法益，因此，犯罪是否得逞当然可以从法益是否已被毁灭的角度来理解。即如果法益已经被毁灭，就属于犯罪已得逞，构成犯罪既遂，否则就属于犯罪未得逞。③

---

① 参见赵秉志主编:《刑法总论问题探索》，法律出版社 2003 年版，第 139 页。

② 参见李晓明主编:《中国刑法基本原理》，法律出版社 2005 年版，第 343—344 页。

③ 参见李立众:《犯罪未完成形态适用》，中国人民公安大学出版社 2012 年版，第 28—29 页。

应当说，上述五种观点均存在不同程度的缺陷。首先，如果以行为人所希望的犯罪结果是否达到作为既遂与未遂的标准，那么，任何一个犯罪都有可能不存在既遂的形态。因为，以刑法分则规定的目的犯来讲，它是指具备某种目的才能构成该罪，而能否达到此目的则与犯罪的既未遂无关。从非目的犯角度来讲，犯罪目的作为主观的超过要素，其本身就难以把握，且每个行为人均有其不同的犯罪目的（或动机），因而犯罪目的多样性和不可捉摸性，导致既遂的标准实际上并不标准。其次，如果以法律规定的犯罪结果是否发生作为犯罪既遂与犯罪未遂的区分标准，那么只能对结果犯具有指导意义，而无法解决行为犯、危险犯的既未遂划分标准问题，因而犯罪结果说的指导意义并不具有普遍性。再次，第三种观点虽然是目前的通说，但也受到了学界的质疑。例如，有学者认为，犯罪构成要件齐备说以犯罪既遂的构成要件为犯罪的基本构成要件为基础，以犯罪未遂的构成要件为补充，在两者做比较得出差异的前提下，界定既遂和未遂的标准，似乎具有合理性和可操作性。但是，一个犯罪只有一个犯罪构成，不可能由于犯罪形态的不同，导致同一犯罪有不同的犯罪构成。既然犯罪既遂的构成要件与犯罪未遂的构成要件具有同一性，那就不可能根据犯罪构成来区别犯罪既遂与犯罪未遂。[①] 笔者认为，犯罪构成要件齐备说以“分则具体犯罪构成的全部要件”为基础，无疑体现出了其试图寻求判断犯罪既遂标准的统一性的价值取向，因而相比犯罪目的说和犯罪结果说，其在建立具有普遍指导意义的既遂标准方面具有进步性。然而仔细考究起来，其的确也存在诸如上述观点所提出的质疑。最显而易见的，就是犯罪未遂也同样齐备了包括客体、客观方面、主体及主观方面在内的犯罪构成的全部要件。复次，刑法分则是否为犯罪既遂模式的设计，目前尚存在较大的争议，因此以此为前提建立的犯罪既遂与未遂判断标准并不可靠。最后，以法益是否被毁灭作为犯罪得逞与未得逞的标准，由于何谓“法益是否被毁灭”并

① 参见李晓明主编:《中国刑法基本原理》，法律出版社 2005 年版，第 342—343 页。

不具体，所以其难以解决实际问题，也不具有可操作性。可见，上述五种观点均存在不能彻底贯彻自己学说的弊病。张明楷教授为此指出，关于“未得逞”的各种观点，恐怕只是文字表述上的差异，未必具有实质意义。因而，争论何谓“未得逞”没有重要意义，讨论具体犯罪的既遂标准，才是意义所在。他进而认为，如果要对未得逞做一般性的界定，就是指没有发生行为人所希望或者放任的、行为性质所决定的侵害结果。[①]笔者非常赞同张教授的观点，与其纠结“未得逞”的内涵，还不如确定各具体犯罪的既遂标准，这样何谓“未得逞”也就迎刃而解。总之，要建立一个具有普遍指导意义的区分犯罪既未遂的标准，实属不易，也不可能。所以不如依据各种具体犯罪的不同性质建立起分类的标准体系，即按行为犯、危险犯（包括具体危险犯和抽象危险犯）、结果犯及举动犯或者情节犯、数额犯分别建构起各自的犯罪既遂与未遂的区分标准，这样，各类标准均可以无障碍地适用于相应的罪种。这种方法虽然复杂，但是准确性高、可操作性强，对司法实务大有裨益。

既然提倡依据各种具体犯罪的不同形态分别建构起各自的犯罪既遂与未遂的区分标准，要厘定本罪既遂的标准，就得首先厘定本罪究竟是行为犯、结果犯抑或情节犯。

我国刑法理论的通说认为，结果犯是指“不仅要实施具体犯罪构成客观要件的行为，而且必须发生法定的犯罪结果，才构成既遂的犯罪。即以法定的犯罪结果的发生与否，作为犯罪既遂与未遂区别标志的犯罪”[②]。即行为人实施的行为完成后，如果没有出现法定的结果，即为未遂。结果犯具有如下几个主要特征：（1）一定的危害结果的出现，是犯罪既遂的必要条件；（2）危害结果的表现形式必须是客观的、有形的、

---

① 参见张明楷：《刑法学（上）》，法律出版社 2016 年版，第 344—345 页。

② 高铭暄、马克昌主编：《刑法学》，北京大学出版社、高等教育出版社 2017 年版，第 149 页。另参见陈兴良：《刑法哲学（上）》，中国政法大学出版社 2009 年版，第 272 页。

物质性的，无形的、精神性的危害结果，不能作为结果犯中的危害结果；（3）危害结果必须是法定的，至于这种法定的危害结果与犯罪人预期的危害结果是否一致，并不影响结果犯的成立；（4）该危害结果与危害行为之间，必须具有因果关系。[①] 对于危害结果的表现形式，除“客观的、有形的、物质性的”之外，有论者还认为法定的危害结果必须是“可以具体测量确定的”[②]。关于结果犯的特征问题，林亚刚教授进一步指出：结果犯的结果，并不是构成犯罪的必要条件，只是既遂与未遂的标准。法定的危害结果只影响对犯罪完成形态的认定，而不影响犯罪的成立。此外，有的直接故意犯罪也可能发生一定的物质结果，但是只要立法并未以某种结果发生来认定犯罪，结果就不是判断既遂的标准。[③] 依据上述理论，学者们一般认为，我国刑法中规定的犯罪，绝大部分是结果犯，诸如故意杀人罪、故意伤害罪、抢劫罪、抢夺罪、盗窃罪、诈骗罪、敲诈勒索罪、贪污罪等。[④] 另外，根据我国刑法理论的通说，行为犯是指“以法定犯罪行为的完成作为既遂标志的犯罪”[⑤]。综合学者们的观点，行为犯一般具有以下几个特征：（1）行为犯的既遂并不要求造成物质性的和有形的犯罪结果，而是以法定行为的完成为标志。所谓法定行为的完成，是指在着手实行犯罪的情况下，如果达到了法律要求的程度就是完成了犯罪行为，应视为犯罪的完成即既遂的构成。[⑥]（2）行为犯与举动犯不同，举动犯的既遂以着手实行犯罪为标志，而行为犯只有当实行行为达到一定程度时，才过渡到既遂状态。[⑦]（3）行为犯并非不能发生一定的危害结果，而是由于这种犯罪行为本身性质就十分严重，法律规定不以发生一

---

① 参见马克昌主编：《犯罪通论》，武汉大学出版社 1999 年版，第 495 页。
② 高铭暄主编：《刑法专论（上编）》，高等教育出版社 2002 年版，第 293 页。
③ 参见林亚刚：《刑法学教义（总论）》，北京大学出版社 2014 年版，第 385 页。
④ 参见陈兴良：《刑法哲学（上）》，中国政法大学出版社 2009 年版，第 272 页。
⑤ 高铭暄、马克昌主编：《刑法学》，北京大学出版社、高等教育出版社 2017 年版，第 149 页。
⑥ 参见高铭暄主编：《刑法专论（上编）》，高等教育出版社 2002 年版，第 293 页。
⑦ 参见马克昌主编：《犯罪通论》，武汉大学出版社 1999 年版，第 499 页。

定的犯罪结果作为犯罪构成要件，一定的犯罪结果发生与否，只是量刑时考虑的情节。①

基于上述理论，笔者也与上述包括理论界和实务界在内的大多数人的观点一样，认为本罪并非结果犯，也不是情节犯，而是典型的行为犯。因为，从本罪的立法来看，尽管其罪状中有“骗取财物”及“扰乱经济社会秩序”的表述，但并不要求具有某种客观的、有形的、物质性的且可以具体测量确定的法定的危害结果作为其既遂的标志，因而完全可以将本罪排除出结果犯的范畴，这是其一。其二，《刑法》第224条之一虽然规定了加重处罚情节（即情节严重的，处五年以上有期徒刑），但这是量刑情节，并不是定罪情节，同时也不能以加重处罚的量刑情节推论出本罪存在基本情节的结论，所以本罪也不属于情节犯。其三，实际上，立法在本罪的入刑问题上没有设置任何“门槛”，这是典型的行为犯的表征。虽然《传销刑事案件适用意见》为本罪的入刑安排了传销“组织内部参与传销活动人员在三十人以上且层级在三级以上”的追诉标准，但是这一标准的性质既不是定罪的情节，也不能归为法定的危害结果，而是说明当行为人实施的传销活动达到这一标准时，即追究组织者、领导者的刑事责任。显然，该标准是对实施本罪的行为人以法定行为的完成或者达到了法律要求的程度作为其犯罪既遂的体现，这是本罪属于行为犯的又一重要表征。

因此，本罪的既遂标志为：行为人实施传销行为达到“组织内部参与传销活动人员在三十人以上且层级在三级以上”这一程度时。反之，行为人着手实施传销活动后在这一程度到达之前，因其意志以外的原因而被迫停止的，则属于本罪的未遂形态。需要说明的是，根据上述所确立的关于犯罪“着手”的判断标准，笔者认为本罪的“着手”应当是行为人将上述所确立的各种预备行为正式付诸实施（如通过各种方式积极传播和推介传销组织的运作模式等）并且引诱他人加入传销组织之时。那么，在组织内部

① 参见陈兴良:《刑法哲学（上）》，中国政法大学出版社2009年版，第269页。

参与传销活动人员尚未达到30人且层级尚未达到3级以前，传销活动即被破获或者虽然有人参与但没有满足追诉标准规定的人数及层级，而被迫或者无法继续实施传销活动的，即为本罪的未遂。

值得探讨的是，在本罪侵犯的是复杂客体（即市场秩序、公民财产权以及社会管理秩序）的情况下，其既遂与未遂的区分如何解决的问题。应当说，司法机关在解决复杂客体下既遂与未遂的区分方面有过明确的规定。例如，2005年6月8日最高人民法院《关于审理抢劫、抢夺刑事案件适用法律若干问题的意见》中规定：抢劫罪侵犯的是复杂客体，既侵犯财产权利又侵犯人身权利，具备劫取财物或者造成他人轻伤以上后果两者之一的，均属抢劫既遂；既未劫取财物，又未造成他人人身伤害后果的，属抢劫未遂。按此司法解释的规定，复杂客体中只要一个客体（无论是主要客体还是次要客体）既遂，就是全罪的既遂，只有均不既遂时才是全罪的未遂。由此，如果参照抢劫罪的司法解释，在解决本罪的既遂与未遂问题时，是否意味着本罪客体中的“市场秩序”“社会管理秩序”和“公民财产权”，只要其中一个客体被实际侵犯，即为本罪的既遂呢？笔者认为，抢劫罪侵犯的客体一般具有先后性，即在纯正的抢劫情形下（不属于转化型抢劫），行为人往往先侵犯的是公民的人身权，而后才侵犯财产权，这种具有先后顺序的状况，采取上述解决既遂与未遂的方法应当是适合的。但本罪与抢劫罪不同，本罪所侵犯的客体一般不会出现先后，而是同时发生的，因而无须参照抢劫罪司法解释所确定的解决既未遂的规则。因为本罪侵犯的主要客体是市场秩序，作为本罪客体的市场秩序是狭义的市场秩序，它仅指市场交易、市场竞争和市场管理秩序，即一方面国家要维护市场的公平、公正、公开、信用的交易、竞争秩序，另一方面国家又要为公平、公正、公开、信用的交易、竞争秩序创造有利的条件和进行有效的监控。[①] 而传销是以先缴纳入

① 参见马克昌主编：《经济犯罪新论——破坏社会主义市场经济秩序罪研究》，武汉大学出版社1998年版，第555页。

门费作为进入“市场”的先决条件的，其并不具有真实的经营活动，其所谓的经营实际是通过“拉人头”的方式组建上下层级关系并借此层层骗取他人财物，所以传销行为在扰乱了市场秩序的同时，实际也侵犯了公民财产权及破坏了社会管理秩序。由此，实际上行为人组织的传销活动，只要满足“组织内部参与传销活动人员在三十人以上且层级在三级以上”这一条件的，就是本罪的既遂。

实践中有的传销者或者其辩护人往往以没有在传销活动中实际获利进行辩解或辩护，其用意在于获得从轻处罚，不过此种情形也同时关涉犯罪是否既遂的问题，因而有必要做出厘清与厘定。该类问题在诸如“善心汇”的传销犯罪活动中较为容易出现。例如，刘某某组织、领导传销活动案，山东省德州市德城区人民检察院指控，2016 年 8 月以来，被告人刘某某加入“善心汇”平台，按“善心汇”所谓“扶贫救济”的名义积极发展下线会员，并通过微信群对成员进行管理，通过让会员缴纳 300 元“善心汇”账号激活费、100 元善心币排单费，并按照层级收取“管理奖”的方式非法牟利。截至 2017 年 7 月，刘某某共发展下线层数 19 层，下线人数 1427 人，从中获利 24 万余元。庭审中被告人刘某某的辩护人提出，刘某某直推的人数只有 20 余人，起诉书指控的 20 多万元的违法所得，刘某某并未实际获得，因为刘某某将从善心汇交易平台提现的 24 万余元又投回了平台。而公诉人对此辩护意见不予认可，认为刘某某如何处分从善心汇交易平台提现的资金不影响其获利数额的认定。一审法院也与公诉人持相同的观点，因而对被告人刘某某的辩解及辩护人的辩护意见不予采纳。① 又如李某组织、领导传销活动案，沈阳经济技术开发区人民检察院指控，被告人李某于 2016 年 6 月在“善心汇众扶互生大系统”注册成为“善心汇”会员，并分别于同年 9 月、12 月成为“善心汇”A 轮功德主、B 轮服务中心，至 2017 年 7 月，被告人李某为了通过发展下线获取返利及向下线转售“善种子”“善心币”赚取差

① 参见山东省德州市德城区人民法院（2018）鲁 1402 刑初 77 号刑事判决书。

价，通过微信、口口相传等方式，向多人积极推介“善心汇”模式，为下线加入“善心汇”提供帮助，发展众多下线，并引诱下线继续发展他人加入“善心汇”。经鉴定，被告人李某的账户在整个会员网络中处于第 11 层，其下级网络有 18 层，38174 个会员账号。被告人李某的辩护人提出的辩护意见之一，是被告人李某并未实际获利，层级、人数及涉案金额与事实不符，不能以 38174 个会员账号对被告人定罪处罚。一审法院对此认为，被告人的涉案金额来源于“善心汇”公司的网络服务器上所提取的基础数据，由于被告人反复参与“布施”“受助”，并有出资购买“善种子”“善心币”情况存在，且在公安机关侦破时，其所剩余的“善金币”“管理钱包”均为虚拟货币，在现有证据情况下，还难以对被告人的实际获利情况做出准确判断，故对被告人及辩护人提出的没有获利的意见，予以采纳，但该意见并不影响其定罪，将在量刑时给予酌情考虑。①

上述两案中被告人刘某某及李某的辩护人均提出了被告人“未实际获利”的辩护意见，不过刘某某案没有得到法院的支持，而李某案则得到采纳。笔者认为，此种意见只是影响量刑而不影响定罪，因此，在本罪安排有“骗取财物”要件的情况下，此种情形值得探讨的是被告人犯罪是否既遂的问题。应当说，如果是单纯的诈骗犯罪，行为人没有获利当然是未遂。因为，诈骗罪的既遂应为被害人已实际交付财物给诈骗行为人，反之为未遂，亦即“已经着手实行诈骗行为，只是由于行为人意志以外的原因而未获取财物的，是诈骗未遂。行为人实施了诈骗行为后，没有使他人陷入错误认识，或者虽使他人陷入错误认识但他人并未处分财产的，属于诈骗未遂”。② 同时，根据 2011 年 4 月 8 日最高人民法院、最高人民检察院《关于办理诈骗刑事案件具体应用法律若干问题的解释》第 5 条第 2 款规定，利用发送短信、拨打电话、互联网等电信技术手段对不特定多数人实施诈

① 参见辽宁省沈阳经济技术开发区人民法院（2018）辽 0191 刑初 28 号刑事判决书。

② 黎宏：《刑法学各论》，法律出版社 2016 年版，第 332—333 页。

骗，诈骗数额难以查证，但具有下列情形之一的，应当认定为《刑法》第266条规定的“其他严重情节”，以诈骗罪（未遂）定罪处罚：一是发送诈骗信息5000条以上的；二是拨打电话500人次以上的；三是诈骗手段恶劣、危害严重的。从该司法解释也可以看出，诈骗罪的既遂是以被害人实际交付被骗财物为标准的。为此，本罪在侵犯公民财产权这一客体上的既遂标准，本应为参与传销的人员交付“入门费”给组织者或领导者，没有交付“入门费”前，则属于未遂（或者预备）。然而如上所述，由于行为人事实上实施了传销行为，从而扰乱了市场秩序，即使行为人没有获利，也不能否定其行为已经构成本罪的既遂。特别是在共同犯罪的情形下，如果其他共同参与传销的人员成立本罪的既遂，那么就是整个犯罪的既遂，此时不可能存在未遂的情形。而且，行为人在通过“善心汇”反复进行的“布施”与“受助”的运作中，虽然其最后可能或者的确没有获利，但是在整个传销过程中，其不可能不存在从下线骗取了财物的状况，至于其在传销过程中为获取更大“收益”因操作不当而“亏本”，则不应当影响其成立犯罪既遂。基于上述分析，审理上述两案的法院最后所作出的判决无疑是正确的。

三、本罪共同犯罪情形下犯罪中止的认定

实践中，有的传销者因各种原因退出传销组织，或者积极阻止他人加入传销组织，因而在诉讼中往往会提出其属于犯罪中止的抗辩意见，引发出本罪能否存在共同犯罪中止的问题。如郑某等组织、领导传销活动上诉案，该案原审判决认定，被告人郑某与被告人杨某某1、夏某1于2011年开始先后出资加入以广东籍人员为主的“资本运作”传销组织（广东体系），原审法院以组织、领导传销活动罪判处被告人郑某有期徒刑1年6个月，并处罚金人民币45万元。郑某对此不服提起上诉。上诉人郑某及其辩护人除提出其属于从犯外，还提出了属于犯罪中止的上诉理由

及辩护意见。上诉人郑某称“其具有中止犯罪的行为”；其辩护人提出“上诉人具有主动报警、规劝下线远离传销并注销传销账户银行卡的中止犯罪情节”。而二审法院对此没有采纳。[①] 又如孙某某等组织、领导传销活动案，该案的原审判决认定事实、原审判决、上诉理由及二审裁定的基本情况如下。[②]

原审判决认定事实：

“连锁经营”（又称“1040”工程）传销组织，对外谎称属政府引进民间闲散资金项目，以发展下线、缴纳现金为运作模式，要求每人缴纳一定资金方可获得加入资格，以直接或间接发展下线的人数和下线投入资金的股份额为晋升层级标准，以层级和股份数额不同作为计酬和返利依据，引诱参加者继续发展他人参加。具体运作模式为：首次投入3800元为一股即成为股东，后每股3300元，级别为业务员（1—2股）、组长（3—9股）、主任（10—64股）、经理（65—599股）、老总（600股以上）。首次投入可缴纳69800元购买21股直接升为主任级别，晋升老总需要二到三个直接下线均为经理级别。该组织老总下设经理室，负责管理团队内人员，起到上传下达、发展新人等作用。经理室由大总管负责全面业务，下设自律总管、能力总管、经晨总管、申购总管等，负责管理团队内具体事务。被告人牛某某、孙某某分别于2012年7月、2013年11月经上线介绍至合肥市新站区，通过缴纳69800元后加入“连锁经营”传销组织，并积极发展下线。2014年12月，牛某某晋升为老总级别后，在合肥市新站区，由孙某某及贾某岩、卢某峰（二人已判刑）等人分别担任经理室的大总管、自律总管和申购总管等职务，对整个团队进行管理，先后在合肥市新站区家天下、安粮、香江生态丽景等小区开展传销活动。经查，该经理室发展、管理的传销人员达50余人，

① 参见广西壮族自治区北海市中级人民法院（2017）桂05刑终179号刑事裁定书。

② 参见安徽省合肥市中级人民法院（2019）皖01刑终810号刑事裁定书。

层级达3级以上。

原审判决：

被告人牛某某、孙某某以加入“连锁经营”为名，要求参加者以缴纳股金的方式获得加入资格，并按照一定的顺序组成三个以上层级，以直接或间接发展的下线人员数量作为计酬或返利依据，引诱50余人参加，骗取他人财物，扰乱经济社会秩序，其行为均已构成组织、领导传销活动罪。判决：一、被告人牛某某犯组织、领导传销活动罪，判处有期徒刑2年，并处罚金人民币5万元；二、被告人孙某某犯组织、领导传销活动罪，判处有期徒刑1年4个月，并处罚金人民币35000元。

上诉理由：

原审被告人孙某某上诉提出原判量刑过重，请求二审法院改判，其主要理由之一为：自己属于主动放弃、中止犯罪。

二审裁定：

二审法院认为，孙某某从传销组织脱离时，其已系传销组织经理室的大总管，已在传销组织中承担管理职责，系传销活动的组织者、领导者，即此时孙某某的犯罪行为已经进行且犯罪结果已经发生。因此，孙某某不属犯罪中止，遂作出驳回上诉、维持原判的终审裁定。

根据我国刑法的规定，犯罪中止有两种类型：一种是自动停止犯罪的犯罪中止，另一种是自动有效地防止犯罪结果发生的犯罪中止。应当说，犯罪中止这种停止形态不仅在单独犯罪中存在，在共同犯罪中也会存在。那么对于本罪的共同犯罪而言，传销的组织者、领导者当然也会存在犯罪中止。例如，甲、乙策划并组织实施传销活动，当组织内部参与传销活动人员接近30人且层级接近3级时，如果甲、乙此时自动停止继续组织、领导传销活动的，那么就成立本罪的中止。

根据犯罪中止发生的时空范围，刑法理论上一般将犯罪中止划分为预备中止、实行未终了的中止与实行终了的中止三种类型。显然以上两个案例中的上诉人郑某及其辩护人、上诉人孙某某所提出的主张涉及的是共同犯罪的实行阶段的犯罪中止问题。关于实行阶段共同犯罪人（共同正犯）的中止情形，总结起来有以下三种：一是共同正犯中的所有犯罪人都决定停止犯罪，并有效防止结果发生的，都成立犯罪中止；二是共同正犯中的一人自动停止实施，并有效制止其他正犯继续实施犯罪，且危害结果最终被防止的，停止犯罪者成立中止犯，其他被制止者成立未遂犯；三是共同正犯中的一人自动停止实行，但并未有效制止其他正犯继续实施犯罪，停止犯罪者不能成立中止犯。至于其成立既遂还是未遂，取决于其他正犯的行为是停留于既遂还是未遂形态。[①] 由此，上述两案中的行为人显然均不成立本罪的中止，法院的最后处理结论无疑是正确的。具体来说，由于本罪的“组织”本身就是实行行为，同时如前所述帮助行为不构成本罪（亦即本罪不存在帮助犯），另外组织、领导传销活动中存在的教唆行为，也因被组织者、领导者的实行行为所吸收而不存在单独评价教唆行为的必要，所以在本罪为共同犯罪的情况下，传销活动的组织者、领导者均属于实行犯。因此，在共同正犯的场合，本罪共同犯罪人犯罪中止的成立，就只能属于以下情形之一，否则不成立犯罪中止：（1）所有的组织者、领导者均自动停止组织、领导实施传销活动，且组织内部参与传销活动人员没有达到 30 人且层级没有达到 3 级，此种情形下，所有的组织者、领导者均为中止犯；（2）其中的一个或者部分组织者、领导者自动停止组织、领导实施传销活动，并成功阻止其他传销者继续实施传销活动，从而使组织内部参与传销活动人员没有达到 30 人且层级没有达到 3 级，此种情形下，自动停止组织、领导实施传销活动的组织者、领导者成立犯罪中止，没有自动停止组织、领导行为者构成本罪的未遂。当然，如果自动停止者并没有成功阻止其他传销者继续实施传销活动，从而使组织内部参与传销活动人员达到 30 人以上且层级达到 3 级以上的，则其不能成立本罪的中止，只能在量刑方面予以酌定从轻考虑。

---

① 参见陈兴良主编:《刑法总论精释（下）》，人民法院出版社 2016 年版，第 537 页。

“因为共同正犯者之间具有相互利用、相互补充的关系，其行为属于一个有机整体，即使中止了自己的‘行为’，也不能认为是中止了‘犯罪’。”[①] 而上述案例中的郑某及孙某某是在各自的传销组织已经达到入罪标准（即组织内部参与传销活动人员在 30 人以上且层级在 3 级以上）的前提下，才有注销传销账户银行卡、规劝下线远离传销或者脱离传销组织的行为，由于此时二者组织、领导的传销活动已经构成犯罪既遂，所以不可能再有犯罪中止形态的存在。

① 张平、周铭川：《刑法总论疑难问题探究》，中国政法大学出版社 2016 年版，第 434 页。

第七章

组织、领导传销活动罪的共同犯罪

共同犯罪是相对于一人单独实施的犯罪而言的，是指二人以上共同实施犯罪的情形。共同犯罪的主体在二人以上，其既有事前的预谋，又有事中的合作，所以往往比单独具有更大的社会危害性。根据目前的司法实践以及理论界对本罪共同犯罪中相关问题的探讨，关于本罪的共同犯罪是否属于必要的共同犯罪、各传销分支体系间是否存在共同犯罪以及本罪主体间应否划分主从犯三个问题，特别需要引起关注并做认真研究。

一、本罪的共同犯罪是否属于必要的共同犯罪形式

以共同犯罪能否依照法律的规定任意形成为标准，可以将共同犯罪分为任意的共同犯罪和必要的共同犯罪两种形式。所谓必要的共同犯罪，是指刑法分则中规定的某种犯罪必须要有二人以上共同实施才能构成该罪的情形，而任意的共同犯罪则是指刑法分则中规定的某种犯罪既可以单独实施，也可以由多人共同实施而构成该罪的情形。对于我国刑法分则规定的必要共同犯罪的种类，学界存有不同的看法，主要表现为两大分歧。一种观点认为，我国刑法规定的必要共同犯罪包括对向性共同犯罪、聚合性共同犯罪和集团性共同犯罪三种。[①] 另一种观点则认为，所谓的“对向性共同犯罪”

① 参见高铭暄、马克昌主编:《刑法学》，北京大学出版社、高等教育出版社 2017 年版，第 168 页。另参见张明楷:《刑法学（上）》，法律出版社 2016 年版，第 386—388 页；林亚刚:《刑法学教义（总论）》，北京大学出版社 2014 年版，第 513 页；等等。

并不能作为必要共同犯罪的一种，如受贿行为与行贿行为在主观故意和客观行为方面均有本质的区别，罪名也各自独立，根本谈不上共同犯罪。因此，根据我国刑法的规定，必要的共同犯罪应分为聚众共同犯罪和集团共同犯罪两种。①

可以肯定的是，本罪的共同犯罪不属于对向性共同犯罪，那么本罪是否属于聚众（聚合）共同犯罪和集团共同犯罪的一种或者兼而有之呢？如果是，那么本罪的共同犯罪就属于必要的共同犯罪，反之则属于任意的共同犯罪。确定本罪究竟是必要的共同犯罪抑或任意的共同犯罪，无疑有着十分重要的意义。因为，如果本罪属于必要的共同犯罪，那么传销组织中就有两个以上的行为人必定被认定为组织者、领导者，从而以本罪追究刑事责任；相反，如果本罪属于任意的共同犯罪，那么就不必一定要将传销组织中两个以上的行为人认定为组织者、领导者，亦即传销组织中的某一个人单独构成犯罪，其他的人可不构成犯罪。另外，“对于任意的共同犯罪的处罚，要以刑法分则具体条文的规定为基础，并参照刑法总则关于共同犯罪的规定。对于必要的共同犯罪，直接根据刑法分则条文的规定定罪处罚即可，无须另行参照刑法总则的规定，否则就违反了立法上限制处罚范围的宗旨”。② 可见，本罪共同犯罪的形式是一个非常值得研究的问题。

有学者认为，组织、领导传销活动罪属于必要的共同犯罪，传销活动的组织者、领导者不能单独构成该罪。其大致理由如下：一是在刑法分则没有明确规定的情况下，不能对传销活动组织者、领导者的帮助行为按照组织、领导传销活动罪的帮助犯进行处理；二是必须要有传销活动的参加者，否则传销组织不能建立，也就谈不上传销活动的组织者、领导者。③ 另有学者认为，“组织、领导传销组织罪的共同犯罪并非必要的共犯，完全存在一人单

① 参见《刑法学》编写组:《刑法学（上册·总论）》，高等教育出版社 2019 年版，第 240 页。

② 齐文远主编:《刑法学》，北京大学出版社 2016 年版，第 161 页。

③ 参见袁彬:《我国治理传销犯罪的基本逻辑及其展开》，载《经贸法律评论》2020 年第 3 期。

独成立组织、领导传销活动罪的可能性”[①]。

笔者认为，无论是依据法律的规定，还是基于实践的考察，本罪的共同犯罪都属于任意的共同犯罪形式。其一，如前所述，笔者赞同上述学者主张帮助行为不能纳入本罪的处罚范围，但是并不能以本罪不处罚帮助犯作为认定本罪的共同犯罪属于必要的共同犯罪的理由，因为其与本罪的共同犯罪是否归为必要的共同犯罪没有关联。也就是说，不能从本罪只处罚组织者、领导者的实行行为得出本罪的共同犯罪属于必要的共同犯罪的结论。其二，虽然本罪的实行行为是组织、领导传销活动，从表面上看似乎是聚众型的共同犯罪，亦即行为人组织、领导多人实施传销活动，但是刑法分则规定的聚众犯罪中的“聚众”，应是指在首要分子的组织、策划、指挥下，纠集特定或不特定的多人（一般为 3 人以上）于同一时间聚集于同一地点的行为，而本罪的“组织、领导”行为显然不具有（也不需要）这样的特征。同时，由于本罪只处罚组织者、领导者，被组织、领导的人并不一定构成本罪，那么在组织者、领导者为一人的情况下，本罪完全属于一人可以单独实施的犯罪，并不要求二人以上共同组织、领导传销活动的才构成本罪。实际上，聚众犯罪未必都是共同犯罪（必要的共同犯罪），只有刑法规定首要分子及积极参加者或其他参与者均负刑事责任的聚众犯罪，才是共同犯罪，而规定只处罚首要分子的聚众犯罪，则属于未必都构成共同犯罪的聚众犯罪。前者例如：第 268 条规定的聚众哄抢罪（处罚首要分子和积极参加者）、第 290 条第 1 款规定的聚众扰乱社会秩序罪与第 2 款规定的聚众冲击国家机关罪（二者处罚的主体均为首要分子和积极参加者）、第 292 条规定的聚众斗殴罪（处罚首要分子和其他积极参加者）、第 301 条规定的聚众淫乱罪（处罚首要分子和多次参加聚众淫乱者）以及第 317 条第 2 款规定的聚众持械劫狱罪（处罚首要分子和积极参加者）等；后者例

---

① 肖中华:《再论组织、领导传销活动罪界定的基本问题》，载《检察日报》2019 年 3 月 27 日第 003 版。

如：第 242 条第 2 款规定的聚众阻碍解救被收买的妇女、儿童罪（只处罚首要分子）、第 291 条规定的聚众扰乱公共场所秩序、交通秩序罪（只处罚首要分子）等。所以，即便将本罪纳入聚众型犯罪的范围，也因本罪只处罚组织者、领导者而不能归于必要的共同犯罪的范畴。由此，上述学者以“必须要有传销活动的参加者，否则传销组织不能建立，也就谈不上传销活动的组织者、领导者”为由认定本罪属于必要的共同犯罪的观点，是不正确的。其三，根据《刑法》第 26 条第 2 款的规定，犯罪集团是指三人以上为共同实施犯罪而组成的较为固定的犯罪组织（我国刑法分则中规定的犯罪集团最为典型的有组织、领导、参加恐怖组织罪及组织、领导、参加黑社会性质组织罪）。虽然有的传销组织的组织者、领导者较多（三人以上），参与传销的人员及组成的层级也较多、较高，因而形成了体系庞大、错综复杂的传销犯罪集团，但现实中未必所有的传销组织（或者传销活动）均为犯罪集团（或者集团性犯罪）。相反，根据目前的司法实践，作为传销活动的发起人或者策划人、操纵人往往是一人或者二人，即使通过发展其他人员参与传销组织中，但这些人员不一定成为组织者、领导者，从而均不符合犯罪集团的主体必须在三人以上的要求。例如，甲是某传销活动的发起人，其引诱乙参与传销活动，乙又发展了丙等人加入传销组织，当该传销组织内部参与传销活动人员刚好在 30 人且层级在 3 级时，即被公安机关破获。此例中，虽然甲组织、领导的传销行为已经符合本罪的追诉标准，从而应以本罪追究其刑事责任，但是乙或者丙等人由于没有对传销活动的实施，传销组织的建立、扩大等起关键作用而不一定能（甚至根本不能）被认定为组织者、领导者，那么该传销组织就既不符合犯罪集团的主体要求，也不符合“为共同实施犯罪而组成的较为固定的犯罪组织”的时间要求和组织结构要求，因而显然不能归于传销犯罪集团的范围。另外，如果上例中的乙、丙等人不属于组织者、领导者，那么还同时证成了本罪完全属于一人可以单独实施的犯罪的结论。

基于上述分析，与其他诸多组织类犯罪，如组织越狱罪、组织他人偷越国（边）境罪、组织卖淫罪等一样，本罪的共同犯罪无疑属于任意的共同犯罪形式。既然如此，实务中应当注意的是，不能按照必要的共同犯罪的要求，一定或必须将某传销组织中两个以上的传销者认定为组织者、领导者，以免背离本罪的立法原意以及司法解释的规定。

二、各传销体系的传销者相互间能否成立共同犯罪

有的传销组织规模扩大后，在整个传销体系下往往会发展、建立起多个分支体系，而且各分支体系的各项工作一般由该体系内的高级别传销人员负责，如甲与乙及其下线各自发展了诸多传销人员并各自形成了一个相对独立的传销体系，亦即甲、乙各自负责自己传销体系的包括管理、协调、宣传、培训等各种工作，在此种情形下，对于整个传销体系而言，甲、乙如果被认定为组织者、领导者，二者当然与传销组织的发起者或者策划者等成立本罪的共犯，这一点应当不存在争议。但是，甲与乙或者甲的体系中的传销人员与乙的体系中的传销人员如果被认定为组织者、领导者，那么他们相互间能否成立本罪的共犯，则是一个存有分歧的问题，很值得探讨。

一种意见认为，在同一传销组织之下存在多个不同传销分支体系的情况下，此传销分支体系的传销者与另一传销分支体系的传销者不属于共同犯罪。例如，郑某等组织、领导传销活动上诉案，该案的一审、二审法院均认为此种情形不成立本罪的共同犯罪。该案的原审判决认定、原审判决、上诉理由与辩护意见及二审裁定的基本情况如下。[①]

原审判决认定：

被告人杨某某1、夏某1、郑某从2011年始先后分别出资加入以广东籍

① 参见广西壮族自治区北海市中级人民法院（2017）桂05刑终179号刑事裁定书。

人员为主的"资本运作"传销组织(广东体系),成为该非法传销组织成员,直接或间接发展传销人员加入其伞下,通过发展下线收取申购费,从中非法骗取财物。

2011年,被告人杨某某1经黄某发展出资70000元加入并成为该非法传销组织成员。至案发时,被告人杨某某1先后直接或间接发展了吕某(另案处理)、被告人夏某1和郑某等多人出资加入该传销组织;2011年年底,被告人夏某1经被告人杨某某1介绍发展出资70000元加入并成为该传销组织成员。至案发时,被告人夏某1先后直接或间接发展了夏某(另案处理)、被告人郑某、喻某等多人出资加入该传销组织;2011年年底,被告人郑某经被告人夏某1介绍发展出资70000元加入传销组织成为该传销组织成员(后被告人夏某1将其放在其下线夏某的下面作为夏某的下线)。至案发时,被告人郑某直接或间接发展了喻某、李某、田某等多人出资加入该传销组织。案发时,被告人杨某某1、夏某1、郑某均晋升成为该传销体系的"老总"级别,层级达三级以上,其组织、领导的参与传销人员累计达30人以上但未达120人,并从中获利。

原审判决:

原判认为,被告人杨某某1、夏某1、郑某伙同同案人组织、领导传销活动,其行为均已构成组织、领导传销活动罪。被告人杨某某1、夏某1、郑某在组织、领导传销活动中,虽然均积极参与传销活动,发展下线,但三被告人在本案中没有共同犯罪故意和行为,不宜对其划分主从犯。遂判决:一、被告人杨某某1犯组织、领导传销活动罪,判处有期徒刑2年6个月,缓刑4年,并处罚金人民币75万元(已缴纳罚金50万元);二、被告人夏某1犯组织、领导传销活动罪,判处有期徒刑2年3个月,缓刑3年,并处罚金人民币65万元(已缴纳罚金35万元);三、被告人郑某犯组织、领导传销活动罪,判处有期徒刑1年6个月,并处罚金人民币45万元。

上诉理由与辩护意见:

上诉人郑某上诉称:其是从犯,原判认定三被告人在本案中没有共同犯罪的故意和行为,不宜划分主从犯不当;郑某的辩护人提出:上诉人在这起三人共同传销犯罪案件中，是从犯，具有减轻处罚的情节，建议法院对郑某改判1年3个月以下有期徒刑。

二审裁定：

二审法院认为，上诉人郑某虽经原审被告人夏某1发展加入广东体系传销组织，与杨某某1、夏某1同属于同一传销体系，但三人后来各自独立发展下线，其伞下的人数亦有不同，每个人对各自发展的三个直接下线都是保密的，互不清楚各自伞下的间接下线人员的情况，且郑某本人在一审庭审时亦辩称其没有与杨某某1、夏某1合伙，杨某某1从未就该传销组织团队管理方面与其进行协商和沟通。可见，上述三人加入传销体系后各自积极主动实施犯罪，原判对本案不区分主从犯，分别根据三人各自在案中的犯罪事实和作用等具体情况进行量刑并无不当，故对上诉人及其辩护人提出此意见不予采信。最后作出了驳回上诉、维持原判的终审裁定。

郑某及其辩护人提出该案中的三被告人应当成立本罪的共同犯罪，其目的是达到区分主从犯并获得从犯的地位，这样的辩解或辩护策略是可以理解的。笔者发现，上诉人郑某及其辩护人的主张之所以没有得到采纳，是因为二审法院认为三人各自独立发展下线，也没有就该传销组织团队管理方面进行过协商和沟通，从而不具有共同的犯罪故意与共同的犯罪行为。由此，本案中的三被告人能否成立共同犯罪，实际牵扯到了共同犯罪的成立条件问题。根据我国刑法的规定，共同犯罪是指二人以上共同故意犯罪。根据这一规定，刑法理论上一般认为，构成共同犯罪必须同时满足行为人人数为二人以上（主体要件）、有共同的犯罪故意（主观要件）及有共同的犯罪行为（客观要件）3个要件。其中，所谓共同的犯罪故意，“是指各行为人通过犯意联络，明知自己与他人共同实施犯罪会造成某种危害结果，却希望或者放任这种危害结果发生的心理态度”。[①] 理论上一般认

① 陈志军:《共同犯罪的理论与实践》，中国人民公安大学出版社2012年版，第53页。

为，共同犯罪故意的认识因素是指各参与人都认识到自己不是在单独（而是与他人共同配合）实施犯罪，在犯意联络（或者意思联络）方面，并不要求所有共同犯罪人之间都必须存在意思联络，只要实行犯与其他共同犯罪人之间存在意思联络就已足够，且无论是明示的方式还是暗示的方式均可认定为存在意思联络。[①]所谓共同的犯罪行为，"是指各犯罪人的行为都指向同一犯罪，彼此联系、互相配合，成为一个有机统一的整体，它们与犯罪结果之间都存在着因果关系"。[②]理论上一般认为，共同的犯罪行为可能是共同的实行行为，也可能是不同行为的分担，亦即不管它们在共同犯罪中表现形式如何，都不是互相孤立的，而均是共同犯罪行为不可或缺的组成部分。[③]根据上述理论，审理该案的法院在三被告人能否成立共同犯罪的问题上，最后的处理结果似乎存在商榷之处。笔者认为，如果将本案仅限制在三被告人分别发展下线而形成的传销分支体系这一范围内进行处理，那么的确难以看出他们是本罪的共犯，因为三者毕竟体现出了相对的独立性，因而在认定他们是否具有共同的犯罪故意以及实施了共同的犯罪行为方面显然是一个难以定夺的问题。但是，如果将本案置于司法机关认定的"资本运作"传销组织（广东体系）中进行考察，那么本案在处理共同犯罪方面就会变得豁然开朗，亦即可以将三被告人确定为整个传销组织（或者活动）的共犯。因为，既然三被告人所发展、建立的传销体系是"资本运作"传销组织（广东体系）的分支，那么三被告人作为该传销组织的组织者、领导者，他们对该传销组织的扩大及其传销活动的实施无疑起到了关键性作用。由此，尽管三被告人之间在实施犯罪活动中没有意思联络，但是可以肯定的是，他们都能认识到自己与整个传销组织的"最高层"存在犯意联络上的默契，同时也均能认识到自己不是在单独实施犯

① 参见马克昌主编:《犯罪通论》，武汉大学出版社 1999 年版，第 510—511 页。

② 陈志军:《共同犯罪的理论与实践》，中国人民公安大学出版社 2012 年版，第 51 页。

③ 参见马克昌主编:《犯罪通论》，武汉大学出版社 1999 年版，第 506 页。

罪，而是与他人配合共同促进传销组织的壮大。当然，他们的组织、领导行为无疑是整个传销组织中众多组织、领导行为不可或缺的组成部分。基于上述分析，相对于整个传销活动，三被告人的行为应当是整个共同犯罪的一部分，当然郑某就有可能获得从犯的地位。司法机关既然认定三被告人加入的是以广东籍人员为主的“资本运作”传销组织（广东体系），并成为该传销组织的成员，那么三被告人发展、建立的传销体系自然就是该传销组织的一部分，法院就应当将三被告人置于整个传销组织来考察、认定共同犯罪的问题。因此，无论是上诉人郑某及其辩护人，还是审理本案的一审、二审法院，其分析及解决本案共同犯罪问题的角度，均有值得改进之处。

从司法实践来看，传销组织的发起者以及其他组织者、领导者对各传销分支体系进行调配或者此传销分支与彼传销分支的传销人员相互间自行进行沟通或者帮助管理（非帮助犯）的客观现象是存在的，此种情形下无论置于整个传销组织抑或限于传销分支体系考察，均应当以本罪的共同犯罪处理。例如，陆某等组织、领导传销活动案。[①]

经审理查明，被告人陆某于2015年7月5日由被告人张某甲介绍加入于2014年1月6日在广州市成立的广东云某惠网络科技有限公司（以下简称“云某惠”）的传销组织，成为“云某惠”的普通会员，后缴纳999元升级为铂钻会员，同年7月底向“云某惠”总部缴纳14万元取得一个5级代理公司董事长名额，并于2017年8月在防城港市成立防城港云某惠网络科技有限公司，担任法定代表人，并管理公司日常工作，公司通过发广告、公益活动、招商会等途径发展推广会员，无实际经营、销售行为。成为铂钻会员后，陆某推荐、发展他人加入“云某惠”。经广东鑫证司法鉴定所鉴定，陆某发展的下线总人数为3616人，直接下

① 参见广西壮族自治区防城港市防城区人民法院（2019）桂0603刑初74号刑事判决书。

线37人，在整个网络推荐关系中处于第17层，下线层级有18层，在平台提现总金额191534元。

被告人张某甲于2015年6月17日由其前妻符某（另案处理）介绍加入“云某惠”成为普通会员，同年7月缴纳999元升级为铂钻会员，后又向“云某惠”总部缴纳11.3万元取得了防城港市5级代理公司总经理名额，未成立代理公司，于同年10月退出代理。成为铂钻会员后，张某甲向身边的亲戚朋友宣传、推荐“云某惠”，在防城辖区内大量发展下线，经广东鑫证司法鉴定所鉴定，张某甲发展的下线总人数为37740人，直接下线21人，在整个网络推荐关系中处于第16层，下线层级有32层，在平台提现总金额103334元。

一审法院认为，被告人陆某加入“云某惠”成为会员后向该公司总部缴纳代理费，成立该公司的代理公司防城港云某惠网络科技有限公司，担任法定代表人，利用该公司的电商交易平台“云某商城”，通过发广告、公益活动、招商会等途径，宣传“云某商城”消费全返及层级计酬的奖励模式，发展人员注册加入“云某惠”会员，以会员消费数额作为返利依据，扰乱经济秩序；被告人张某甲加入“云某惠”成为会员后，向该公司总部缴纳代理费，但未成立代理公司，后退出代理。张某甲以消费返还积分并可提现为由，向亲戚朋友宣传和推荐“云某惠”，发展下线人数。二被告人对防城港市传销活动的实施、发展、扩大起关键作用，发展的直接或间接下线人数累计超过30人且层级在3级以上，其行为均已构成组织、领导传销活动罪。公诉机关指控的罪名成立。陆某、张某甲组织、领导的参与传销活动人员累计都超过120人，为活动组织者和领导者，属于情节严重，但二被告人并非首要发起组织人员，其下级大部分人员并非由其直接发展和操控，二被告人在整个组织、领导传销活动犯罪中均起辅助作用，是从犯，依法应当从轻或者减轻处罚。遂判决：被告人陆某犯组织、领导传销活动罪，判处有期徒刑1年2个月，并处罚金人民币10万元；被告人张某甲犯组织、领导传销活动罪，判处有期徒刑1年，缓刑1年，并处罚金人民币10万元。

再如，潘某某1等组织、领导传销活动案。[①]

经审理查明，2011年以来，被告人潘某某1和同案犯潘某1、潘某某2、丁某（均已判刑）等人先后加入以“1040阳光工程”为名义的传销组织。该传销组织为了最大限度地发展下线，制定了一套严密的管理制度。以一个地区的所有一代老总及之下发展的成员为一个体系，每个一代老总全面负责自己体系下的管理事务，下设大总管协助老总代为传达相关“人事任命”及其他管理指示，大总管下设有能力总管、自律总管、经晨总管、配合总管、申购总管承担管理、协调、宣传、培训等工作，各司其职，配合大总管开展工作。此外，又拟任各个体系内的大总管兼任奉化区域的能力大总管、自律大总管、经晨大总管横向交叉管理。

被告人潘某某1于2011年在江苏省南通市加入该组织，并随组织辗转于湖北襄阳、福建漳州、浙江安吉等地，后于2015年4月迁至奉化。2015年6月左右，被告人潘某某1被传销组织升为“老总”后，在明知是传销组织的情形下，实行老总管理职能，至案发，该体系内部参与传销活动人员共计约19层77人，涉案传销金额共计约200万元。

公诉机关在该案中提供的同案犯潘某某2的供述，证实奉化三个体系各有一个老总，老总同时还担任奉化区域内的能力总监、自律总监等某块职务，各自总体负责奉化区域某块工作职责。三个体系的每个体系有一个大总管，全面协调本体系内的能力、自律、配合、申购相关工作，同时担任奉化区域内三个体系的自律大总管、能力大总管、经晨大总管的某一个职务，分别负责组织在奉化区域某块相关职责。三个体系的每个体系内，又有各自体系内的能力总管、自律总管、经晨总管、配合总管，负责本体系的相关工作，但各个体系内的能力、自律、经晨三类总管根据组织安排也会到其他体系去履行相应管理职能。配合总管有两个职能，一个就是本体

---

① 参见浙江省宁波市奉化区人民法院（2018）浙0213刑初150号刑事判决书。

系的自律总管的秘书工作，上传下达；另一个就是配合其他两个体系的自律总管来本体系检查自律工作时做好陪同工作。申购总管是不固定的，三个体系共有两到三个申购总管，每次有新成员加入组织时，都是老总临时指定某个申购总管去办理申购程序。

一审法院认为，被告人潘某某1的行为已构成组织、领导传销活动罪，其在共同犯罪中起主要作用，系主犯，按照其所参与的或者组织、指挥的全部犯罪处罚。鉴于其自愿认罪，如实供述自己的罪行，依法可以从轻处罚。遂判决：被告人潘某某1犯组织、领导传销活动罪，判处有期徒刑3年4个月，并处罚金人民币10万元。

从第一个案例看出，被告人陆某之所以能在防城港市成立防城港云某惠网络科技有限公司，是因为其向“云某惠”总部缴纳了14万元从而取得一个5级代理公司董事长名额。可见，被告人陆某并非随意可以成立云某惠网络科技有限公司，而是需要得到“云某惠”总部的批准（即向“云某惠”总部缴纳14万元），显然，被告人在防城港市成立代理公司的行为，其主观上与“云某惠”总部存在犯意的联络，同时，被告人成立防城港云某惠网络科技有限公司，实际是为“云某惠”进行宣传，因而被告人陆某与“云某惠”总部的发起者共同实施了传销行为。据此，司法机关将该案中的被告人陆某和张某甲与“云某惠”总部的发起者等传销组织者、领导者作为共同犯罪处理，并将二被告人置于整个传销组织从犯的地位，是十分正确的。从第二个案例看出，被告人潘某某1加入的“1040阳光工程”传销组织，在浙江省宁波市奉化区共有三个传销体系，而三个传销体系之间实施的“横向交叉管理”或者“根据组织安排也会到其他体系去履行相应管理职能”的做法，显然是各传销分支体系之间存在主观上的沟通和客观上的共行的事实表现，因而具有共同犯罪的故意和共同犯罪的行为，三个体系中的组织者、领导者无疑成立本罪的共犯，因而司法机关将潘某某1的行为与其他组织者、领导者以本罪的共同犯罪处理，无疑也是正确的。

基于上述分析，笔者认为，无论传销组织是否建立、发展有传销分支体系，只要该传销组织的组织者、领导者在二人以上的，均应认定为本罪的共犯。只有如此处理，才能既符合刑法理论，又与现实相适应。

三、本罪主从犯划分的争议及其确立

（一）本罪主从犯划分的争议

从司法实践来看，无论是行为人本身，还是其辩护人，往往以行为人属于共同犯罪中的从犯作为抗辩理由。例如，董某某等组织、领导传销活动案，河北省承德县人民检察院指控，2016年12月以来，被告人董某某以承德康鹿商贸有限公司名义，假借消费返利模式在承德县大兰窝村兰馨家园小区底商构建“康鹿互生系统平台”，由其子被告人董某1负责网络后台操作，其又拉拢被告人何某某，何某某拉拢被告人闫某某，闫某某又拉拢被告人顾某某陆续加入，帮助董某某讲解平台的运作模式、发展会员。“康鹿互生系统平台”以销售鹿产品、提供体检服务为名，要求参加者缴纳6000元购买商品，获得加入该平台的资格，并按照一定的顺序组成层级，直接或者间接以发展人员的数量作为返利的依据，引诱参加者继续发展他人参加，大肆开展传销活动，发展会员100多人，涉案金额40余万元。此案在一审庭审中，被告人何某某、闫某某、顾某某及董某1的辩护人均提出了各被告人在共同犯罪中起次要或者辅助作用，因而系从犯的辩护意见。[①]

又如洪某等组织、领导传销活动案，该案经审理查明，全盛富德（天津）生物科技有限公司和天津泰德天成科技有限公司是以“人际网络”模式发展下线的传销组织。全盛富德（天津）生物科技有限公司的法定代表人是牛某（另案处理）；天津泰德天成科技有限公司的法定代表人是被告人洪某，

---

① 参见河北省承德县人民法院（2018）冀0821刑初139号刑事判决书。

负责公司全面工作。富德生物公司推出以食用“船奇牌大豆燕麦粉”餐包为主的“康某轻体计划”，泰德天成公司负责将“康某轻体计划”以“微商4.0”的方式用于网络销售。“微商4.0”经营模式分为分销商、一级代理商、二级代理商、三级代理商、四级代理商、五级代理商。每个人通过支付1万元购买2盒大豆燕麦粉餐包加盟会员，并且另交500元服务费。加盟后，会员可以在公司享受42天的免费体检及健康教练指导使用餐包等服务。会员加盟后，每人可推荐2个加盟商，2个加盟商再分别发展2名下线加盟商，形成7人架构即可升级为分销商，可获得1万元返利及3万元电子券（电子券可折抵下一级别的升级费用）；分销商最底层的人员再发展2层（完成7人架构）后，顶层人员即可上升1级，成为一级经销商，可获得3万元返利及9万元电子券；以此类推。从2015年8月开始，被告人赵某某、高某某、孙某某、王某某、李某某、李某某1、周某某、李某某2及“赵某1”（另案处理）先后加入“微商4.0”。上述被告人加入上述传销组织后，该组织先后直接或间接发展了多人加入“康某轻体计划”。被告人洪某开设银行卡接收下线的“加盟费”。被告人赵某某被聘为富德生物公司和泰德天成公司总经理，负责公司日常管理。被告人孙某某是市场一部部长，被告人高某某是市场二部部长，“赵某1”是市场三部部长；被告人孙某某、高某某、李某某1及“赵某1”负责“招商”工作以及各部的日常工作，同时被告人李某某1负责协助被告人高某某处理日常工作。被告人王某某是培训部部长，负责代理商的培训工作。被告人李某某是培训部讲师。被告人周某某在北海市开设了“康某轻体计划”体验营，用于发展下线传销人员，是三级经销商。案发时，该传销体系已发展成为下线达30人以上但未满120人，有三个层级以上且有多个分支的传销组织。此案在一审庭审中，被告人高某某、孙某某、李某某2、周某某的辩护人分别提出了被告人高某某、孙某某、李某某2、周某某是从犯的辩护意见。①

① 参见广西壮族自治区北海市海城区人民法院（2017）桂0502刑初18号刑事判决书。

应当说，对共同犯罪的参与人划分主从犯，既是法律的规定使然，也是刑事司法解决共同犯罪问题中的逻辑思维起点，因而对该问题的探讨本不具有涉足的必要。但由于本罪处罚的主体仅限于组织者和领导者，而组织者、领导者本身其主犯的地位就十分明显，似乎要在“主犯”当中再确定“主犯”，所以司法实践中对于组织者、领导者之间是否还需要或者有必要划分主从犯产生了争议。可以说，关于主从犯的划分已成为本罪在共同犯罪领域争论最为激烈的问题，因而非常值得研究。

对于本罪的共同犯罪人应否划分主从犯，理论界有学者给出了肯定性的回答，即主张应有主从犯之分。该论者认为，如果对传销组织可以定义为“犯罪集团”，遵照刑法共同犯罪的规定，应当对集团中的行为人进行必要的甄别。在组建传销组织中实施组织、领导行为的首要分子，应当认定为主犯。而在具体传销活动中进行组织、领导的行为人，由于不能把他们定义为对犯罪集团犯罪活动的组织者、领导者，因而他们只能是“在组织、领导传销活动的共同犯罪中起主要作用的”主犯。既然在具体传销活动中存在主犯，那么就相应地存在从犯，即只是对传销的组织、领导的行为实施“起次要或者辅助作用的”行为人。[①] 在实务界持反对区分主从犯主张的人一般认为，传销组织中的组织、领导与被组织、领导之间的界限是不固定的，某个成员相对上线来说是从犯，但相对下线来说又是主犯，因而无界分主从犯的必要，且实际上也分不清。另外，能被确定为本罪中的“组织者和领导者”，均属于积极参与传销犯罪活动，对传销活动的实施，传销组织的建立、扩大等起关键作用的人员，不是传销犯罪集团的首要分子，就是在传销犯罪集团中或者在一般共同犯罪中起主要作用的“其他主犯”，因而均是主犯，没有从犯存在的余地，应当按照传销犯罪集团所犯的全部罪行，或者各自所参与的或者组织、领导的全部犯罪予以处罚。

---

① 参见马克昌主编:《百罪通论（上卷）》，北京大学出版社 2014 年版，第 480—481 页。

在具体的司法实践中，对于本罪的共同犯罪是否存在主从犯或是否应当予以主从犯的划分，存在肯定与否定两种不同的处理意见，以下将分别用系列案例予以佐证。

（二）确定本罪存在主从犯的意见

此种意见虽然在司法文书中没有明确表明本罪存在或应当划分主从犯的态度，但从其处理结论看出，实际上已经蕴含了上述立场。根据主从犯划定依据的不同，该种意见又具体分为以下几种情形。

一是以在传销组织中所处层级及会员级别均较低，从而认定被告人在共同犯罪中起次要和辅助作用，系从犯。例如，刘某某组织、领导传销活动罪案，该案经审理查明，2016 年 8 月以来，被告人刘某某加入“善心汇”平台，按“善心汇”所谓“扶贫救济”的名义积极发展下线会员，并通过微信群对成员进行管理，通过让会员缴纳 300 元“善心汇”账号激活费、100 元善心币排单费，并按照层级收取“管理奖”的方式非法牟利。截至 2017 年 7 月，刘某某的账户在整个会员网络中处于第 18 层，其下级网络有 19 层，1427 个会员账号，其账号共完成 19 次赠与，累计 124000 元，18 次受助，累计 160200 元，已支出善种子 676 个，剩余善种子 3 个，已支出善心币 50020 个，剩余善心币 0 个，已支出善金币 32180 个，剩余善金币 34559 个，管理钱包已支出 57800 元，管理钱包剩余 6739 元。一审法院认为，被告人刘某某利用“善心汇”交易平台，打着“扶贫救济”的名义，以“布施”和“受助”为名，要求参加者以缴纳会员费的方式获得加入资格，并按一定顺序组成层级，直接或者间接以发展会员的数量作为返利依据，引诱参加者继续发展他人参加，骗取财物，扰乱社会经济秩序，情节严重，其行为已构成组织、领导传销活动罪。公诉机关指控刘某某犯组织、领导传销活动罪的事实及罪名成立。刘某某归案后能如实供述犯罪事实，在“善心汇”传销组织中所处层级及会员级别均较低，在共同犯罪中起次要和辅助作用，系从犯，应从轻或者减轻处罚。[①] 又如，吴某某等组织、领导传销活动罪案，该案经审理查明：（1）2016年7月，被告人吴某某注册成为“善心汇”会员，并积极参与“善心汇”传销活动，通过口口相传等方式，鼓动他人参与投资活动获取利益。为达到获取非法收益的目的，被告人吴某某先后推荐多人成为“善心汇”会员以赚取推荐奖。经鉴定，吴某某所在层级为10级，下线层数为7层，下线会员达150人，非法获利人民币20000余元。（2）2016年10月，被告人李某某经过吴某某推荐成为“善心汇”会员，积极参与“善心汇”传销活动，通过口口相传等方式，鼓动他人参与投资活动获取利益。为达到获取非法收益的目的，被告人李某某先后推荐多人成为“善心汇”会员以赚取推荐奖。经鉴定，李某某所在层级为11级，下线层数为6层，下线会员达87人，非法获利人民币10000余元。一审法院认为，被告人吴某某、李某某利用“善心汇”交易平台，要求参加者以缴纳会员费的方式获得加入资格，并按一定顺序组成层级，直接或间接以发展会员的数量作为返利依据，引诱参加者继续发展他人参加，骗取财物，扰乱经济与社会秩序，其中被告人吴某某属情节严重，其行为均已构成组织、领导传销活动罪。公诉机关指控的事实和罪名成立。被告人吴某某、李某某在整个传销非法活动中层级相对较低，作用相对较小，系从犯，对被告人吴某某应当减轻处罚，对被告人李某某应当从轻处罚。[②]

二是认为不是传销组织的发起者、策划者、操纵者因而认定被告人为从犯。例如，莫某某等组织、领导传销活动罪案，该案经审理查明，被告人莫某某、李某某1、李某某、陈某某、何某某，打着纯“资本运作”的幌子，虚构中央操盘，在北部湾布局，暗中实施“国家秘密政策”，为北部湾吸聚资金，带动北部湾的经济发展之事实，而后采取拉人头方式，在茂名组织和诱骗了大批亲朋好友参与“1040资本运作项目”传销组织。2013年

① 参见山东省德州市德城区人民法院（2018）鲁1402刑初77号刑事判决书。

② 参见山东省寿光市人民法院（2018）鲁0783刑初213号刑事判决书。

至2015年间，被告人莫某某、李某某1、李某某、陈某某、何某某分别经各自的上线发展介绍，一次性交付70000元后，成为“1040资本运作项目”传销组织成员。尔后，五被告人先后回到茂名发展下线，又通过下线发展下线，下线体系均已超过3个层级和30人，后均已经成功升总并离开北海，升总后继续为后来者进行推介投资，现身说法，获取发展下线提成收益或者领取工资。一审法院认为，被告人莫某某、李某某1、李某某、陈某某、何某某缴纳费用加入“1040工程”传销组织后，积极发展下线人员，并按照一定顺序组成层级，直接或者间接以发展人员的数量作为返利依据，引诱参加者继续发展他人参加，从中获取非法利益，扰乱社会经济秩序，其行为均已构成组织、领导传销活动罪。五被告人不是该传销组织的发起人，在共同犯罪中均起次要作用，均是从犯，依法应当从轻、减轻或者免除处罚。①又如伊某某等组织、领导传销活动罪案，该案经审理查明，2015年6月至9月期间，被告人伊某某、杨某某、蒋某先后加入“中国国际建业联盟”（以下简称建业盘）。加入该组织后，为了更好地让会员接受并推广建业盘，被告人伊某某、杨某某、蒋某以发送大量推广建业盘的微信视频、语音、图片给下线会员及到各地宣传培训等方式发展会员。其中被告人伊某某发展层级为多级，组织、领导的参与传销活动人员累计达120人以上，直接或间接收取参与传销活动人员缴纳的传销资金累计达9686513.07元，同时通过微信群向会员宣传建业盘信息和在各地积极发展会员；被告人杨某某发展层级为多级，组织、领导的参与传销活动人员累计达120人以上，直接或间接收取参与传销活动人员缴纳的传销资金累计达6447600元，同时通过微信群向会员宣传建业盘信息和在各地积极发展会员；被告人蒋某发展层级为多级，组织、领导的参与传销活动人员累计达120人以上，直接或间接收取参与传销活动人员缴纳的传销资金累计达274700元，同时通过微信群向会员宣传建业盘信息和在各地积极发展会员。一审法院认为，被告人

① 参见广东省茂名市电白区人民法院（2017）粤0904刑初1118号刑事判决书。

伊某某、杨某某、蒋某加入并积极宣传名为“中国国际建业联盟”的传销组织，要求参加者以缴纳费用获得会员资格，并按照一定的顺序组成层级，直接以发展人员的数量作为返利依据，引诱参加者继续发展他人参加，扰乱社会经济秩序。被告人伊某某、杨某某、蒋某均发展层级为多级，组织、领导的参与传销活动人员累计达 120 人以上，对传销组织的扩大起关键作用。被告人伊某某、杨某某、蒋某的行为均已构成组织、领导传销活动罪。因被告人伊某某、杨某某、蒋某不是“中国国际建业联盟”传销组织的发起者、策划者、操纵者，根据现有证据查实的案情，可以认定被告人伊某某、杨某某、蒋某为从犯，应当减轻处罚。①

三是以处于主要负责人的下线为依据而认定被告人为从犯。例如，谭某某等组织、领导传销活动上诉案，该案一审认定，被告人谭某某等参加了邓某等人在信丰县设立的“天津天狮”传销组织活动。其中，谭某某听从邓某等人的调配、管理，处于业务主任级别，系该传销组织中自上而下第三层，主要负责根据天津天狮组织的传销活动，安排业务员骗取他人来信丰参与传销，调配下面的业务员，对新进人员进行洗脑，介绍天狮公司及其产品，安排人员的吃住、开展购买产品业务及讲课等系列事情。原审法院认为，被告人谭某某等人的行为均构成组织、领导传销活动罪，系“天津天狮”传销组织在信丰主要负责人的下线，可认定为组织、领导传销活动罪的从犯，应依法从轻处罚。②

四是以属于传销组织的高层管理人员等为依据而认定被告人为主犯。例如，潘某某组织、领导传销活动罪案。该案经审理查明，被告人潘某某于 2011 年在江苏省南通市加入以“1040 阳光工程”为名义的传销组织。2015 年 6 月左右，被告人潘某某被传销组织升为“老总”后，在明知是传销组织的情形下，实行老总管理职能，至案发，该体系内部参与传销活动人员

---

① 参见江西省芦溪县人民法院（2018）赣 0323 刑初 33 号刑事判决书。

② 参见江西省赣州市中级人民法院（2018）赣 07 刑终 219 号刑事裁定书。

共计约19层77人，涉案传销金额共计约200万元。一审法院认为，被告人潘某某的行为已构成组织、领导传销活动罪。被告人潘某某在共同犯罪中起主要作用，系主犯，按照其所参与的或者组织、指挥的全部犯罪处罚。被告人潘某某作为体系老总，履行管理职能，对全体系人数金额负责。[①] 再如，卢某1等组织、领导传销活动罪案。该案经审理查明，被告人卢某1于2008年8月在天津市静海区加入"蝶贝蕾"传销组织，同年发展其弟即被告人卢某2加入该传销组织。2010年10月，被告人李某加入该传销组织。2012年，卢某1晋升为培训员，后因故被开除。2013年，卢某2、李某先后晋升为代理员，李某负责管理传销团队、收取传销团队的上线费并转交给卢某2。2013年8月左右，卢某2因其所在的传销组织发展停滞、濒临解散，邀卢某1重新回到传销组织中，担任大导职务，帮助管理传销团队，其后该传销团队发展状况明显改善。2014年，卢某2晋升为代理商，并于2015年9月左右在该传销组织中"出局"。2014年至2015年8月期间，卢某1、卢某2、李某等人组织、领导"蝶贝蕾"传销组织在静海区发展有真实身份信息的会员300余人，直接或间接收取参与传销人员缴纳的资金累计达600余万元。一审法院认为，被告人卢某1、卢某2、李某在共同犯罪中，均起主要作用，均应认定为主犯。[②] 又如，王某1等组织、领导传销活动罪案。该案经审理查明，2015年9月以来，被告人王某1、邢某某、马某某1先后经人介绍到南宁市仙葫开发区购买虚拟份额加入"纯资本运作"传销组织。该传销组织采用组建"传销家庭"的方式组织和管理下线成员。至案发时，被告人王某1、邢某某、马某某1所在的传销家庭"宁某家庭"层级已超过3层、人数超过30人。被告人王某1担任所在家庭"能力总管"，负责培训体系成员发展下线的能力，对新人讲课进行洗脑；被告人邢某某担任所在家庭"自律配合"，负责协助执行传销组织内部的纪律规范；被告人马某某1

① 参见浙江省宁波市奉化区人民法院（2018）浙0213刑初150号刑事判决书。

② 参见天津市静海区人民法院（2018）津0118刑初100号刑事判决书。

担任所在家庭"经晨配合"，负责协助组织、协调传销组织晨会、聚会等工作。一审法院认为，被告人王某 1、邢某某、马某某 1 的行为均已构成组织、领导传销活动罪。在共同犯罪中，三被告人均积极实施组织、领导传销活动，起主要作用，均是主犯，按三人参与的全部犯罪处罚。[①] 还如，姚某等组织、领导传销活动罪案。该案经审理查明，被告人姚某、毛某某、陈某某、张某 1 先后加入"善心汇"传销组织，在直接、间接推荐发展的下线会员数达到晋升 A 轮功德主等级会员的条件后，缴纳了 5 万元会费成为该等级会员，并通过口头介绍、建立微信群、设立"善心汇"工作室等形式，在丽水市莲都区范围内组织发展下线会员。对于被告人毛某某及陈某某是否构成从犯的问题，一审法院认为，被告人毛某某、陈某某等人对"善心汇"传销组织后期的发展壮大发挥了巨大作用，故不宜认定为从犯，被告人毛某某及陈某某的辩护人提出两被告人系从犯的意见，不予采纳。[②]

（三）对本罪不区分主从犯的意见

该种意见又可以细分为"明示"和"非明示"两种态度。所谓"明示"，就是在关于本罪应否划分主从犯的问题上，明确表明本罪不应区分主从犯的立场；所谓"非明示"，就是在关于本罪应否划分主从犯的问题上，并不坚决明确或者肯定地表达自己的立场，而是以"不宜"等婉转词语表明本罪不存在或者不应划分主从犯的态度。

采取"明示"方式确定本罪不应区分主从犯的案例，如王某某 3 等组织、领导传销活动罪案。该案经审理查明，王某某 3、张某某、周某某、张某 2、张某 1、李某、王某某 1、常某某、刘某、郑某某、王某某 2、王某、郭某某、李某某、丁某某、陈某某、乔某、战某某等 18 名被告人自 2011 年起在南宁市以交钱申购虚拟份额参加"纯资本运作"组织的形式，通过"拉人头"

---

① 参见广西壮族自治区南宁市青秀区人民法院（2017）桂 0103 刑初 233 号刑事判决书。

② 参见浙江省丽水市莲都区人民法院（2018）浙 1102 刑初 88 号刑事判决书。

发展下线，形成上下线传销网络关系，上线人员依照其层级排位、级别和发展下线的人数及申购份额数予以瓜分获得非法收益的方式进行传销活动。该组织从2011年发展至案发，网络层级超过3级，体系成员达30人以上。其中，被告人王某某3、张某某、周某某、张某2、张某1、李某、王某某1、常某某、刘某、郑某某在传销组织中均是老总级别人员；被告人王某某2、王某、郭某某、李某某、丁某某、陈某某、乔某、战某某属于经理级别人员。一审法院最后认定，王某某3等18名被告人的行为均已构成组织、领导传销活动罪。关于在认定组织、领导传销活动罪中是否需要区分主从犯的问题，一审法院认为，根据我国刑法规定，组织、领导传销活动罪处罚的对象为传销活动的组织者、领导者，而传销组织的组织者、领导者对于传销组织的发展、组织、管理等均起主要作用，是主犯，应当按照各自参与的或组织、指挥的全部犯罪处罚。而王某某3等18名被告人在组织、领导传销活动犯罪中，积极参与实施犯罪，对传销活动的实施均起关键作用，故均是主犯，按各自参与的全部犯罪处罚。但根据各被告人在传销组织中的层级、作用大小等在量刑时予以区别。[①]

采取“非明示”方式认为本罪不应区分主从犯的案例，如曹某组织、领导传销活动罪案，庭审中曹某的辩护人提出被告人曹某在传销组织中只起到协助作用，应作为从犯考虑的辩护意见。一审法院认为，因被告人曹某所在的传销组织体系庞大、复杂，且人员相对独立又相互关联，无法比照同案犯认定被告人在传销组织中的地位和作用，故本案不宜区分主从犯。[②]又如上述所举郑某等组织、领导传销活动罪上诉案，该案由广西北海市海城区人民法院作出（2017）桂0502刑初370号刑事判决。一审认定，被告人杨某某1、夏某1、郑某从2011年始先后分别出资加入以广东籍人员为主的“资本运作”传销组织（广东体系），成为该非法传销组织成

---

① 参见广西壮族自治区南宁市青秀区人民法院（2015）青刑初字第894号刑事判决书。

② 参见广西壮族自治区南宁市江南区人民法院（2016）桂0106刑初204号刑事判决书。

员，直接或间接发展传销人员加入其伞下，通过发展下线收取申购费，从中非法骗取财物。原判认为，被告人杨某某1、夏某1、郑某伙同同案人组织、领导传销活动，其行为均已构成组织、领导传销活动罪。被告人杨某某1、夏某1、郑某在组织、领导传销活动中，虽然均积极参与传销活动，发展下线，但三被告人在本案中没有共同犯罪的故意和行为，不宜对其划分主从犯。上诉人郑某上诉称其是从犯，原判认定三被告人在本案中没有共同犯罪的故意和行为，不宜划分主从犯不当。二审法院认为，上诉人郑某虽经原审被告人夏某1发展加入广东体系传销组织，与杨某某1、夏某1属于同一传销体系，但三人后来各自独立发展下线，其伞下的人数亦有不同，每个人对各自发展的三个直接下线都是保密的，互不清楚各自伞下的间接下线人员的情况，且郑某本人在一审庭审时亦辩称其没有与杨某某1、夏某1合伙，杨某某1从未就该传销组织团队管理方面与其进行协商和沟通。可见，上述三人加入传销体系后各自积极主动实施犯罪，原判对本案不区分主从犯，分别根据三人各自在案中的犯罪事实和作用等具体情况进行量刑并无不当，故对上诉人及其辩护人提出此意见不予采信。[①] 再如韩某某组织、领导传销活动罪案，该案经审理查明，2013年，被告人韩某某经宁某某（另案处理）发展出资加入以“山西籍”人员为主的“资本运作”非法传销组织，成为范某某（另案处理）的直接下线。被告人韩某某直接或间接发展了董某2、张某、王某等多人出资加入其所在的非法传销体系“资本运作”。至案发时，被告人韩某某已成为该传销体系的“老总”级别，层级达3级以上，其组织、领导的参与传销活动人员累计未达120人但已达30人以上。被告人韩某某在非法传销体系中负责审核下线人员的“申购单”，起组织、管理作用。一审法院认为，被告人韩某某的行为已构成组织、领导传销活动罪。被告人的辩护人在庭审中提出被告人韩某某在组织、领导传销活动中帮助上线范某某审核申购材料，起次要作用，是从犯的辩护

① 参见广西壮族自治区北海市中级人民法院（2017）桂05刑终179号刑事裁定书。

意见，由于公诉机关不指控被告人韩某某的行为构成共同犯罪，且现有证据也不足以认定被告人与其他人构成共同犯罪，故一审法院对被告人韩某某不作区分主从犯处理。[①]

（四）本罪主从犯区分的本书观点

虽然本罪的共同犯罪与其他的共同犯罪一样，是否需要区分主从犯不能一概而论，而要因个案而异，具体情况具体分析，但是是否需要划分主从犯根据的是共同犯罪中的具体情况（事实层面），而本罪应否存在或者应否划定主从犯则是一个理念乃至法律层面的问题。笔者认为，尽管本罪处罚的是组织者、领导者，但在本罪为共同犯罪的形式下，各组织者、领导者在共同犯罪中的作用大小仍然存在差异，因而为区别对待各行为人的刑事责任，体现刑罚个别化原则，笔者赞同上述理论界以及实务界关于本罪在共同犯罪形式下应当区分主从犯的观点和实践。

第一，对本罪的共同犯罪人进行主从犯区分符合刑法对共同犯罪人进行分类的立法目的。

目前世界多数国家刑法以“分工”或者“作用”为标准对共同犯罪人加以分类。例如，《泰国刑法典》以分工为标准将共同犯罪人具体划分为正犯与从犯（其所谓从犯包括教唆犯和帮助犯）。[②]《日本刑法典》也以分工为标准将共同犯罪人划分为正犯、帮助犯和教唆犯三类，其第 60 条规定：“二人以上共同实行犯罪的，都是正犯。”第 61 条规定：教唆他人实行犯罪的，判处正犯的刑罚。第 62 条规定：帮助正犯的，是从犯。[③]而《俄罗斯联邦刑法典》则是以分工为标准将共同犯罪人的具体种类划分为实行犯、组织犯、

① 参见广西壮族自治区北海市海城区人民法院（2017）桂 0502 刑初 431 号刑事判决书。

② 参见《泰国刑法典》第 83 条、第 84 条及第 86 条，吴光侠译，中国人民公安大学出版社 2004 年版，第 19 页。

③ 参见《日本刑法典》，张明楷译，法律出版社 2006 年版，第 27 页。

教唆犯和帮助犯。[①]我国《刑法》采取以作用为主、以分工为辅的混合标准，将共同犯罪人划分为主犯、从犯、胁从犯及教唆犯四种具体类型。其中，主犯、起次要作用的从犯、胁从犯是以共同犯罪人在共同犯罪活动中的作用进行的分类，而教唆犯及起辅助作用的从犯则是以共同犯罪人在共同犯罪活动中的分工进行的分类。由于共同犯罪是多人参与的犯罪，各个参与人往往在共同犯罪中所处的地位高低或者所起的作用大小不一，所以“对共同犯罪人的分类，从根本上说，是为了解决各共同犯罪人的刑事责任问题”，[②]即对他们的刑罚处置必然要予以区别对待，这也是包括我国在内的世界多数国家刑法对共同犯罪人加以分类并据此确定不同的刑事责任的缘由以及目的所在。因此，在本罪存在共同犯罪的情形下，无论是以凡组织者、领导者均为主犯，还是以传销组织体系庞大、复杂或者以传销者间不具有共同的犯罪故意和行为为由，而一味反对或者排除主从犯的区分显然与刑法对共同犯罪人进行分类的立法目的相悖。另外有必要强调的是，主张传销组织体系庞大、复杂而不予区分主从犯的观点，应当说是司法惰性在作祟。因为，刑事审判的任务就是要分清共同犯罪各参与人的刑事责任，就是为了最后的处理结果能够符合罪责刑相适应的原则，做到公平与公正，从而实现预防犯罪的刑罚目的。实际上，传销组织体系越体现出庞大、复杂的特征，越有主从犯存在的可能，从而就越有划分主从犯的必要。所以，以传销组织体系庞大、复杂而主张不予区分主从犯，是没有任何道理的。

第二，对本罪的共同犯罪人进行主从犯区分完全与司法实践相符。

首先，实践中传销共同犯罪存在特殊共同犯罪（犯罪集团）的情形，且此种形式的传销共同犯罪不在少数。我国《刑法》第 26 条第 2 款规定：“三人以上为共同实施犯罪而组成的较为固定的犯罪组织，是犯罪集团。”据此，构成犯罪集团必须同时具备如下三个条件：一是主体条件，即必须由三人以

---

① 参见《俄罗斯联邦刑法典》第 33 条，黄道秀译，北京大学出版社 2008 年版，第 13 页。

② 高铭暄、马克昌主编:《刑法学》，北京大学出版社、高等教育出版社 2017 年版，第 172 页。

上组成；二是目的条件，即必须为共同实施犯罪而组成；三是组织条件，即犯罪组织较为固定，所谓“较为固定”，是指组建犯罪组织的行为人准备长期或者多次实施某种犯罪活动。那么在三人以上发起、策划并建立起传销组织的情况下，该传销组织显然就同时具备了上述三个条件，因而无疑属于传销犯罪集团。作为传销犯罪集团，就意味着成员之间必定存在领导与被领导的关系，亦即不仅必然有组织者、领导者、指挥者，也必然有普通或者一般的参与传销人员，后者在前者的领导、指挥下实施传销犯罪活动。根据我国《刑法》第26条和第97条的规定，在犯罪集团中起组织、策划、指挥作用的犯罪分子是首要分子，是当然的主犯。既然如此，在传销犯罪集团中发起、策划、建立传销组织并操纵、指挥其他传销者实施传销活动的，即为首要分子，是当然的主犯。在一个犯罪集团中，不可能所有的参与人员均为首要分子，所以在传销犯罪集团中也不可能将所有的组织者、领导者均划入首要分子的范畴，那么就一定存在除首要分子之外的主犯乃至从犯。上述所举莫某某、李某某1、李某某、陈某某、何某某五人组织、领导的“1040资本运作项目”传销活动案，以及伊某某、杨某某、蒋某三人组织、领导的“中国国际建业联盟”传销活动案，两案的审理法院均认为各被告人不是各自传销组织的发起者、策划者、操纵者，因而悉数将他们认定为从犯，这样的处理结论无疑是正确的。其次，传销组织者、领导者间的作用大小有的存在比较明显的差异，如前述所举的樊某某等组织、领导传销案，该案中的老总级别人员与经理级别人员间所体现出的作用大小就是例证。该案经审理查明：老总级别人员负责管理自己伞下的团队，组织自己的下线人员召开工作会议，参与召集刚晋升老总级别的人员开“老总自制会”，对新晋升老总进行培训，同时积极发展下线。部分较高级别的老总负责设立并管理伞下的经理室，作为自己伞下传销体系的管理中枢，并指定伞下有能力的经理级别人员进入经理室工作，从中任命大经理作为经理室的负责人。经理室的大经理按照各自分工，分别管理本体系的份额申购、传销能力的学习培训、传销组织的安全保密等工作。为收取申购款和发放工资（传销组织内对瓜分下线申购款的称呼），部分老总开通或要求负责申购的经理室成员开通工商银行理财金账户，作为收取伞下人员申购款或者发放工资的公共账号，这些账号的U盾及密码由该部分老总掌控。这些老总通过核查经理室上报的申购人员名单及排线排位图表，根据本传销体系的工资发放规则计算并通过网上银行发放本体系内人员的工资。该案中经理级别人员负责管理好自己的伞下人员，向上线老总上报伞下人员的申购情况，下传老总下达的行业通知、指示信息，组织自己的下线人员召开行业工作会议，组织学习行业的文件精神、通知，对下线人员进行邀约技巧的训练、传授给新人洗脑的方法，同时积极发展下线。部分经理由于能力突出，被上线老总指派进入经理室，成为大经理，负责具体管理本体系的份额申购、传销能力的学习培训、传销组织的安全保密等工作。其中部分大经理晋升为老总级别后，仍然兼任大经理工作。① 从中可以看出，即便老总级别的传销者不属于整个传销组织的发起人、策划人、操纵人，但就其自己的体系而言，其与经理级别的传销者以及担任“经理室”的大经理等“下属”在共同犯罪中作用的大小存在明显的差异。因为老总级别人员不仅掌握着任命大经理等“人事任命”大权，还掌控着收取申购款和发放工资等财务大权。而经理级别的人员完全在老总级别人员的指挥、监督下开展一些诸如上传下达行业通知、指示信息或者邀约技巧的训练、传授给新人洗脑的方法等工作，而这些工作在传销活动中不具有绝对的支配力，因而其所起的作用明显是次要的。由此，如果对老总级别人员与经理级别人员不作主从犯区分，那么对后者而言一定是有失公允的。

第三，主张凡为组织者、领导者即为主犯的观点是对刑法和司法解释规定的误读。

如前所述，立法只将组织者、领导者作为本罪的处罚范围，是为了限缩传销犯罪的打击面。也就是说，在众多参与传销的人员中，刑法只是遴选出

---

① 参见广西壮族自治区南宁市西乡塘区人民法院（2017）桂0107刑初710号刑事判决书。

那些值得处罚的组织者、领导者作为本罪的处罚对象，而除此之外的传销者则不予纳入刑法的视野。根据《传销刑事案件适用意见》的规定，本罪组织者、领导者的认定范围是在传销活动中起发起、策划、操纵作用的人员，或者在传销活动中承担管理、协调、宣传、培训等职责的人员，以及其他对传销活动的实施，传销组织的建立、扩大等起关键作用的人员。然而所谓的“起关键作用”的组织者、领导者，是相对于那些非组织者、领导者的传销人员而言的，并不能认为这些被纳入处罚范围的组织者、领导者就必定是主犯。具言之，司法解释以“起关键作用”作为限定，只是一种用于划定组织者、领导者范围的说明词或者修饰语，它表示在参与传销的众多人员中只有符合“起关键作用”条件的，才能被认定为本罪的组织者、领导者。由于非组织者、领导者的传销人员根本不属于犯罪人，所以相对于这些非犯罪人来说，那些组织者、领导者就不能均言之为主犯，否则非组织者、领导者就只能言之为从犯，但显然不能得出如此的结论。因此，司法解释将那些对传销活动的实施，传销组织的建立、扩大等起关键作用的人员认定为组织者、领导者，其只是划定组织者、领导者的范围，但并不能将“关键作用”与“主犯”予以绝对等同。也就是说，对传销的扩大起巨大或者关键作用，只是说明其可以作为组织者和领导者纳入本罪处罚，并不能因此将其悉数确定为主犯，从而排除主从犯的区分。如上所述，在组织者、领导者这一范围内，实践中这些人员在共同犯罪中的作用大小有的存在比较明显的差别。因此，上述王某某3等组织、领导传销活动罪案，一审法院主张“传销组织的组织者、领导者对于传销组织的发展、组织、管理等均起主要作用，均是主犯”的观点明显是对法律及司法解释规定的曲解。

第四，实行行为在共同犯罪中并非一定起主要作用。

如前所述，本罪的组织者、领导者，不管是发起、策划、操纵的人员，还是履行管理、协调、宣传、培训等职责的人员，均为实行犯。实行行为是直接实施刑法分则规定的某一犯罪的客观要件的行为，可以说没有实行行为就不可能达到犯罪的预期，所以从分工的角度来看，实行犯所起的作用往往大于教唆犯、帮助犯。但在均为实行犯的情况下，并不是所有共同犯罪人在实行行为中所起的作用大小均保持一致，有的可能会存在较大或者明显的差异，这也是我国刑法对共同犯罪人分类采取以作用标准为主、以分工标准为辅的原因，也是采取此种分类方法的优势所在。因为，“以分工为标准的分类，比较客观地反映了共同犯罪人在共同犯罪中从事什么样的活动，便于对共同犯罪人的行为定罪，但它没有揭示他们在共同犯罪活动中起了什么样的作用，不利于正确解决各自的刑事责任”,[①]张明楷教授也认为，德日刑法典规定的正犯、帮助犯、教唆犯是定罪意义上的概念，而我国刑法中规定的主犯、从犯、胁从犯是一种量刑情节，这样的规定体现出我国在认定共同犯罪中的主犯、从犯上较德日认定正犯、共犯要实质得多。因为，按照日本的标准，某些共同犯罪行为可以认定为正犯，但在我国，相同的共同犯罪行为可能会被认定为从犯，因此，我国的主犯、从犯较德日的正犯、共犯而言，包含了更多的实质判断内容。[②]其意思是，对共同犯罪人的分类在采取“作用”标准的情况下，不仅可以甄别出正犯（实行犯），更重要的是能够区别出主犯与从犯，从而解决共同犯罪人各自的刑事责任大小问题，以利于实现罪责刑相适应的原则。

司法实践中有许多案例显示，被纳入“组织者、领导者”范畴的传销人员，在具体传销工作中充当的是协助的角色（是指实行行为的协助，并非帮助犯的帮助行为）。对于此类人员，虽然其在传销活动中有看似积极的实行行为，对传销活动的实施以及传销组织的扩大也起着关键作用，但此种关键作用只是将此类传销者纳入刑法评价的说明或者修饰语，亦即作为认定组织者、领导者的条件，并不能由此确定其在组织、领导传销活动中起的作用一定是主要的。事实上，既然行为人被认定为协助，那么其在共同犯罪中起的就应当是次要的作用。因为，协助就是在他人的安排、调配

① 高铭暄、马克昌主编:《刑法学》，北京大学出版社、高等教育出版社 2017 年版，第 172 页。

② 参见张明楷:《刑法的私塾》，北京大学出版社 2014 年版，第 172 页。

或者在他人的指挥、操纵之下工作，对某事的发起、发展不可能具有支配性，亦即多数情形下其工作是被动的、机械性的，因此将实行协助行为的人一律确定为主犯，是没有任何道理的。笔者认为，鉴于在具体传销工作中充当协助角色的“组织者、领导者”不具有领导、操纵、指挥等支配性的地位，将其认定为从犯不仅符合刑法理论，也与实践相适应。例如，张某某、秦某某组织、领导传销活动罪案，该案经审理查明，“蝶贝蕾”传销组织以参加者缴纳2900元购买“商品”获得加入资格成为会员，以直接或间接发展的人数作为晋升和返利的依据，其晋升顺序依次为会员、推广员、培训员、代理员、代理商。被告人张某某、秦某某分别于2012年3月、2013年2月加入“蝶贝蕾”传销组织。2016年10月，张某某成为该传销组织代理商层级，负责管理整个传销网络。2017年，秦某某晋升为该传销组织培训员层级，与他人共同协助张某某管理传销组织的9个寝室40余名成员在静海区继续发展新会员。一审法院认为，被告人张某某、秦某某的行为构成组织、领导传销活动罪。在共同犯罪中，被告人秦某某所起作用相对较小。① 显然，该案中的被告人秦某某虽然处于传销组织的培训员层级，显示出积极组织、领导（实行行为）的一面，但毕竟其是协助张某某管理传销组织的，因此法院认定其在共同犯罪中的作用小于张某某，这一处理无疑是正确的。

另外，对于后面加入传销组织的层级较低的组织者、领导者，一方面其可能是被引诱甚至是被胁迫加入传销组织的，另一方面其一旦加入传销组织就只能积极地发展下线（可以说是一种“无奈”的举动），因此被上线发展加入传销组织的传销者，从某种程度上说是处于“被害者”的角色。那么，将那些后面加入传销组织的组织者、领导者划定为从犯，是完全合情理的。同时，后面加入传销组织的组织者、领导者，没有参与传销组织的建立过程，亦即传销组织的运营模式、传销规则等均与后加入者无关，尽管后加入者对传销活动的实施以及传销组织的扩大起到了推波助澜的作用，但是这种

① 参见天津市静海区人民法院（2018）津0118刑初110号刑事判决书。

作用毕竟对传销活动的开展不具有支配性，只能是次要的。例如，董某某等组织、领导传销活动案，该案经审理查明，自2016年12月以来，被告人董某某以承德县康鹿商贸有限公司名义，用消费返利模式在承德县大兰窝村兰馨家园小区底商构建“康鹿互生系统平台”，由其子被告人董某1负责网络后台操作，其又拉拢被告人何某某、何某某拉拢被告人闫某某、闫某某又拉拢被告人顾某某陆续加入，帮助董某某讲解平台的运作模式、发展会员。“康鹿互生系统平台”以销售鹿产品、提供体检服务为名，要求参加者缴纳6000元购买商品，获得加入该平台的资格，并按照一定的顺序组成层级，直接或者间接以发展人员的数量作为返利的依据，引诱参加者继续发展他人参加，大肆开展传销活动，共发展会员80余人，层级在3级以上。一审法院认为，被告人董某某、何某某、闫某某、顾某某、董某1的行为已构成组织、领导传销活动罪，在共同犯罪中，被告人董某某在传销活动中系起发起、策划和操纵作用的人员，系主犯。被告人何某某、闫某某、顾某某、董某1在传销活动中承担讲课宣传、培训、协调招募会员、网络注册、报单等重要职责，对于传销活动的实施、扩大等起关键作用，亦构成共同犯罪，但属从犯，应从轻或减轻处罚。[①]显然，此案中的被告人何某某、闫某某、顾某某、董某1在先后加入传销组织前，该传销组织的传销机制“康鹿互生系统平台”就已经由被告人董某某创设，同时关于会员资格取得的要求、等级设置、返利方式等传销制度或者规则也均已由被告人董某某事先制定，上述四被告人在加入后只不过是在既有的运营模式及制度之下按部就班地开展工作，对公司传销活动的具体开展既无策划举措，也无操纵行为，同时各自的工作内容均由董某某安排、调配，因此，四被告人在传销活动中所实施的行为具有服从性和被动性，其所起的作用明显要小于作为发起人的被告人董某某，因而处理此案的一审法院将被告人何某某、闫某某、顾某某、董某1均认定为从犯，无疑是正确的。

---

① 参见河北省承德县人民法院（2018）冀0821刑初139号刑事判决书。

从以上案例看出，上述持反对区分本罪主从犯者以本罪的共同犯罪人“不是传销犯罪集团的首要分子，就是在传销犯罪集团中或者在一般共同犯罪中起主要作用的‘其他主犯’，因而均是主犯，没有从犯存在的余地”的观点，显然是难以成立的。

第五，组织者、领导者间的作用大小易于厘清与厘定。

根据我国《刑法》第 26 条第 1 款的规定，主犯分为两种：一是组织、领导犯罪集团进行犯罪活动的犯罪分子，即首要分子；二是在共同犯罪中起主要作用的犯罪分子，包括在犯罪集团中起主要作用的犯罪分子和在一般共同犯罪中起主要作用的犯罪分子。同时根据《刑法》第 27 条第 1 款的规定，从犯也分为两种：一是在共同犯罪中起次要作用的犯罪分子；二是在共同犯罪中起辅助作用的犯罪分子。

由于我国《刑法》第 97 条已经明确首要分子是指在犯罪集团中起组织、策划、指挥作用的犯罪分子，因而对于何为主犯的讨论，主要集中在共同犯罪中起主要作用的首要分子以外的犯罪分子（包括在犯罪集团中起主要作用的犯罪分子和在一般共同犯罪中起主要作用的犯罪分子）。学界一般认为，首要分子以外的“其他主犯”，其起主要作用的表现主要为：（1）积极参加犯罪集团的分子。即该类行为人虽然不是犯罪集团的组织者、领导者，但在犯罪集团中出谋划策，特别卖力地进行犯罪活动。（2）在一般共同犯罪中直接实行犯罪起主要作用的分子，即在共同犯罪中起主要作用的实行犯。比如，在共同犯罪中直接造成严重危害后果，建言献策在完成共同犯罪中起着关键作用，在共同犯罪中罪恶重大或情节特别严重等。[①] 至于对共同犯罪中起次要作用的从犯的理解及认定，我国刑法理论界一般认为，所谓起次要作用的正犯是相对于起主要作用的正犯而言的，是指虽然直接参加了

---

① 参见马克昌主编：《犯罪通论》，武汉大学出版社 1999 年版，第 565 页。类似观点还可参见高铭暄、马克昌主编：《刑法学》，北京大学出版社、高等教育出版社 2017 年版，第 173 页；林亚刚：《刑法学教义（总论）》，北京大学出版社 2014 年版，第 521 页；等等。

实施犯罪构成客观要件的行为，但衡量其所起的作用仍属于次要的犯罪分子。比如，在犯罪集团中，听命于首要分子而参与了某些犯罪活动，或者在一般共同犯罪中，参与实施了一部分犯罪活动。一般来说，起次要作用的正犯具体罪行较小、情节较轻，没有直接造成严重后果。[①]

依据上述理论，以传销组织中的组织、领导与被组织、被领导之间的界限处于不固定状态而难以分清主从犯为由，从而主张对本罪共同犯罪人不予或不应区分主从犯的观点是难以成立的。的确，与其他共同犯罪不同，本罪的共同犯罪存在其自身的特点，亦即其是通过上线发展下线、下线又发展下线的方式组成“金字塔”式的犯罪组织体系，在这样一个体系中，似乎某个成员相对上线来说是从犯，但相对下线来说又是主犯，从而容易以分不清为由得出无界分主、从犯必要的结论。但是如前所述，厘清与厘定传销者在共同犯罪中各自所起的作用大小并不困难。一是在本罪的共同犯罪形式属于犯罪集团的情形下，组织、领导传销犯罪集团进行犯罪活动的是主犯。此处的“组织、领导”应为处于传销犯罪集团最顶层的三人以上少数人的行为，作为传销犯罪，这些“少数人”无疑就是最先的发起者、策划者乃至操纵者。而这些“少数人”对其他传销者有绝对的组织、领导权，而不存在被其他传销者组织、领导的可能。所以，作为传销犯罪集团的少数首要分子，其与其他参与传销的人员的领导与被领导的关系，完全是固定的。而这种固定关系的存在，肯定能将其中的主犯（即首要分子）清晰地遴选出来。二是在本罪属于一般共同犯罪的情形下，居于发起、策划地位的一人至二人也同样肯定被纳至主犯的范围，因为他（们）是传销规则的制定者、具体开展传销活动的操纵者，与其他传销者间是固定的领导与被领导的关系。例如，李某某1等组织、领导传销活动案，该案原审法院认定，2005年9月至2010年10月，李某某1相继在中国香港特别行政区和内地注册成立了斐梵国际（亚太）有限公司、斐贝（国际）集团有限公司、

① 参见陈兴良：《规范刑法学（上册）》，中国人民大学出版社2013年版，第246页。

斐贝国际电子商务（北京）有限公司、深圳斐贝电子商务有限公司、斐玛特（香港）电子商务有限公司、深圳斐玛特电子商务有限公司等多个自然人独资或由李某某1实际控制的公司。李某某1通过上述公司，招募、组织人员通过网络店铺，以销售美体内衣、健康食品、护肤品、日用品的名义从事传销活动。原审法院认为，被告人李某某1、郭某某、陶某、黄某某、王某某、马某系该传销组织的发起者、策划者、管理者或宣传者，对该组织的建立及逐步壮大起重要作用，其行为均已构成组织、领导传销活动罪，且均应认定为犯罪情节严重。被告人马某作为斐梵会员之一，其犯罪行为限于泰安范围内，相对斐梵公司这一全国性传销组织，马某仅对该组织的发展、壮大起次要作用，应当认定为从犯，依法予以减轻处罚。[①] 此案中的被告人马某之所以被认定为从犯，是因为其在山东泰安所发展的传销组织是斐梵公司这一全国性传销组织的分支体系，那么显然，其与斐梵公司发起者、策划者始终是领导与被领导的关系，且这种关系不可能发生改变。三是除发起、策划者之外的在传销组织中处于最高或者较高级别的一般传销者，这些高级别的传销者可以认定为除首要分子之外的“其他主犯”。因为，按照传销犯罪的特点，能在传销组织中处于高级别的人员，说明其发展了较多的人员及组建了较高的层级，同时按照传销规则，处于高级别的人员也由此获得了领导或支配下线、下下线的地位，从而肯定其在传销活动中起到了主要作用。四是在所有被纳入刑罚处罚范围的组织者、领导者中，由于处于最低或者较低级别的传销人员无从谈及对那些没有被纳入处罚的传销者的领导或者支配，因而其肯定始终处于被领导或者被支配的地位，这种地位不会随着传销活动的开展而得以改变。从以上四个方面可以看出，传销组织中的组织、领导与被组织、被领导之间的界限不仅是固定的，而且各行为人在传销活动中所起的作用大小也是清晰、明显的，从而对其区分主从犯并不困难。

① 参见山东省泰安市中级人民法院（2014）泰刑三终字第29号刑事判决书。

第六，不予区分主从犯难以实现罪责刑相适应的目标。

如果将凡是纳入本罪处罚范围的组织者、领导者均认定为主犯，那么在实际运用刑罚时就容易产生与罪责刑相适应原则相冲突的状况。应当说，除传销组织的发起者、策划者、操纵者之外，《传销刑事案件适用意见》将中途加入传销组织的承担管理、协调、宣传、培训职责的人员划为组织者、领导者的范围，虽然这部分人员对传销活动的实施、传销组织的扩大起着关键的作用，但毕竟中途加入者对整个传销组织的发展、壮大作用相对较小。同时，即使都属于后来加入者，在传销组织中取得较高级别的人员相比级别较低的人员来说，其肯定对整个传销组织的贡献相对要大。因此，在不区分主从犯的情况下，即便对级别较低或者其他作用相对较小的行为人在量刑时酌定从轻考虑，也不能真实反映其在整个传销犯罪活动中的罪责程度，前文提到的王某某3等组织、领导传销活动案便是此种情形的典型例证之一。在该案被指控的18名被告人中，被告人王某某3、张某某、周某某、张某2、张某1、李某、王某某1、常某某、刘某、郑某某被认定为传销组织中的老总级别人员，被告人王某某2、王某、郭某某、李某某、丁某某、陈某某、乔某、战某某被认定为经理级别人员，上述各被告人均被作为主犯处罚（但根据各被告人在传销组织中的层级、作用大小等量刑时予以区别），最后法院依照各被告人的犯罪事实、情节及社会危害性程度，作出如下判决：（1）被告人王某某3犯组织、领导传销活动罪，判处有期徒刑1年7个月，并处罚金人民币50万元；（2）被告人张某某犯组织、领导传销活动罪，判处有期徒刑1年7个月，并处罚金人民币50万元；（3）被告人周某某犯组织、领导传销活动罪，判处有期徒刑1年6个月，并处罚金人民币40万元；（4）被告人张某2犯组织、领导传销活动罪，判处有期徒刑1年6个月，并处罚金人民币40万元；（5）被告人李某犯组织、领导传销活动罪，判处有期徒刑1年6个月，并处罚金人民币40万元；（6）被告人张某1犯组织、领导传销活动罪，判处有期徒刑1年5个月，并处罚金人民币35万元；

（7）被告人王某某1犯组织、领导传销活动罪，判处有期徒刑1年5个月，并处罚金人民币35万元；（8）被告人常某某犯组织、领导传销活动罪，判处有期徒刑1年5个月，并处罚金人民币35万元；（9）被告人刘某犯组织、领导传销活动罪，判处有期徒刑1年5个月，并处罚金人民币35万元；（10）被告人郑某某犯组织、领导传销活动罪，判处有期徒刑1年5个月，并处罚金人民币35万元；（11）被告人王某某2犯组织、领导传销活动罪，判处有期徒刑1年4个月，并处罚金人民币20万元；（12）被告人王某犯组织、领导传销活动罪，判处有期徒刑1年4个月，并处罚金人民币20万元；（13）被告人郭某某犯组织、领导传销活动罪，判处有期徒刑1年4个月，并处罚金人民币20万元；（14）被告人李某某犯组织、领导传销活动罪，判处有期徒刑1年4个月，并处罚金人民币20万元；（15）被告人丁某某犯组织、领导传销活动罪，判处有期徒刑1年3个月，并处罚金人民币15万元；（16）被告人陈某某犯组织、领导传销活动罪，判处有期徒刑1年3个月，并处罚金人民币15万元；（17）被告人乔某犯组织、领导传销活动罪，判处有期徒刑1年3个月，并处罚金人民币15万元；（18）被告人战某某犯组织、领导传销活动罪，判处有期徒刑1年3个月，并处罚金人民币15万元。[①] 从以上判决结果看出，虽然法院对众被告人量刑时进行了区别对待，但是，各被告人所获刑罚，有的相互之间只相差1个月，最高的刑罚（1年7个月）与最低的刑罚（1年3个月）也就相差4个月。如上所述，作为老总级别的人员不仅掌握任命大经理等“人事任命”大权，还掌控着收取申购款和发放工资等财务大权，而经理级别的人员完全在老总级别人员的指挥、监督下开展一些诸如上传下达行业通知、指示信息或者邀约技巧的训练、传授给新人洗脑的方法等在传销活动中不具有绝对支配力的工作，显然上述对处于经理级别的被告人所作的量刑与其罪责程度不成比例，从而与罪责刑相适应原则相悖。

---

① 参见广西壮族自治区南宁市青秀区人民法院（2015）青刑初字第894号刑事判决书。

再如前文提到的马某某组织、领导传销活动案，该案经审理查明，2015年8月，同案人李某1成为深圳南宇众创投资管理有限公司的钻石级会员，经筹备后于同年10月30日在广西北海市注册成立北海南宇众创投资管理有限公司。该公司的股东（发起人）为李某1、姜某和高某1，李某1出资60万元（占比60%）、姜某出资20万元（占比20%）、高某1出资20万元（占比20%）。李某1为执行董事、法定代表人。被告人马某某属于公司带薪上岗人员，于2015年11月到北海南宇众创投资管理有限公司工作，负责后勤。2016年3月，马某某任该公司副经理，主管该公司财务工作，负责收取新会员投资款。从2016年3月14日起至同年5月16日止，马某某名下的工商银行账户收到会员投资款共5208000元。一审法院认为，被告人马某某伙同他人以创业投资为名，要求参加者以缴纳投资款的方式成为会员，并按照一定顺序组成层级，主要以发展人员的数量作为计酬依据，引诱参加者继续发展他人参加，骗取他人财物，扰乱社会经济秩序，其行为触犯《刑法》第224条之一，构成组织、领导传销活动罪，且情节严重，最后判处马某某有期徒刑5年6个月，并处罚金人民币160万元。[①]显然，此案中的同案人李某1、姜某和高某1为了实施传销犯罪，所成立的公司（固定犯罪组织）即为传销犯罪集团，三人无疑属于首要分子，是当然的主犯。但从本案的判决思路来看，司法机关对涉案的各被告人并不予区分主从犯处理，而是将被告人马某某也置于主犯的地位，该做法值得商榷。如前所述，马某某在该案中充任的是一个“带薪上岗”人员角色，其与所聘任公司完全是一种劳务关系，其能否被纳入本罪的组织者、领导者尚值得质疑，可马某某不仅被作为组织者、领导者追究刑事责任，而且还被划为主犯的范畴，就更值得质疑了。实际上在该案的庭审中，马某某的辩护人提出“马某某是根据李某1的安排代为收取新会员现金，不是其本人发展新会员收取，且收取新会员的款项由李某1转给公司账户及孙某，马某某没有相应

---

① 参见广西壮族自治区合浦县人民法院（2018）桂0521刑初44号刑事判决书。

的分红和提成。另外，马某某在该公司工作的时间比较短，其领取的工资是从事工作的劳务报酬。因此，马某某在本案中起次要辅助作用，是从犯”的辩护意见。而一审法院则认为：“马某某是该公司副经理，负责财务工作，即收取新会员投资款等，在传销组织中承担管理职责，在共同犯罪中起主要作用，是主犯，应当按照其所参与的全部犯罪处罚。”笔者认为，辩护人主张马某某属于从犯的观点是值得赞同的。虽然马某某在公司担任副经理，负责财务及后勤管理，但其实际是该传销组织中李某 1、姜某和高某 1 的雇员，其工作内容必须在雇主的安排下进行，按照雇主的指使按部就班地从事其本职工作，也不直接从传销活动中参与分红或者依据层级人数收取返利或者提成，而是固定从公司领取月薪，同时，其并不承担发展下线的任务，其工作的开展不具有开创性，因而其对传销活动的实施及传销组织的扩大所起的作用无疑是次要的。另外，严格来讲马某某的行为并不是传销的实行行为，而是帮助行为。因为，本罪的实质特征在于组织者、领导者要求参加者以缴纳费用或者购买商品、服务等方式获得加入资格，并按照一定顺序组成层级，直接或者间接以发展人员的数量作为计酬或者返利依据，引诱、胁迫参加者继续发展他人参加。据此，本罪的实行行为应是与建立和发展传销组织以及具体开展传销活动直接相关的行为。显然，马某某负责收取入会款及转款的行为只是一种辅助性质的行为。由此，即便马某某的行为是传销的实行行为，其在共同犯罪中的作用也是次要的，是从犯；即便将马某某的帮助行为纳入本罪处罚（如前所述，帮助行为不属于本罪的处罚范围），那么其肯定也是从犯。综上可见，司法机关对涉该案的犯罪人员不予区分主从犯，而是将马某某确定为本案的主犯进行处罚，使其无法获得从轻或者减轻处罚的待遇，对马某某最后的处理结果（判处有期徒刑 5 年 6 个月）自然与罪责刑相适应原则存在一定的冲突。

第八章

组织、领导传销活动罪的罪数形态

犯罪作为一种社会现象，无疑会表现出复杂性和多样性的特征。司法实践中，有的行为人实施一个行为往往会同时触犯多个罪名；有的行为人为实施某种犯罪，采取的手段行为也构成犯罪，亦即目的行为与手段行为均构成不同的犯罪。如此情形下，对行为人究竟是定一罪还是数罪，是司法实践中需要解决的问题。而研究罪数形态，实际就是在理论上给出区分一罪与数罪的标准，从而为司法提供适用方案。“罪数论的机能，就是要作出判断：当行为触犯多个罪名时，何时须数罪并罚，何时须择一罪处断，如何择一罪处断。简言之，罪数论的机能就是判断竞合之数罪名应择一罪处断还是数罪并罚。”[①]因此，“区分罪数，既关系到对行为人的正确定罪，也关系到正确适用刑罚”。[②]

由于传销活动的组织者、领导者在组织、领导具体的传销活动中，多数情况下会伴随出现诸如非法拘禁、集资诈骗、销售伪劣产品以及伪造、变造国家机关公文、证件、印章与公民身份证件等违法犯罪行为，甚至还会发生诸如故意伤害、敲诈勒索、妨害公务、聚众扰乱社会秩序等犯罪行为，所以在司法实践中，处理传销犯罪时同样要面临区分一罪与数罪的问题。尽管《传销刑事案件适用意见》对于传销犯罪中同时触犯集资诈骗罪以及实施故意伤害等行为应如何适用罪名的问题作出了规定，但由于司法解释对实施本罪时同时触犯其他犯罪或者犯本罪并实施其他行为而构成犯罪的，

---

① 庄劲：《罪数的理论与实务》，中国人民公安大学出版社2012年版，第7页。

② 林亚刚：《刑法学教义（总论）》，北京大学出版社2014年版，第545页。

应如何处理并没有作出比较详尽的安排，因而有必要对本罪的罪数形态加以进一步厘清与厘定。

一、本罪的想象竞合犯问题

“想象竞合犯，也称为想象数罪、观念上的数罪，或想象并合犯等，是指一个行为同时触犯数个罪名的犯罪形态。”[①]既然想象竞合犯是想象的数罪，所以在理论上被确定为实质一罪的类型，亦即在司法适用中应竞合为一个罪进行处置。对于想象竞合犯的处断原则，按照我国目前的理论通说，应“择一重罪”处理，也就是说，依据犯罪事实选择其中一个法定刑最重的罪进行处理即可。

从目前的司法实践看，在传销犯罪活动中极易与本罪产生想象竞合的是销售伪劣产品罪、虚假广告罪以及强迫交易罪。在司法实务界，有人认为行为人实施销售伪劣产品、虚假广告以及强迫交易的行为是实现传销目的的方法（手段）行为，因而如果行为人构成销售伪劣产品罪、虚假广告罪及强迫交易罪的，应与本罪按牵连犯的原则处理。其中有人特别指出，销售伪劣产品行为相对于传销活动而言，属于高概率出现的行为，会经常用于传销犯罪活动之中，因而根据牵连关系的判断标准，属于两个行为分别触犯不同罪名的牵连犯情形；[②]也有人认为销售伪劣产品罪、虚假广告罪及强迫交易罪的基本刑均低于本罪的基本刑（销售伪劣产品罪的基本刑最高为 2 年有期徒刑、虚假广告罪的基本刑最高为 2 年有期徒刑、强迫交易罪的基本刑最高为 3 年有期徒刑），它们是轻行为，而传销犯罪行为是重行为（其基本刑最高为 5 年有期徒刑），因此二者间成立吸收关系，亦即传销行为吸收销售伪劣产品、虚假广告及强迫交易行为，应以本罪一罪处理。笔者认为，

---

① 林亚刚:《刑法学教义（总论）》，北京大学出版社 2014 年版，第 547 页。

② 参见许佳:《组织、领导传销活动罪罪数的区分》，载《中国检察官》2014 年第 19 期。

上述观点值得商榷。

刑法理论一般认为，牵连犯是指行为人实施某一犯罪，所采取的手段（方法）行为或者结果行为又触犯其他罪名的犯罪形态。“具体说，行为人的目的，仅意图犯某一罪，实施的方法行为或实施的结果行为，另外触犯了其他不同罪名，其方法行为与目的行为，或原因行为与结果行为之间具有牵连关系，这种犯罪现象，就是牵连犯。”[①]可以看出，牵连犯为实质的数行为构成数罪的犯罪形态。但是，在传销活动中实施销售伪劣产品、虚假广告及强迫交易的行为本身就是传销行为的组成部分（亦即传销行为在客观上本身就包含了销售伪劣产品、虚假广告及强迫交易的行为），因而属于一行为触犯多个不同罪名的情形，并不是数行为触犯数个不同的罪名。首先，根据《刑法》第140条的规定，生产、销售伪劣产品罪，是指生产者、销售者在产品中掺杂、掺假，以假充真，以次充好或者以不合格产品冒充合格产品，销售金额5万元以上的行为。如前所述，传销活动的组织者、领导者寻找或者定制某种产品的行为是本罪的预备行为，而在本罪客观方面的实行行为中，要求“以推销商品、服务等经营活动为名”以及“参加者购买商品、服务获得加入资格”，那么组织者、领导者向加入者销售某种商品的行为，实际就是传销行为。如果行为人销售的是伪劣产品，且销售金额达5万元以上的，即同时构成本罪和销售伪劣产品罪。其次，根据《刑法》第222条的规定，虚假广告罪，是指广告主、广告经营者、广告发布者违反国家规定，利用广告对商品或者服务作虚假宣传，情节严重的行为。传销活动的组织者、领导者（同时为广告主）在组织、领导传销活动中，往往会对其所提供的商品或者服务的质量、用途、性能、价格等做一番诸如夸大或者歪曲的宣传，以诱使他人参加传销组织，其虚假广告的行为如果情节严重，即构成虚假广告罪。而本罪的客观方面要求“以推销商品、服务等经营活动为名”，因此虚假广告的行为实际是传销行为中的

① 马克昌主编：《犯罪通论》，武汉大学出版社1999年版，第680页。

一部分，亦即虚假广告行为与传销行为是不能区分的一个行为，如果组织者、领导者的虚假广告行为情节严重，即同时构成本罪和虚假广告罪。最后，根据《刑法》第226条的规定，强迫交易罪，是指以暴力、威胁手段强买强卖商品，强迫他人提供或者接受服务，强迫他人参与或者退出投标、拍卖，强迫他人转让或者收购公司、企业的股份、债券或者其他资产，强迫他人参与或者退出特定的经营活动，情节严重的行为。本罪的客观方面之一表现为“要求参加者购买商品、服务获得加入资格”，而此处的“要求”虽然并不一定是传销活动的组织者、领导者采取暴力、威胁等手段，但也不能一概排除其会采取暴力、威胁等手段。例如，谭某某等组织、领导传销活动案便是典型例证。该案中的被告人谭某某等人加入了“天津天狮”传销组织，该组织设立了一道特别的“考察”程序，通过上课、限制人身自由等方式要求受骗人员缴纳2800元购买一套“天津天狮”产品成为业务员，并以拉人头或继续投资作为提升级别和获利的依据，要求参加该组织的人员购买产品或发展下线，否则就不能离开该组织的活动地点和自由通信。[①]那么，如果传销活动的组织者、领导者采取暴力、威胁手段，要求参加者购买其提供的某种商品或者接受其提供的某种服务且情节严重的，即同时构成本罪和强迫交易罪。据上，在传销活动中实施销售伪劣产品、虚假广告及强迫交易的行为与传销行为显然是同一个行为中的不同举动或者阶段，既然是一个行为，那么它们就不符合牵连犯的数行为分别构成数个不同罪名的本质特征，因而上述三罪名与本罪之间自然不存在牵连关系的余地。

另外，本罪与销售伪劣产品罪、虚假广告罪及强迫交易罪之间的关系也不符合吸收犯的特征。因为，“吸收犯中产生竞合的两行为之间有明显的主从重轻之分”，[②]而本罪与后三者间显然不具有明显的主从重轻之分。尽管

① 参见江西省赣州市中级人民法院（2018）赣07刑终219号刑事裁定书。

② 陈兴良主编:《刑法总论精释（下）》，人民法院出版社2016年版，第717页。

本罪的基本刑高于后三者的基本刑，但是在加重处罚的情形下，销售伪劣产品罪与强迫交易罪的法定刑又可能高于本罪。其中，销售伪劣产品罪的第一档加重刑是 2 年以上 7 年以下有期徒刑，第二档加重刑是 7 年以上有期徒刑，第三档加重刑是 15 年有期徒刑或者无期徒刑，而强迫交易罪的加重刑是 3 年以上 7 年以下有期徒刑。可见，并不能绝对确定销售伪劣产品及强迫交易的行为为轻行为，并被本罪行为所吸收。这是其一。其二，吸收犯“数个犯罪行为中一个犯罪行为不具有独立性，而另一犯罪行为具有独立性，前者以不同的表现形式依附于后者而存在”。[①] 而传销行为与销售伪劣产品、虚假广告及强迫交易行为之间并不存在所谓独立与非独立的情况而产生依附的问题，如上所述，行为人在传销活动中实施销售伪劣产品、虚假广告及强迫交易的行为，看似实施了多个行为，而且传销行为与后三种行为看似关系密切而具有吸收关系的存在，但是在传销活动中实施的上述行为，本身就是传销活动的行为内容，所以并不发生独立与非独立而产生依附的状况，从而缺乏相互吸收的事实基础。其三，从吸收犯吸收关系的形式来看，不管是重行为吸收轻行为、实行行为吸收预备行为（或非实行行为），还是主行为吸收从行为，行为人实施的这些行为所侵害的客体具有相同性，而且往往针对同一犯罪对象发生。而行为人在组织、领导传销活动中，其实施的销售伪劣产品、虚假广告及强迫交易的行为并不针对同一对象，而且本罪与后三罪所侵害的客体也表现出不同（虽然本罪与后三罪均为破坏社会主义市场经济秩序罪，但它们各自的直接客体存在差异）。所以，传销行为与销售伪劣产品、虚假广告及强迫交易的行为相互间也就不存在吸收关系的可能。

综上，笔者认为，犯本罪并实施销售伪劣产品、虚假广告及强迫交易行为并构成犯罪的，应按想象竞合犯处理，根据案件事实择一重罪处罚。亦即，如果本罪需处以的法定刑高于后三罪的，就按照本罪论处；如果本罪

① 高铭暄主编：《刑法专论（上编）》，高等教育出版社 2002 年版，第 415 页。

需处以的法定刑低于后三罪的，则依销售伪劣产品罪和强迫交易罪论处（由于虚假广告罪最高法定刑为 2 年有期徒刑，所以当本罪与虚假广告罪竞合时，一般以本罪定罪处罚）。

二、本罪的法条竞合问题

由于本罪以“骗取财物”为要件，因而实施传销活动犯罪，会同时触犯集资诈骗、诈骗等罪。对于本罪与集资诈骗罪、诈骗罪间究竟是想象竞合抑或法条竞合的问题，刑法理论界与司法实务界均存在不同的观点。由于选择法条竞合或想象竞合的法律后果不同（即前者有可能按照特别法优于普通法处理，也可能按照重法优于轻法处理，而后者按照目前的通说只能遵循重法优于轻法的处理原则），所以正确厘定本罪与集资诈骗罪、诈骗罪间究竟是法条竞合犯还是想象竞合犯，具有十分重要的实践意义。

（一）本罪与集资诈骗罪的关系

行为人在传销中往往以投资某一项目能获取高额回报为由诱使他人参与传销活动，并从中建立层级关系层层骗取后参加者的财物，所以实施传销行为实际上就是集资诈骗的过程，属于典型的一行为触犯两个不同罪名的竞合情形。不过，理论界和实务界对二者究竟是想象竞合还是法条竞合，存在不同的看法。赞同二者属于想象竞合关系的人认为，成立诈骗型传销组织的行为，同时就是骗取他人财物的行为，因而属于一行为触犯数罪名的想象竞合，又由于组织、领导传销活动罪与集资诈骗罪侵害的法益不同，因而二者不应存在法条竞合关系。那么，组织、领导诈骗型传销活动的行为，同时触犯集资诈骗罪的，属于想象竞合，应从一重罪处罚。[①] 赞同二者属于法条竞

① 参见张明楷：《刑法学（下）》，法律出版社 2016 年版，第 838 页。

合关系的人认为，组织、领导传销活动罪与集资诈骗罪不应存在特别法与普通法的法条竞合关系，但可以认为存在交互竞合关系，按照从一重罪处断的原则处理。[①] 传销组织与传销活动具有合一性，组织、领导传销活动就是组织、领导传销组织，行为人组织、领导传销网络的建立、扩大只有一个危害后果，不存在组织、领导传销组织和组织、领导传销活动的区分，不具备成立想象竞合犯的一个行为造成两个以上危害后果的特征。同时，虽然传销行为和集资行为之间存在手段与目的的关系，但是作为诈骗实行行为之一的取得财物行为，却是同一的。也就是说，行为人为了实现诈骗的目的，实施了集资和传销两种行为，其中传销是扩大集资的手段，而最终作为诈骗的取得财物行为是共同的，只有一个，且侵害的主要法益相同，不具备成立想象竞合犯的条件。基于此，组织、领导传销活动罪与诈骗罪之间是包容法条竞合关系，而与集资诈骗罪、合同诈骗罪等之间是交叉法条竞合关系，按照重罪优于轻罪的原则，适用处罚更重的规定。[②] 从上述争论看出，虽然两种观点对本罪与集资诈骗罪的竞合形态的性质归结不一，但是最后的处理结论是一致的，即不论是想象竞合还是法条竞合（交叉竞合），均为择一重罪处置。另外有必要提及的是，虽然《传销刑事案件适用意见》第 6 条第 1 款对本罪与集资诈骗罪的关系作出了规定，即“以非法占有为目的，组织、领导传销活动，同时构成组织、领导传销活动罪和集资诈骗罪的，依照处罚较重的规定定罪处罚”，但显然，该司法解释的这一规定实际上并没有表明两罪的关系到底是想象竞合还是法条竞合。如上所述，在法律没有明文规定的情况下，交叉的法条竞合与想象竞合都是遵循依一重罪处罚的原则，所以，上述司法解释的“依照处罚较重的规定定罪处罚”，既可以是想象竞合犯的处罚原则，也可以是法条交叉竞合犯的处罚原则。不过，实务界有人在解读上述司法解释时认为，以非法占有为目的，组织、领导传销活动，同时构成组织、领导

---

① 参见陈兴良:《组织、领导传销活动罪：性质与界限》，载《政法论坛》2016 年第 6 期。

② 参见袁彬:《我国治理传销犯罪的基本逻辑及其展开》，载《经贸法律评论》2020 年第 3 期。

传销活动罪和集资诈骗罪的，是行为人实施一个行为，同时触犯了多个罪名，属于想象竞合犯，应当从一重罪处断。[①]

理论上一般认为，法条竞合的范围包括两种类型：其一是从属关系的竞合，即一犯罪的构成要件完全为另一犯罪的构成要件所包容，表现为一罪的适用范围均小于另一犯罪；其二是交叉关系的竞合，即一犯罪的构成要件与另一犯罪的构成要件相互包容，表现为某罪的适用范围有的大于另一犯罪，有的小于另一犯罪，形成我中有你、你中有我的相互包容。[②]按照陈兴良等学者的观点，尽管其认为刑法中的法条竞合关系可分为独立竞合（即普通法与特别法的竞合，此种竞合适用特别法优于普通法的规则）、包容竞合（即整体法与部分法的竞合，此种竞合适用整体法优于部分法的规则）、交叉竞合（即轻法与重法的竞合，此种竞合适用重法优于轻法的规则）和偏一竞合（即基本法与补充法的竞合，此种竞合适用基本法优于补充法的规则）四类，但其同时认为法条竞合是因构成要件要素之间逻辑上的全同、从属、交叉关系而产生，这些构成要件要素的组合，在整体上形成了罪名之间的从属、交叉关系。[③]因此，总括起来，法条竞合的范围仍然是从属竞合（或者包容）和交叉竞合两种类型。对于上述关于法条竞合范围的观点，有学者提出了不同的看法。例如，张明楷教授就认为，从实质上看，法条竞合的基本类型是特别关系，亦即只有当两个法条处于包容关系时，才能成立法条竞合。因此，交叉关系是想象竞合，而不是法条竞合。[④]由此看来，厘定本罪与集资诈骗罪竞合时究竟是想象竞合还是法条竞合，首先要解决的是法条竞合存在的类型问题。即如果法条竞合只存在包容型竞合而不包括交叉型竞合，那么，二罪无疑是一种想象竞合的关系；反之，如果法条竞合包括包容和交

① 参见陈国庆、韩耀元、吴峤滨：《关于办理组织领导传销活动刑事案件适用法律若干问题的意见：七条规定明确了六方面问题》，载《检察日报》2014年1月20日第003版。

② 参见庄劲：《罪数的理论与实务》，中国人民公安大学出版社2012年版，第97页。

③ 参见陈兴良主编：《刑法总论精释（下）》，人民法院出版社2016年版，第638—670页。

④ 参见张明楷：《刑法学（上）》，法律出版社2016年版，第464—465页。

叉两种类型的竞合，则二罪应当属于法条竞合的关系（即交叉竞合）。因为集资诈骗罪的客观方面表现为使用诈骗方法非法集资并骗取集资款数额较大的行为，因此在“骗取财物”的范围内二者无疑存在交叉的部分包容关系。

如上所述，罪数论的机能是解决择一罪处断还是数罪并罚的问题。换言之，研究法条竞合的目的就是建立其适用的规则，最终解决行为人的定罪处罚问题。根据目前理论界的共识，在刑法立法没有作出特别规定的情况下，法条竞合所遵循的适用原则要么为特别法优于普通法，要么为重法优于轻法。亦即，在法条属于从属（完全包容）竞合的情形下，适用特别法优于普通法的规则，而在交叉竞合的情形下，则择一重罪处罚。可见，交叉竞合最后的处理结论实际上与想象竞合是一致的。既然如此，有人认为，厘定法条竞合的范围只存在从属竞合这一种类型（排除交叉竞合），从而只单纯探索及解决刑法分则中存在的从属关系的罪名与适用原则，应当说这不仅可以解决理论上的困惑，而且也便于实践操作。如有学者指出：“在我国刑法语境下，可以将法条竞合理解为‘特别关系’的一种，这既符合思维经济原则，也有利于争议的解决。”①

笔者认为，本罪与集资诈骗罪是法条竞合（交叉竞合）关系。首先，法条竞合是立法错综复杂的结果，这是一个无法改变的事实，本罪与集资诈骗罪存在交叉竞合，正是这一事实的体现。亦即从立法为两罪安排的构成要件上看，集资诈骗罪在客观上表现为行为人使用诈骗方法实行了非法集资（即未经有权机关批准而向社会公众募集资金）并骗取集资款的行为，而本罪在客观上表现为要求参加者缴纳“入门费”或者购买商品、服务等方式获得加入的资格，并按照一定顺序组成层级，同时要求参加者继续发展他人参加，而行为人（组织者、领导者）则从新发展的传销人员所缴纳的“入门费”或者所购买的商品、服务等获取的资金中瓜分利益。由此，本罪在

---

① 马乐：《如何理解刑法中的“本法另有规定”——兼论法条竞合与想象竞合的界限》，载《甘肃政法学院学报》2016 年第 4 期。

行为方式上实际也有向社会公众（传销人员）募集资金的性质，其与集资诈骗罪的行为方式并无本质的区别，只不过实施本罪的行为人是采取传销的方式非法集资。可见，实施集资诈骗的行为人和实施本罪的行为人，在客观上均使用了诈骗的方法（只不过各自使用的具体方法不同），主观上均具有骗取他人财物的目的，二者无疑表现出了交叉竞合的内容。因此，即便二者无论在想象竞合抑或交叉竞合的情况下其适用的最后结果是一致的，但也改变不了立法所体现出的二者存在交叉竞合的事实，而不能人为地做出取舍，排除法条交叉竞合的存在。何况，想象竞合犯与法条竞合犯本身就是两个不同的犯罪形态，具有各自的成立标准（二者的区分标准详见下述），也具有各自独立存在的意义。其次，有学者认为，想象竞合原本为数罪，只是作为科刑的一罪处理，因而在判决中应当明示被告人的行为触犯数个罪名，只是按其中最重的犯罪量刑而已。由此，只要承认想象竞合的明示机能，就不能承认交叉关系属于法条竞合，只能认为交叉关系属于想象竞合。持该观点的学者以《刑法》第 266 条（诈骗罪）与第 279 条（招摇撞骗罪）为例，认为如果仅认定为招摇撞骗罪，就没有评价行为对财产的不法侵害内容，如果只认定为诈骗罪，就没有评价行为对国家机关公共信用的不法侵害内容。所以，只有认定为想象竞合，在判决中明示行为触犯上述两个罪名，只是适用一个重法定刑，才能全面评价行为的不法内容。① 但是，只以想象竞合具有明示机能就确定法条的交叉关系属于想象竞合，并没有道理。因为，想象竞合需要有明示机能，相关法律对此并没有作出明文规定。同时，即便想象竞合需要有明示机能，那也只不过是一种形式上的体现，其并不具有任何的实质意义，也就是说，虽然在判决中明示行为人触犯了数个罪名，但最后还是处以其中的一个重罪而已，其余轻罪并没有得到实质性评价。因此，以想象竞合的明示机能否定法条的交叉竞合是难以成立的。

① 参见张明楷:《刑法学（下）》，法律出版社 2016 年版，第 485—486 页。

（二）本罪与诈骗罪的关系

在刑法理论界，对于本罪与诈骗罪产生竞合时，二者究竟是想象竞合还是法条竞合，形成了激烈的争论。张明楷教授认为，组织、领导诈骗型传销组织的行为，同时就是骗取财物的行为，属于典型的一行为侵害数法益、触犯数罪名的想象竞合犯。因此，组织、领导以骗取财物为目的、以传销活动为外表的传销活动同时触犯普通诈骗等罪的，应当以想象竞合犯从一重罪处罚；[①]欧阳本祺教授也认为，本罪的实行行为是"组织、领导"，法条中的"骗取财物"与"缴纳费用或者购买商品""拉人头""扰乱社会经济秩序"等要件都旨在修饰和限定"传销活动"，亦即不具有这些要件的行为，可以构成行政违法的"传销活动"，但不是刑事违法的"传销活动"。因此，组织、领导传销活动罪与诈骗罪之间在法定的构成要件上原本不具有包容或者交叉关系，只是由于同一行为导致两个罪名呈现想象竞合关系，应从一重罪（即诈骗罪）处断，这既符合刑法理论，又维持了罪刑均衡原则；[②]还有学者从传销中的"骗取财物"与法律上纯粹的"诈骗"犯罪活动不是同一法律属性的立场出发，认为如果在传销活动中，组织者、领导者或者其他参加者以非法占有他人财物为目的，诱使他人参与"传销"的，应成立组织、领导传销活动罪与诈骗罪的想象竞合犯，应当从一重罪论处。[③]与上述观点完全相反，陈兴良教授则认为，将《刑法》第224条之一的罪名确定为组织、领导传销活动罪，这一罪名本身就值得推敲，较为合理的罪名应该是传销诈骗罪。而组织、领导传销活动罪作为传销诈骗罪，其与诈骗罪之间显然存在特别法与普通法的竞合关系。即组织、领导传销活动罪属于传销

① 参见张明楷：《传销犯罪的基本问题》，载《政治与法律》2009年第9期。

② 参见刘传稿：《厘清认定难点，治理传销犯罪——专访东南大学法学院教授欧阳本祺》，载《人民检察》2017年第17期。

③ 参见马克昌主编：《百罪通论（上卷）》，北京大学出版社2014年版，第480页。

诈骗罪，是诈骗罪的特殊法。[①] 其言外之意是，本罪与诈骗罪之间是法条竞合关系，因而在法律或司法解释没有作出特别规定的情况下，应根据特别法优于普通法的适用原则，以本罪定罪处罚；赵秉志教授等学者也认为，《刑法修正案（七）》规定的组织、领导传销活动罪是一种专门的、特殊的规定，它与诈骗罪的法律规定之间是一种特别法与一般法的关系，在同时构成两种犯罪的情况下，对“拉人头”“骗取入门费”这种传销的组织者、领导者应以组织、领导传销活动罪追究刑事责任。[②]

笔者认为，要厘定本罪与诈骗罪是想象竞合还是法条竞合，首先需要解决的是法条竞合与想象竞合的区分标准。而法条竞合与想象竞合的区分一直以来都是刑法理论和刑事司法实务争论的焦点及认定难点。目前我国刑法理论界就区分法条竞合与想象竞合的标准问题，大致存在以下几种思路。一是从法条间所体现的逻辑关系进行区分。这种区分标准是我国刑法理论的通说。如高铭暄教授认为，法条竞合是指一个犯罪行为同时触犯两个法律条文，其中一个法律条文的内容为另一个法律条文所包含。如果一个法律条文的内容不能为另一个法律条文的内容所包含，致使一个犯罪行为触犯这样两个法律条文规定的罪名，就不是法条竞合，而是想象竞合。[③] 马克昌教授指出，所谓法条竞合是指一个犯罪行为，同时触犯数个法律条文，其中一个法律条文成为另一法律条文的一部分，而想象的数罪，所触犯的数法条不存在这种关系。[④] 陈兴良教授也认为，想象竞合犯的特征在于一行为触犯数罪名，且数罪名之间并不存在逻辑上的从属或者交叉关系，这是想象竞合犯与法条竞合犯的根本区别所在。[⑤] 二是从犯罪构成的角度区分法条竞合与想象竞合。该种区分方法主要是从行为、罪过和结果的个数进行，

---

① 参见陈兴良：《组织、领导传销活动罪：性质与界限》，载《政法论坛》2016 年第 2 期。

② 参见赵秉志主编：《刑法修正案最新理解适用》，中国法制出版社 2009 年版，第 80 页。

③ 参见高铭暄：《刑法问题研究》，法律出版社 1994 年版，第 209—210 页。

④ 参见马克昌：《想象的数罪与法条竞合》，载《法学》1982 年第 1 期。

⑤ 参见陈兴良：《本体刑法学》，中国人民大学出版社 2011 年版，第 490 页。

认为法条竞合是一行为、一罪过和一结果，而想象竞合则往往是一行为、数罪过和数结果。[①] 三是从想象竞合的“一行为”和“数罪名”两个关键特征的反思以区分法条竞合。如有学者认为，想象竞合犯与法条竞合犯均是一行为触犯数罪名，但想象竞合的一行为，是自然意义的一行为，其中竞合了多个构成要件意义的行为。亦即，想象竞合犯是外观同一的自然行为而触犯数罪名，但该同一的自然行为实际上蕴含了多个具有刑法意义的行为，是多个刑法上的行为的竞合。同时，法条竞合所触犯的数罪名的构成要件，其保护法益具有同一性，而想象竞合情形下其保护法益是不同的。[②] 四是以其中一个法规或犯罪构成能否对行为进行全面而充分的评价来区分法条竞合与想象竞合。如有学者认为，由一个犯罪构成可以最恰当、最全面地评价犯罪行为，是法条竞合犯的本质特征。法条竞合犯在形式上符合数个犯罪构成，并不意味着行为人的犯罪行为要接受数个犯罪构成的多重评价。在数个犯罪构成中只有一个犯罪构成可以最恰当地评价行为人的整个犯罪行为，这是法条竞合犯区别于想象数罪的根本标志。想象竞合犯也触犯数罪名，符合数个犯罪构成，但用哪一个犯罪构成都无法全面评价其犯罪行为。[③] 五是以行为侵犯法益的单复数进行区分。如有学者认为：“法益数应该成为决定法条竞合是否存在的依据，而法条竞合以一行为或数行为侵犯单一法益为必要。”[④] 还有学者指出，想象竞合犯构成特征的核心内容是一行为同时侵犯数个法益。[⑤] 六是以形式和实质两种方法结合起来区分法条竞合与想象竞合。如张明楷教授认为，两个法条之间存在包容或交叉关系，是法条竞合的形式标准，区分二者的形式标准是必要的，但其只是一个前提性标准。

---

① 参见高铭暄、马克昌主编:《刑法学》，北京大学出版社、高等教育出版社 2017 年版，第 188 页；马克昌主编:《犯罪通论》，武汉大学出版社 1999 年版，第 678 页；吴振兴:《罪数形态论》，中国检察出版社 2006 年版，第 180 页。

② 参见庄劲:《罪数的理论与实务》，中国人民公安大学出版社 2012 年版，第 204 页。

③ 参见姜伟:《犯罪形态通论》，法律出版社 1994 年版，第 413—414 页。

④ 许玉秀:《当代刑法思潮》，中国民主法制出版社 2005 年版，第 775—776 页。

⑤ 参见王志祥:《结果加重犯的未遂问题新论》，载《法商研究》2007 年第 3 期。

除了形式标准之外，还必须有实质标准：法益的同一性与不法的包容性。也就是说，即使符合了形式标准，如果不符合实质标准，也不能认定为法条竞合，而只能认定为想象竞合乃至实质的数罪。[①] 还有学者认为，对于一个犯罪事实到底是想象竞合犯还是法条竞合犯的判断，能够起到有效区分作用的，是将全面评价说（形式区分方法）和法益说（实质区分方法）这两个互为表里的方法相结合，以此达到区分想象竞合犯与法条竞合犯的目标。[②]

上述林林总总的观点从不同的角度为想象竞合与法条竞合的区分提供了相应的标准，应当说它们均具有其一定的立论依据。不过，有的观点尚值得商榷。例如，以行为侵犯的法益是否为单复数或者以形式标准与实质标准（法益的同一性与不法的包容性）相结合用以区分法条竞合与想象竞合，由于刑法分则规定的犯罪有的侵犯单一法益，有的侵犯复数法益，即便是刑法分则同一章、同一节规定的罪名，各自保护的具体法益亦表现出不同性，更重要的是，某个罪名保护的法益究竟是何种法益、是单一法益还是复数法益、复数法益又是哪几种法益，有的情况下并不明确。另外，所谓形式的标准与实质的标准不过是一枚硬币的两面，区分法条竞合与想象竞合的形式标准和实质标准并不冲突，形式标准恰恰以实质标准为依据，实质标准被具体化到形式标准中。[③] 所以，上述第五种和第六种观点以行为侵犯的法益完全具有同一性或者侵犯的法益完全是单一的则属于法条竞合的观点，是无法在实践中得到有效适用的。

笔者认为，法条竞合之所以产生，完全是因为法律错杂的规定而引发的，这一点理论界不存在任何争论，正如陈兴良教授所言，想象竞合与法条竞合的根本区分应从事实与法律的关系入手。想象竞合是一种犯罪竞合，因而是一个事实问题，而法条竞合是一种法律竞合，因而是一个法律问题。

---

① 参见张明楷：《法条竞合与想象竞合的区分》，载《法学研究》2016 年第 1 期。

② 参见张爱晓：《犯罪竞合基础理论研究》，中国人民公安大学出版社 2011 年版，第 136 页。

③ 参见马乐：《如何理解刑法中的“本法另有规定”——兼论法条竞合与想象竞合的界限》，载《甘肃政法学院学报》2016 年第 4 期。

确切地说，当一个行为触犯的两个法条之间存在罪名之间的从属或交叉的逻辑关系时，为法条竞合，如果不存在这种逻辑关系，则为想象竞合。[①]由此，厘定想象竞合与法条竞合的区分标准，其实就应回到立法层面寻找答案，亦即从法条间所体现的逻辑关系或者从犯罪构成的角度（行为、罪过和结果的个数）来判断何为法条竞合、何为想象竞合，此种判断方法既简单，又具有可操作性。

综上，笔者认为本罪与诈骗罪应为法条竞合，而非想象竞合，具体理由如下。

其一，刑法分则中罪与罪之间出现的刑罚不平衡问题，只能通过完善立法予以解决，而不能有意通过理论对法条竞合做取舍。应当说，持想象竞合观点的学者的最大忧虑实际是，如果将本罪与诈骗罪竞合认定为一种法条竞合的关系，那么就只能依特别法优于普通法的适用规则以本罪定罪处罚，而本罪的法定刑显然低于诈骗罪，这样就会导致罪责刑不相适应的状况。所以，当传销行为人确实骗取了财物而又触犯了普通诈骗罪时，应以想象竞合犯处理（从一重罪处罚），“唯此，才能实现刑法的正义性”，[②]同时“这既符合刑法理论，又维持了罪刑均衡原则”。[③]的确，本罪的法定刑最高只有15年有期徒刑，而传销犯罪活动往往参与人数众多，而且涉及金额也特别巨大，同时还伴随诸如非法拘禁、强迫交易以及严重扰乱社会管理秩序等行为，按理其比普通诈骗罪具有更严重的社会危害性，理应设置出至少与其处于同条的合同诈骗罪相同的法定刑。所以，本罪作为普通诈骗罪的特殊法条，在依据特别法优于普通法的原则予以适用的情况下，就会产生罪责刑不相适应的问题。但是这一问题的出现，仅是因立法的不足而导致，只能通过法律体系（各罪法条）自身的协调予以解决（详见后述），并

---

① 参见陈兴良：《刑法竞合论》，载《法商研究》2006年第2期。

② 张明楷：《刑法学（下）》，法律出版社2016年版，第838页。

③ 刘传稿：《厘清认定难点，治理传销犯罪——专访东南大学法学院教授欧阳本祺》，载《人民检察》2017年第17期。

不能由此否认本罪与诈骗罪属于法条竞合的客观事实，更不能通过人为地设置其他标准用以区分想象竞合与法条竞合，否则即是违反立法规律、不尊重立法事实的表现，也是对法条竞合本质特征的背反。应当说，即使上述认为本罪与诈骗罪为想象竞合关系的学者，恐怕也不会否认法条竞合是因立法而产生问题。法条竞合是由于刑法条文之间错综复杂的规定，使得一个法条所规定的构成要件与另一个法条所规定的构成要件之间具有包容或交叉关系。既然如此，又为何弃置立法于不顾而将本罪与诈骗罪的关系勉强认定为想象竞合呢？所以，本罪与诈骗罪属于想象竞合的观点显然是自相矛盾的体现。

其二，传销的过程同时就是骗取财物的过程，因此本罪的“骗取财物”实际是实行行为。上述主张想象竞合的学者，一方面认为成立诈骗型传销组织的行为，同时就是骗取他人财物的行为；另一方面又认为本罪的“骗取财物”仅仅“是对诈骗型传销组织（或者活动）的描述”，[①] 是对“传销活动”的修饰和限定，这显然又是自相矛盾的体现。如前所述，“骗取财物”是本罪客观上的构成要件，理由在于其是实行行为。也就是说，实施传销活动的行为人在组建层级关系的过程中本身就是在不断骗取他人（下线）的财物，没有骗取财物就不能形成层级，而形成了层级就意味着骗取了财物，二者是同一个行为中的两个举动，因而骗取财物实际就是传销的实行行为。所以，认为“骗取财物”只是作为一种对传销活动进行修饰或者限定的单纯描述，其理由是完全站不住脚的。另外，持想象竞合观点的学者承认“骗取财物”与传销活动是一个行为，且属于一行为触犯数个罪名的情形，但是在法条竞合的情形下，也是一行为触犯不同的罪名，以此为前提得出本罪与普通诈骗罪属于想象竞合而非法条竞合的结论，显然有强词夺理之嫌。

其三，本罪“骗取财物”的性质与其他诈骗犯罪的“骗取财物”具有

① 张明楷:《刑法学（下）》，法律出版社2016年版，第838页。

同一性。有学者认为，传销中的“骗取财物”与法律上纯粹的“诈骗”犯罪活动不是同一法律属性，这一观点是难以接受的。因为，理论上一般认为普通诈骗罪的客观方面表现为行为人用虚构事实或者隐瞒真相的方法骗取数额较大的公私财物，而本罪的客观方面是“以推销商品、提供服务等经营活动为名”（实践中还有以“低投资高回报”等为诱饵），诱使他人加入传销组织，但事实上均为一些噱头或者道具而已，行为人实际上是通过层级关系的建立，层层瓜分那些后加入者所缴纳的“入门费”，所以，实施传销的行为人使用的那些“噱头”或者“道具”实质就是对他人虚构了事实或者隐瞒了真相，两者在本质上并无二致。换言之，传销的组织者、领导者只不过是借用了诸多牟利的名义，向广大参与者宣传通过传销手段获得巨额利益，其实质或者最终目标还是要占有他人财物（可以这样肯定，现实中根本就不存在不骗取财物的传销行为）。由此，认为传销中的“骗取财物”与法律上纯粹的“诈骗”犯罪活动不是同一法律属性，并以此为由将本罪与诈骗罪的关系认定为想象竞合，是一种不尊重法律和客观事实的表现。同时，如果上述观点成立的话，那么诸如集资诈骗、合同诈骗等特殊诈骗罪与普通诈骗罪也不能形成特殊与一般的关系，但这一结论显然让众人难以接受。

其四，立法将本罪置于与合同诈骗罪同条，体现了立法者将本罪归为诈骗类犯罪的初衷。如前所述，在《刑法修正案（七）》的立法过程中，最初是将本罪置于非法经营罪一条中的，即作为第 225 条之一。后在草案的二次审议稿中，将本罪的法条改换到了与合同诈骗罪同条，即作为第 224 条之一。全国人民代表大会法律委员会于 2008 年 12 月 22 日在《关于〈中华人民共和国刑法修正案（七）（草案）〉修改情况的汇报》中，对一次审议稿第 4 条修改的缘由做出了如下说明：“有些常委委员和地方、部门、群众提出，草案对传销犯罪的规定比较笼统；将组织传销行为作为犯罪，其构成要件应由法律规定，不宜规定按行政法规的规定确定。法律委员会经同有关部门研究，建议对这一条作相应修改，对传销犯罪的行为方式和本质特征在刑法中作出明确规定。”为此，二次审议稿不仅全部取消了一次审议稿中关于本罪设置的内容，而且与合同诈骗罪相契合，在本罪的罪状中特别设置了“骗取财物”的要件。可以看出，二次审议稿的这一变动并不是一般意义上的适当调整，而是带有根本性的改变。亦即，其不仅明示了传销犯罪的行为方式（旨在惩治传销犯罪的具体组织、领导行为，而不是成立传销组织的行为），也明示了本罪在刑法典中属于诈骗性质。既然立法将传销的本质厘定为诈骗（骗取财物），那么本罪与合同诈骗罪一样，理应成为《刑法》第266条普通诈骗罪的特殊法条。

其五，本罪与普通诈骗罪属于法条竞合，符合刑法的一般理论。虽然想象竞合犯与法条竞合犯都是实施了一个行为，也均触犯了数个罪名，但是成立想象竞合犯，要求行为人行为时基于数个罪过，并产生数个结果，而法条竞合要求的是基于一个罪过，并产生一个结果。[①] 显然，行为人在实施传销犯罪活动时，其只能基于故意一个罪过（过失不可能构成本罪），且其行为所产生的结果（并非结果犯的“结果”）是一个，即被害人财物被骗取或者扰乱了市场秩序（虽然本罪侵害的为复杂客体，但如前所述，这些客体是同时产生的，因而只能计为一个结果）。所以，实施传销犯罪中同时触犯诈骗罪的情形，当为法条竞合。

三、本罪的牵连犯问题

“所谓牵连犯，是指行为人实施某种犯罪（即本罪），而方法行为或结果行为又触犯其他罪名（即他罪）的犯罪形态。”[②] 由于牵连犯实际上是数行为数罪，本应实施数罪并罚，但牵连犯“此等犯罪行为与其方法或结果行为，

---

① 参见高铭暄、马克昌主编:《刑法学》，北京大学出版社、高等教育出版社2017年版，第188页。

② 《刑法学》编写组:《刑法学（上册·总论）》，高等教育出版社2019年版，第266页。

本系可以独自成立犯罪，因其相互间有方法或结果之牵连关系，故未可与通常之复数犯罪同视，而须另有处断之标准”，[①] 所以刑法理论一般认为，在牵连犯的场合，按照择一重罪的原则处断。

牵连犯的重要问题是如何确定牵连关系，对此学界出现了客观说、主观说、主客观统一说及类型化说等不同的主张。其中主客观统一说认为，界定牵连关系应当兼顾主观要件和客观要件，即坚持以主客观相统一的立场来确定某行为间是否存在牵连关系。例如，马克昌等学者认为，任何犯罪都是主客观两方面要件的统一，缺其一方面犯罪就不能成立。这个原理，对于牵连犯同样适用，所以一种犯罪事实的两个行为有无牵连关系，应以行为人主观意思和犯罪行为的客观事实为标准进行考察。行为人主观上是为了实施一种犯罪而采取某种方法行为或因实施一种犯罪而采取某种结果行为，并且所实施的犯罪同触犯其他罪名的方法行为或结果行为之间事实上具有直接的不可分离的关系，才认为具有牵连关系。否则，如果主观方面与客观方面统一不起来，就没有牵连关系。[②] 高铭暄等学者也认为，牵连关系是以牵连意图为主观形式，以因果关系为客观内容构成的数个相对独立的犯罪的有机统一体。具体说，行为人在主观上必须具有牵连意图，且行为人实施的本罪行为与他罪行为之间必须具有内在的因果关系，缺少牵连意图和因果关系的任何一个因素，都不能形成牵连关系。[③] 由于牵连犯实际是将本属于数罪的情形择一重罪处理，显然有放纵犯罪之嫌，因而，在承认牵连犯的前提下，不能将行为人的行为随意认定为存在牵连关系，必须极力限制牵连犯的成立范围（即不能将所有近似牵连犯的情形均按照择一重罪的原则处断）。为此，近来越来越多的学者主张，只有具有类型化的手段与目的、原因与结果的关系时，才存在牵连关系。如张明楷教授认为：

---

① 韩忠谟：《刑法原理》，北京大学出版社 2009 年版，第 322 页。

② 参见马克昌主编：《犯罪通论》，武汉大学出版社 1999 年版，第 683—684 页。

③ 参见高铭暄主编：《刑法专论（上编）》，高等教育出版社 2002 年版，第 406—409 页。

"只有当某种手段通常用于实施某种犯罪，或者某种原因行为通常导致某种结果行为时，才宜认定为牵连犯。"[①]应当说上述观点是有道理的，如果用于实施某种犯罪的手段行为或者导致某种结果的原因行为不具有通常性，就会不当扩大牵连犯的成立范围，导致对多数的实质数罪不能实施数罪并罚，从而与罪责刑相适应原则相冲突。当然，牵连关系的认定，除手段行为与目的行为或者原因行为与结果行为具备"通常性"外，行为间的"紧密性"也应当是认定存在牵连关系的条件之一。由此，笔者认为，在坚持主客观相统一立场的基础上，行为人所实施的手段行为或结果行为具有通常性，或者行为之间具有紧密性的，应当认定存在牵连关系。具体说，手段行为与目的行为或者原因行为与结果行为，相互之间具有密切联系的（亦即具有因果关系或者具有不可分离性等），以及在目的行为的引导或在原因行为的作用下，手段行为的使用或结果行为的发生具有通常性或者当然性的，均可以成立牵连关系。基于此，行为人为了实施组织、领导传销活动的行为而首先实施其他手段行为的，如果手段行为具有通常性或者紧密性，就可以认定其与本罪形成牵连关系，对行为人以牵连犯的原则处理，否则应数罪并罚。

依据目前的司法实践，实施传销犯罪活动中会产生较多的牵连犯状况。实施传销活动的最后目的是"骗取财物"，所以行为人往往在正式实施传销活动前，要做较多的"铺垫"工作，以诱使更多的人参与传销活动，骗取他人更多的财物。这些"铺垫"工作，一般表现为伪造、变造、买卖国家机关的公文、证件、印章，或者伪造公司、企业、事业单位、人民团体的印章，或者虚报注册资本等。另外，在正式实施传销活动后，行为人为虚报发展下线人员数量或者蒙骗他人的需要，往往还会伪造、变造、买卖公民的身份证件以及非法获取公民个人信息，等等。以上这些传销活动实施前后的诸多行为，会分别构成伪造、变造、买卖国家机关的公文、证件、

① 张明楷:《刑法学（上）》，法律出版社 2016 年版，第 490 页。

印章罪，伪造公司、企业、事业单位、人民团体印章罪，虚报注册资本罪，伪造、变造、买卖身份证件罪，侵犯公民个人信息罪等。显然，上述诸犯罪行为与传销犯罪行为之间具有“通常性”或者“紧密性”，因而存在手段与目的的牵连关系，那么组织、领导传销犯罪活动的行为人在上述情形下，即均成立牵连犯，应当按照“择一重罪处断”的原则对行为人进行定罪处罚。具体来说，伪造、变造、买卖国家机关的公文、证件、印章罪的基本刑最高为 3 年有期徒刑，加重刑最高为 10 年有期徒刑；伪造公司、企业、事业单位、人民团体印章罪的法定刑最高为 3 年有期徒刑；虚报注册资本罪的法定刑最高为 3 年有期徒刑；本罪的基本刑最高为 5 年有期徒刑，加重刑最高为 15 年有期徒刑，相比之下显然本罪是重罪。所以，即便上述伪造、变造、买卖国家机关的公文、证件、印章，伪造公司、企业、事业单位、人民团体印章以及虚报注册资本等行为属于本罪的预备行为，也以本罪对行为人定罪处罚。伪造、变造、买卖身份证件罪与侵犯公民个人信息罪的基本刑均最高为 3 年有期徒刑，加重刑均最高为 7 年有期徒刑，因此本罪亦为重罪，应当以本罪对行为人定罪处罚。

值得探讨的是，行为人非法利用信息网络实施传销的行为构成犯罪的（即非法利用信息网络罪），究竟是以想象竞合犯还是牵连犯处理的问题。近年来随着网络的快速发展，众多违法犯罪活动从现实社会迁移到了网络空间，行为人利用网络的诸多优势或者特点在网络空间实施违法犯罪的行为，利用网络实施传销活动也无疑成了传销活动的组织者、领导者青睐的方法，如赵某某、刘某某等组织、领导传销活动案即为典型例证之一。经法院审理查明，2011 年年底，被告人赵某某通过窦某介绍加入天元公司做保健品销售，并随窦某学习通过网站销售产品发展会员的运营模式。2012 年 2 月，赵某某、刘某某商议建立一个网站，以网站发展会员的方式销售天元公司的“银花蒜宝胶囊”和“龙藏胶囊”保健品。2 月下旬，被告人赵某某、刘某某设立天元公司销售网站，并投入运营，网站域名为 www.sdtyswgs.com，二人负责网站的后台管理。赵某某、刘某某通过传销网站推行会员制度，构建了缴纳会员费注册成为会员并层层发展下线会员抽取提成返利的销售模式。2013 年 6 月底，被告人赵某某、刘某某将原传销网站关闭，重新制作了新的传销网站，网站域名更改为 wan.sdtymygs.com，去除了积分兑现功能，仍由二人对网站进行后台管理，从事传销活动。[①]由于 2013 年《传销刑事案件适用意见》颁布时刑法尚未设立非法利用信息网络罪，因而该司法解释没有对此作出规定。不过，2017 年最高人民法院、最高人民检察院《关于办理组织、强迫、引诱、容留、介绍卖淫刑事案件适用法律若干问题的解释》第 8 条第 2 款规定，利用信息网络发布招嫖违法信息，情节严重的，依照《刑法》第 287 条之一的规定，以非法利用信息网络罪定罪处罚；同时构成介绍卖淫罪的，依照处罚较重的规定定罪处罚。通过对上述规定的分析，笔者认为最高司法机关似乎是将利用信息网络与介绍卖淫的行为作为想象竞合处理的，因为上述规定的前半段与后半段以“同时”予以连接，为此利用信息网络与介绍卖淫就被确定为一个行为，这样就是一行为触犯两个不同的罪名，而利用信息网络所对应的法条与介绍卖淫所对应的法条并不存在包容关系，可以得出上述司法解释是将二者作为想象竞合处理的结论。但是，笔者认为这一处理是存在问题的。利用信息网络的行为已经被刑法规定为犯罪行为，其并不能为介绍卖淫的行为所包含，亦即二者不是同一行为（利用信息网络的行为不是介绍卖淫行为的组成部分），实际上是两种不同的行为，应当分别评价。因此，行为人利用信息网络发布招嫖违法信息，情节严重而构成非法利用信息网络罪，又构成介绍卖淫罪的情况下，应当以牵连犯处断，或者依据刑事政策对行为人实施数罪并罚。基于上述分析，在网络发达且利用率极高的状况下，行为人利用信息网络实施传销活动已具有通常性，即利用信息网络的手段行为与实施传销活动的目的行为之间的联系表现出了高度的紧密性乃至依赖性，因此，行为人利用信息网络组织、领导传销活动，均构成犯

① 参见山东省泰安市中级人民法院（2015）泰刑三终字第 18 号刑事裁定书。

罪的，应当以牵连犯处断。

另外值得探讨的是，行为人在组织、领导传销活动犯罪的过程中，实施了妨害信用卡管理行为的处理问题。对此，实践中形成了两种对立的观点。一种观点认为，妨害信用卡管理是手段行为，组织、领导传销活动是目的行为，二者形成牵连关系，在均构成犯罪的情况下，对行为人应以牵连犯进行处断；另一种观点认为，妨害信用卡管理与组织、领导传销活动两种行为不能形成牵连关系，应当分别评价，均构成犯罪的，对行为人实施数罪并罚。笔者且以张某甲、张某乙等组织、领导传销活动案为例，该案二审的基本信息摘要如下。①

原审判决认定：

2016年7月29日，被告人张某甲经他人介绍加入“善心汇”传销组织后，积极宣传“善心汇”来发展会员，并利用“善心汇”系统网络平台，要求参加者缴纳300元购买一个“善种子”才可获得加入资格成为普通会员，后按一定层级以发展的会员数量及缴纳的资金作为计酬或返利依据，通过“赠与”“受助”以及发展会员方式获利。其于2016年7月30日发展了被告人陶某某，于2016年8月5日发展了被告人张某乙，于2016年8月7日发展了被告人张某丙，于2016年8月8日发展了被告人杨某某，于2016年8月26日发展了被告人张某丁。经鉴定：“善心汇”系统平台网络共有75层，被告人张某甲属于B轮服务中心，账户创建时间为2016年7月29日，该账户在整个会员网络中处于第19层，其下级网络有13层，2618个会员账号；被告人张某乙属于A轮功德主，账户创建时间为2016年8月5日，该账户在整个会员网络中处于第20层，其下级网络有12层，754个会员账号；被告人陶某某属于A轮功德主，账户创建时间为2016年7月30日，该账户在整个会员网络中处于第20层，其下级网络有6层，273个会员账号；被告人张某丙属于普通用户，账户创建时间为

① 参见安徽省芜湖市中级人民法院（2020）皖02刑终40号刑事裁定书。

2016年8月7日，该账户在整个会员网络中处于第20层，其下级网络有6层，135个会员账号；被告人张某丁属于普通用户，账户创建时间为2016年8月26日，该账户在整个会员网络中处于第20层，其下级网络有4层，48个会员账号。另外，被告人张某甲、张某乙、陶某某、张某丙、张某丁、杨某某等人根据“善心汇”网站“善心汇众扶互生大系统”传销平台的特点，于2016年年底至2017年4月期间，共同出资成立“善心汇工作室”，以“均富共生，扶贫济困”名义，通过发放慈善款和米、油形式，招徕领取人向银行申领储蓄功能银行卡、手机卡达100余张，领取人申领成功后将卡、密码交由张某甲等人使用、支配。被告人张某甲等人利用他人名义的储蓄功能银行卡、手机卡在“善心汇”传销网络系统中进行传销犯罪活动。

原审判决：

原审法院认为，被告人张某甲、张某乙、陶某某、张某丙、张某丁构成组织、领导传销活动罪，其中被告人张某甲、张某乙、陶某某、张某丙属情节严重。同时，被告人张某甲、张某乙、陶某某、张某丙、张某丁、杨某某为壮大规模、扩大营利收入，以欺瞒真实使用用途的方式，发放扶贫款物为诱饵，非法获取他人银行卡，不具有合法使用、持有根据的情况下，持有的信用卡数量达100张以上，构成妨害信用卡管理罪，且数额巨大。被告人张某甲、张某乙、陶某某、张某丙、张某丁构成数罪，依法应数罪并罚。原审法院最后判决：一、被告人张某甲犯组织、领导传销活动罪，判处有期徒刑3年，并处罚金人民币5万元，犯妨害信用卡管理罪，判处有期徒刑1年，并处罚金人民币1万元，决定合并执行有期徒刑3年9个月，并处罚金人民币6万元；二、被告人张某乙犯组织、领导传销活动罪，判处有期徒刑2年6个月，并处罚金人民币2万元，犯妨害信用卡管理罪，判处有期徒刑1年，并处罚金人民币1万元，决定合并执行有期徒刑2年10个月，并处罚金人民币3万元；三、被告人陶某某犯组织、领导传销活动罪，判处有期徒刑2年，并处罚金人民币2万元，犯妨害信用卡管理罪，判处有期徒刑1年，并处罚金人民币1万元，决定合并执行有期徒刑2年6个月，并处罚金人民币3万元；四、被告人张某丙犯组织、领导传销活动罪，判处有期徒刑2年，并处罚金人民币2万元，犯妨害信用卡管理罪，判处有期徒刑1年，并处罚金人民币1万元，决定合并执行有期徒刑2年6个月，并处罚金人民币3万元；五、被告人张某丁犯组织、领导传销活动罪，判处有期徒刑1年，并处罚金人民币1万元，犯妨害信用卡管理罪，判处有期徒刑1年，并处罚金人民币1万元，决定合并执行有期徒刑1年6个月，并处罚金人民币2万元；六、被告人杨某某犯妨害信用卡管理罪，判处有期徒刑1年，宣告缓刑2年，并处罚金人民币1万元。

上诉理由：

张某甲、张某乙、陶某某、张某丙和张某丁提出上诉。其中上诉人张某甲、张某乙、陶某某、张某丙及其辩护人均对妨害信用卡管理罪定罪提出意见，认为张某甲、张某乙、陶某某、张某丙等人的行为不单独构成妨害信用卡管理罪，该行为属于组织领导、传销活动罪的手段，不应当数罪并罚。

二审判决：

二审法院认为，张某甲、张某乙、陶某某、张某丙、张某丁的行为构成组织、领导传销活动罪；张某甲、张某乙、陶某某、张某丙、张某丁、杨某某为扩大营利收入，以欺瞒真实使用用途的方式，发放扶贫款物为诱饵，非法获取他人银行卡等达100张以上，构成妨害信用卡管理罪，且数额巨大。张某甲、张某乙、陶某某、张某丙、张某丁构成数罪，依法应数罪并罚。关于张某甲、张某乙、陶某某、张某丙及其辩护人提出张某甲、张某乙、陶某某、张某丙等人涉及妨害信用卡管理的行为属于组织领导、传销活动罪的手段不应当单独定罪的意见，经查，张某甲、张某乙、陶某某、张某丙、张某丁等虽然是在传销活动过程中以发放扶贫款物名义为诱饵非法获取他人银行卡，但其行为和目的等与妨害信用卡管理罪的构成要件相符，原判以此定罪并无不妥。二审法院最后作出了驳回上诉、维持原判的终审裁定。

此案中，众上诉人及其辩护人以“不单独构成妨害信用卡管理罪”以及使用他人银行卡“属于组织领导、传销活动罪的手段，不应当数罪并罚”为由提起上诉。暂且不论本案中的各上诉人（被告人）是否构成妨害信用卡管理罪，如果均构成此罪的情况下，行为人使用他人银行卡的行为究竟能否与组织、领导传销活动的行为形成牵连关系，因而对各上诉人按照牵连犯处断呢？显然众上诉人及其辩护人认为使用他人银行卡的行为是为了更好地开展传销活动，是手段（方法）行为，其与目的行为（传销）应当形成牵连关系，应按照牵连犯的理论择一重罪对行为人进行处罚，而不应与组织、领导传销活动罪实施数罪并罚。而从二审的处理结果来看，显然审理该案的两级法院均认为不形成牵连关系，而是应实施数罪并罚。不过，二审法院对此给出的回应理由并不具有针对性，未免有些乏力，即“经查，张某甲、张某乙、陶某某、张某丙、张某丁等虽然是在传销活动过程中以发放扶贫款物为诱饵非法获取他人银行卡，但其行为和目的等与妨害信用卡管理罪的构成要件相符，原判以此定罪并无不妥”。这一回应实际上并没有回答使用他人银行卡的行为与传销行为能否成立牵连关系，只是就行为人能否构成妨害信用卡管理罪做出了回答，这一回应不能不说令人遗憾。

笔者认为，从此案所认定的事实来看，上诉人张某甲、张某乙、陶某某、张某丙及其辩护人提出的使用他人银行卡的行为与传销行为存在手段与目的的牵连关系，因而不应实施数罪并罚的主张是有道理的。尽管司法实践中使用他人银行卡实施传销行为的案例并不多见，似乎不具有通常性，但是该案中的“二行为”无疑体现出了相互间的紧密性，从而可以认定二者存在牵连关系。这可以从如下两个方面共同予以证立：一是使用他人银行卡的目的。一审法院判定“被告人张某甲、张某乙、陶某某、张某丙、张某丁、杨某某为壮大规模、扩大营利收入，以欺瞒真实使用用途的方式，发放扶贫款物为诱饵，非法获取他人银行卡”，可见，众被告人采取欺骗的手段（甚至不惜以“发放扶贫款物”为诱饵）获取他人银行卡，其目的直接指向的是扩大传销组织的规模并以此骗取更多参与传销者的财物，这说明在各被告人看来，采取使用他人银行卡并发放扶贫款物这种凸显实惠的方法，能诱使更多的人参与到其传销组织中来，这应当说是被告人事前商议的能够扩大传销规模的最佳手段。二是使用银行卡行为与传销行为事实上的整体性。一审法院认定“被告人张某甲等人利用他人名义的储蓄功能银行卡、手机卡在‘善心汇’传销网络系统中进行传销犯罪活动”。法院认定的这一事实表明，被告人不仅在主观上认为使用他人银行卡能够便于实施传销活动，而且在客观上已经将“合意”付诸实际的行动，为此，使用他人银行卡的行为与传销行为即融为一个整体，从而使二者不具有可分离性。上述两个方面实为主客观相统一，共同证成了使用他人银行卡行为与传销行为存在的紧密性或者不可分性，因而应当将二者认定为牵连关系，对本案中的被告人以牵连犯的规则处断，不应实施数罪并罚。

还有一个值得研究的问题，就是在传销活动中非法拘禁他人构成犯罪的，究竟是按牵连犯处理还是实施数罪并罚。对此，学界存在几种不同的观点。一种观点认为：“在组织、领导传销活动过程中，有非法拘禁行为，侵犯了他人人身自由权利的，可以按牵连犯的原理，从一重罪处理，定为非法拘禁罪。”① 另一种观点则认为：“对于牵连关系的认定，应当采取客观说的标准。事实上，随着新型传销的不断发展，非法拘禁的情况越来越少，而且非法拘禁与传销活动并不存在必然联系，两罪之间本质上并不构成牵连犯的情形。”② 还有一种观点认为，组织、领导传销活动罪与非法拘禁罪侵害的是不同法益，同时组织、领导传销活动罪中的组织、领导行为与非法拘禁行为之间是独立并列的关系，并不存在原因与结果之间的牵连关系，因此在组织、领导传销活动的犯罪中，又实施非法拘禁行为并构成犯罪的，应当以组织、领导传销活动罪与非法拘禁罪实施数罪并罚。③

《传销刑事案件适用意见》第 6 条第 2 款规定，犯本罪并实施非法拘禁行

① 贾宇：《论组织、领导传销活动罪》，载《人民检察》2010 年第 5 期。

② 许佳：《组织、领导传销活动罪罪数的区分》，载《中国检察官》2014 年第 19 期。

③ 参见刘传稿：《厘清认定难点，治理传销犯罪——专访东南大学法学院教授欧阳本祺》，载《人民检察》2017 年第 17 期。

为，构成犯罪的，依照数罪并罚的规定处罚。在具体的司法实践中，对于在传销活动中实施非法拘禁行为而均构成犯罪的情形，基本上采取的是数罪并罚的处罚规则。例如，谭某某等组织、领导传销活动、非法拘禁上诉案，该案原审判决认定，2015 年 1 月至 2017 年 3 月 1 日期间，被告人谭某某、陈某某 1、张某某、陈某某、莫某某、蒋某某、滕某某参加了李某 2、邓某在信丰县设立的“天津天狮”传销组织活动。该组织在信丰县自上而下分为业务总管、业务经理、业务主任、业务代表、业务员 5 个级别，其成员以交男女朋友或找工作的名义，通过 QQ 聊天等方式欺骗广西、河南等地男女青年前来信丰。然后由该组织的聊天人员将受骗而来信丰的男女青年带到传销活动地点，随后再由该组织活动地点的人员将受骗而来的男女青年按倒在地，进行质问、搜身，并安排专门人员对受骗的男女青年进行看管，限制他们的人身自由和通信自由。该组织设立了一道特别的“考察”程序，通过上课、限制人身自由等方式要求受骗而来的人员缴纳 2800 元购买一套“天津天狮”产品成为业务员，并以拉人头或继续投资作为提升级别和获利的依据，要求参加该组织的人员购买产品或发展下线，否则就不能离开该组织的活动地点和自由通信。原审法院认为，被告人谭某某、陈某某 1、张某某、陈某某、莫某某、蒋某某在参加“天津天狮”组织之后，听从其上线的安排，分别在该组织中承担管理、协调等职责，通过非法拘禁他人，限制他人人身自由的方式，以推销天津商品为名，要求参加者以购买商品获得加入资格，并按照一定顺序组成层级，以虚假投资商品或发展人员的数量作为计酬、返利依据，引诱参加者继续发展他人参加，骗取财物，扰乱经济社会秩序，侵犯了他人的人身自由，其行为均构成组织、领导传销活动罪和非法拘禁罪，应予并罚。各被告人在实施非法拘禁犯罪时存在殴打和侮辱情形，依法应从重处罚。谭某某等被告人不服一审判决提起上诉，二审法院驳回上诉，维持原判。[①]

笔者认为，非法拘禁行为一般发生在传统“面对面”的传销模式中，

① 参见江西省赣州市中级人民法院（2018）赣 07 刑终 219 号刑事裁定书。

在利用网络实施传销活动的情况下，并不会或者不可能发生非法拘禁他人的行为。而且，根据目前的司法实践，绝大多数的传销活动发生在网络空间，从这个角度看，行为人通过非法拘禁他人的方式开展传销的概率或者比例似乎并不高，可以认为此种情形在传销活动中不具有普遍性。但是，作为判断存在牵连关系标准之一的“通常性”，应指行为人为了实施某一目的行为而使用的某种手段行为具有通常性，此种手段行为不仅为行为人常常或作为最佳方式首先考虑使用，而且此种手段行为事实上也能够帮助行为人顺利实施目的行为。因此，“通常性”并不能与某种行为发生的概率或比例之高成正比，也就是说，虽然某种行为发生的概率或比例高，但并不能以此确定其一定具有“通常性”；反之，即使某种行为发生的概率或比例低，也并不能以此确定其一定不具有“通常性”（换言之，某种行为虽然发生的概率或比例低，但其可能具有“通常性”）。应当说，在传统传销模式下，为了发展他人加入传销组织或者迫切扩大传销组织规模，组织者、领导者在采用引诱等“柔性”方法不能奏效的情况下，实行非法拘禁的“硬性”措施不能不说是一种既简单又实效的捷径。而这一“捷径”无疑是传销组织者、领导者预设的，而且在他（们）看来是最佳，甚至是唯一能够促使他人加入传销组织的方法。同时事实表明，凡采取了非法拘禁并通过对被拘禁人大尺度“洗脑”方法的，除极少数人逃脱外，确实能迫使多数被拘禁人成功加入传销组织。基于这一因果关系，不能不说在传统的传销模式中，组织者、领导者使用非法拘禁的手段具有通常性，其与传销行为之间具有密切关联性，因而存在牵连关系。由此，上述学者以“随着新型传销的不断发展，非法拘禁的情况越来越少，而且非法拘禁与传销活动并不存在必然联系”为由，否定二者存在牵连关系，依据并不充分。同时，上述学者认为“组织、领导传销活动罪中的组织、领导行为与非法拘禁行为之间是独立并列的关系”，以此确定二者“并不存在原因与结果之间的牵连关系”，笔者认为，该观点过于绝对，不能成立。事实上，从上述所举的案例来看，非法拘禁行为与传销行为并不是绝对独立并列的关系，而是有明显的前后关联性，即该“传销组织成员以交男女朋友或找工作的名义，通过QQ聊天等方式欺骗广西、河南等地男女青年前来信丰。然后由该组织的聊天人员将受骗而来信丰的男女青年带到传销活动地点，随后再由该组织活动地点的人员将受骗而来的男女青年按倒在地，进行质问、搜身，并安排专门人员对受骗的男女青年进行看管，限制他们的人身自由和通信自由。该组织设立了一道特别的‘考察’程序，通过上课、限制人身自由等方式要求受骗而来的人员缴纳2800元购买一套‘天津天狮’产品成为业务员，并以拉人头或继续投资作为提升级别和获利的依据，要求参加该组织的人员购买产品或发展下线，否则就不能离开该组织的活动地点和自由通信”。显然，此案中的各被告人为了促使受骗人加入传销组织，首先实施了非法拘禁的行为，而后才在此前提下强行要求被拘禁人缴纳2800元购买产品成为传销组织的成员（实施了传销行为），此种前后性不仅明显突出了手段行为（非法拘禁）与目的行为（传销）的紧密关联，而且在客观上也明显体现出了非法拘禁与传销间的因果规则。所以，将传销活动中的非法拘禁行为与传销行为一概确定为独立并列的关系，从而否定二者间的牵连关系，该种观点是难以得到赞同的。

基于上述分析，笔者认为，如果在他人没有加入传销组织前而对其实施非法拘禁从而迫使其加入传销组织的，此种情形下的非法拘禁行为与传销行为应当具有牵连关系，均构成犯罪的，应以牵连犯对行为人进行处断；如果在他人加入传销组织后而对其实施非法拘禁的，则确定非法拘禁行为与传销行为属于独立并列的关系，均构成犯罪的，对行为人实施数罪并罚。这样看来，前文提到的谭某某等组织、领导传销活动、非法拘禁上诉案，司法机关将众被告人以本罪与非法拘禁罪实施并罚，值得商榷；同时，《传销刑事案件适用意见》一律将本罪与非法拘禁罪实施数罪并罚的规定，并不符合司法实践，因而存在考虑不周全之处，也值得质疑。

四、本罪与他罪数罪并罚的问题

适用数罪并罚的前提是行为人犯有数罪。一般认为，行为人基于数个罪过（包括故意或过失），实施数个行为，构成数个独立犯罪的，就是数罪，除牵连犯和吸收犯因其形态上的特殊性而作为处断的一罪（即在运用刑罚上按一罪处理）外，均应依法实施数罪并罚。如《刑法》第 198 条第 2 款规定，行为人故意制造保险事故骗取保险金又同时构成其他犯罪的，对其按照保险诈骗罪与其他相关罪实施数罪并罚，即为典型例证。刑法设立数罪并罚制度，是实现罪责刑相适应原则及刑罚目的的必然要求。

依据目前的司法实践，行为人在实施传销犯罪活动中，往往会伴随有故意实施其他的犯罪行为，对此如何解决，刑法并没有作出规定。《传销刑事案件适用意见》第 6 条第 2 款规定："犯组织、领导传销活动罪，并实施故意伤害、非法拘禁、敲诈勒索、妨害公务、聚众扰乱社会秩序、聚众冲击国家机关、聚众扰乱公共场所秩序、交通秩序等行为，构成犯罪的，依照数罪并罚的规定处罚。"据此，实践中凡实施本罪，同时又实施司法解释规定的上述犯罪行为的，按理对行为人均应当进行数罪并罚。不过如前所述，对于实施非法拘禁行为构成犯罪的，其与本罪能否一律进行数罪并罚，应依不同情况分别处理，即如果他人加入传销组织前对其实施非法拘禁从而迫使其加入传销组织的，此种情形下的非法拘禁行为与传销行为应当被界定为具有牵连关系，均构成犯罪的，应以牵连犯对行为人进行处断；如果他人加入传销组织后对其实施非法拘禁的，则确定非法拘禁行为与传销行为属于独立并列的关系，均构成犯罪的，数罪并罚。所以，笔者建议司法解释在处理本罪与非法拘禁罪的关系上适时予以完善为宜。另外值得探讨的是，对于行为人犯本罪又实施妨害公务的行为并构成妨害公务罪的，此种情形究竟是依照数罪并罚的规定处罚还是依照牵连犯的原则择一重罪处理。实践中有一种观点认为，上述司法解释的规定存在问题，因为妨害公务行为是手段（方法）行为，传销行为是目的行为，即行为人妨害公务的行为是为了更好或成功地实施传销活动，二者存在牵连关系，均构成犯罪的，应当依照牵连犯的原则处断。笔者认为，该种观点既不符合刑法理论，也与司法实践不适，是不能得到赞同的。因为，如上所述，认定行为之间存在牵连关系，必须限定在二者的发生具有“通常性”或者运行中具有“紧密性”，而妨害公务行为与传销行为之间的关系很难满足上述条件。更重要的是，行为人实施妨害公务的行为，往往是发生在有关单位已经对其开展的传销活动查处之时，此时的妨害公务行为不能被认为是传销行为的手段行为，也就是说，既然传销活动已经被查处，那么就意味着行为人不具有继续开展同一传销活动的可能性，因此，妨害公务与传销属于两种相互独立、并列的行为，不能将二者认定为具有牵连关系，均构成犯罪的应当对行为人实施数罪并罚。以此推理，行为人实施诸如聚众扰乱社会秩序，聚众冲击国家机关，聚众扰乱公共场所秩序、交通秩序等行为，往往也是发生在有关单位已经对其开展的传销活动查处之时或者之后，因而上述行为与传销行为无疑也属于相互独立、并列的关系，均构成犯罪的，应数罪并罚，上述司法解释的规定无疑是正确的。

应当说，《传销刑事案件适用意见》第 6 条第 2 款只是对与本罪实施数罪并罚的其他犯罪行为作了尽可能的列举，至于在传销活动中行为人又实施杀人、抢劫、强奸、绑架、掩饰、隐瞒犯罪所得等犯罪行为的，当然也要与本罪进行数罪并罚。例如，被告人张某某组织、领导传销活动、掩饰、隐瞒犯罪所得案。湖南省双牌县人民检察院指控：2017 年，被告人张某某与“善心汇”传销组织组织者张某甲、积极参与者熊某某（均已判决），在北京注册成立北京红起东方文化艺术发展有限公司，被告人张某某系该公司实际负责人，至 2017 年，被告人张某某先后实施了如下犯罪行为：（一）组织、领导传销活动罪。被告人张某某于 2016 年 7 月经其上线熊某某介绍加入“善心汇”，成为会员。张某某先后发展了王某某、王某甲、杨某某等人成为其下线，王某某、王某甲等人又发展了他人成为“善心汇”会员。

经湖南省鉴真司法鉴定中心对善心汇数据鉴定，张某某在“善心汇”整个会员网络中处于第7层、属于A轮功德主，其下级网络有9层，1143个会员账号。张某某账户共完成24次赠与，累计284000元，16次受助，累计363500元，截至2017年7月24日，已支出善种子886个，剩余善种子4个，已支出善心币4648个，剩余善心币34个，已支出善金币2000个，剩余善金币153647个，管理钱包已支出112400元，剩余40847元。（二）掩饰、隐瞒犯罪所得罪。2017年6月、7月，“善心汇”传销组织被公安机关查处及张某甲被抓捕后，被告人张某某明知张某甲从事传销犯罪活动，通过伪造交易手段，将张某甲投资在北京红起东方的34500000元资金转移。一审法院经审理认为，被告人张某某无视国家法律，以众扶互生系统为依托，以“扶贫济困”为名，要求参加者以购买“善种子”的方式获得加入资格，并按照一定顺序组成层级，以直接或间接发展人员的数量作为返利依据，骗取财物，严重扰乱经济社会秩序，其行为已构成组织、领导传销活动罪；另被告人张某某明知张某甲的资金系犯罪所得，仍予以转移，其行为已构成掩饰、隐瞒犯罪所得罪。一审法院遂判决：被告人张某某犯组织、领导传销活动罪，判处有期徒刑6个月，并处罚金1万元，犯掩饰、隐瞒犯罪所得罪判处有期徒刑3年，并处罚金10万元，决定执行有期徒刑3年，罚金11万元。① 此案中，被告人张某某基于两个故意，分别实施了传销与掩饰、隐瞒犯罪所得两个行为，均构成犯罪，且掩饰、隐瞒犯罪所得行为是在“善心汇”传销组织被公安机关查处及张某甲被抓捕之后所为，该行为与之前实施的传销行为无疑是不具有关联性的独立并列的关系范畴，因而司法机关对被告人张某某依照数罪并罚的规定处罚，是十分正确的。

值得探讨的是，行为人在开展传销犯罪活动中对他人（被发展的受骗者）实施了非法搜查、侮辱的行为并构成犯罪的，是否应数罪并罚。应当说，在传统传销模式下，此种情形的发生是比较常见的现象。例如，前述

① 参见湖南省双牌县人民法院（2019）湘1123刑初146号刑事判决书。

所举谭某某等组织、领导传销活动、非法拘禁上诉案。该案原审判决认定，2015 年 1 月至 2017 年 3 月 1 日期间，被告人谭某某等人参加了“天津天狮”传销组织活动，该组织成员以交男女朋友或找工作的名义，通过 QQ 聊天等方式欺骗他人到传销活动地点，随后由该组织活动地点的人员将受骗而来的人员按倒在地，进行质问、搜身，并安排专门人员对受骗的人员进行看管，限制他们的人身自由和通信自由。此案中的各行为人长期对众多受骗者实施“按倒在地，进行质问、搜身”的行为，完全有可能构成非法搜查罪和侮辱罪。对此，实践中有一种观点认为，非法搜查罪与侮辱罪的法定刑均低于本罪，可以按照吸收犯的理论予以处断（即本罪吸收该两罪）。笔者认为，该观点值得商榷。因为如前所述，吸收犯中的数个犯罪行为中一个犯罪行为不具有独立性，而另一犯罪行为具有独立性，前者以不同的表现形式依附于后者而存在，同时，吸收犯中行为人实施的数行为所侵害的客体具有相同性，而且往往针对同一的犯罪对象发生。但传销活动中的非法搜查和侮辱行为显然相对传销行为均具有独立性，而且侵犯的客体不具有同一性，针对的犯罪对象也不同，所以互相之间不存在吸收关系（因行为人实施的非法搜查和侮辱行为与传销行为属于独立并列的关系，当然二者间也不存在牵连关系），在均构成犯罪的情况下，对行为人应依照数罪并罚的规定处罚。

第九章

组织、领导传销活动罪的立法与司法完善

尽管司法机关保持了对传销犯罪严厉打压的态势，但不可否认的是，传销犯罪并没有因此有所“收敛”，在一定地域、某种时间阶段仍然处于高发、猖獗状态。这一状况的产生，探究深层次原因，无不与立法与司法中存在的问题相关，只注重惩治传销犯罪的“针对性”，却没有关注其应有的“实效性”。因此，为有效遏制传销犯罪，应当从立法与司法两个层面同时予以改进与完善。

一、增强惩治传销犯罪的预防性立法

现代刑法的重要特征是指向预防。而预防犯罪目的的实现，不只是依赖刑法的适用，而是在立法阶段就必须充分考虑。[①] 高铭暄教授指出：“到目前为止，我国刑事立法的重点在于发挥刑法惩治犯罪、保护人民的作用，对犯罪预防立法的重视明显不足，这种倾向严重影响了我国预防和控制犯罪的成效。”[②] 刑法无疑是一种行为规范，是人们知晓何为禁止事项以及触碰禁止事项应承担何种法律后果的行动指南。所以，“迄今为止的刑法学理论，多承认刑法具有使对犯罪行为的规范评价得以明确的所谓‘行为规制功能’，即刑法将一定的行为规定为犯罪并给予刑罚处罚，表明该行为是被刑法所禁

① 参见张明楷：《刑事立法的发展方向》，载《中国法学》2006 年第 4 期。

② 高铭暄、陈璐：《〈中华人民共和国刑法修正案（八）〉解读与思考》，中国人民大学出版社 2011 年版，第 13 页。

止的、不允许的，从而命令人们做出不去实施这种犯罪行为的决定”。[①]因此，以刑罚作为预防犯罪的手段时，一部完善的刑法就成为有效预防犯罪的前提和基础。

刑法在预防传销犯罪方面的不足，最大的问题是没有将对传销犯罪提供帮助的行为纳入犯罪圈，从而导致惩治传销犯罪的支持力度严重不够。有学者在论及本罪立法存在不足的问题时认为，由于《刑法修正案（七）》只将组织者和领导者纳入本罪的处罚范围，因而根据罪刑法定原则，诸如诱骗、胁迫、介绍他人参加传销的行为就被明确地排除出刑法惩治的范围。但是诱骗、胁迫、介绍他人参加传销的行为和传销行为之间毕竟存在差别，不能将引诱、胁迫、介绍他人参加传销的行为等同于或者完全纳入传销行为的范畴，不能对其以传销活动的组织者或领导者追究刑事责任，因而应在“组织、领导传销活动罪”的基础上，增设“诱骗、胁迫、介绍参加传销组织罪”，以弥补立法所存在的不足。[②]要使传销活动（组织）得以维持，行为人就只有通过不断发展下线人员这一路径（否则传销组织就会崩塌）。为此，组织者、领导者或者已经加入传销组织的人员，自然会想尽一切办法发展传销人员，而这些“办法”就包括诸如诱骗、胁迫、介绍等手段行为，同时刑法也在本罪的罪状中设置了“引诱、胁迫参加者继续发展他人参加”的手段要件，诱骗、胁迫、介绍的行为实际为本罪的组织、领导行为所包含。另外，虽然《禁止传销条例》第24条第2款规定，对于实施本条例第7条的传销行为，介绍、诱骗、胁迫他人参加传销的，由工商行政管理部门责令停止违法行为，没收非法财物，没收违法所得，处10万元以上50万元以下的罚款；构成犯罪的，依法追究刑事责任。据此规定，似乎需要在刑法中设置与行政法相对应的罪名，但是，上述规定明确针对的是在实施该

---

① 程红：《象征性刑法及其规避》，载《法商研究》2017年第6期。

② 参见袁彬：《传销犯罪独立成罪的合理性及模式——兼评〈刑法修正案（七）〉》，载《中国刑事法杂志》2009年第3期。

条例第7条的传销行为中介绍、诱骗、胁迫他人参加传销的行为，这显然指的是组织、策划、实施传销行为的人本人所为，而不是另指他人。即诱骗、胁迫、介绍他人参加传销的一般就是传销活动的组织者和领导者，而组织者和领导者已经被纳入了本罪的处罚范围，所以将诱骗、胁迫、介绍他人参加传销的行为另行设为犯罪，就会产生重复处罚的状况。综上，既然诱骗、胁迫、介绍他人参加传销的行为包含在“组织、领导”行为中，同时行政法中的诱骗、胁迫、介绍他人参加传销的行为实际为组织者、领导者本身所为，那么就没有必要再增设所谓的“诱骗、胁迫、介绍参加传销组织罪”。在笔者看来，传销活动之所以如此猖獗，实际是与他人为实施传销活动者提供的诸如经营场所、居住条件等帮助分不开的，所以刑法应增设“帮助传销犯罪活动罪”。

刑法增设“帮助传销犯罪活动罪”不仅具有必要性，也具有可行性。

首先，传销的帮助行为对传销的产生乃至发展起着重要的支撑与推进作用。刑法中的帮助行为，“是指在他人实行犯罪之前，或实行犯罪过程中，或在他人实施犯罪后给予协力、加功，使他人易于实行犯罪，或易于完成犯罪或为固定犯罪成果提供各种条件的行为”。[①] 由此，刑法“之所以处罚帮助犯，是因为帮助行为无疑促进了法益侵害”，[②]这也是惩罚帮助犯的根据。考察传销活动（特别是传统传销模式）的现实状况，可以说，如果没有他人的积极帮助，传销犯罪分子的传销活动是难以或者无法启动与开展的。因为，传销犯罪分子启动乃至具体开展传销活动一般会选择在异地进行，其自身不具备实施传销活动的条件，显然需要在当地得到他人诸如住宿、经费、交通、培训场地等方面的帮助。而此种帮助，无疑使传销活动顺利启动并持续开展。但是，目前对于为传销犯罪分子提供帮助的行为，只是依据《禁止传销条例》（以下简称《条例》）的规定实施行政处罚，而对于帮

① 林亚刚：《刑法学教义（总论）》，北京大学出版社2014年版，第510页。

② 张明楷：《刑法学（上）》，法律出版社2016年版，第420页。

助者仅予行政处罚，与他们在推动传销活动中所起的作用并不成正比。同时需要说明的是，根据《条例》第 26 条的规定，为“传销行为提供经营场所、培训场所、货源、保管、仓储等条件的，由工商行政管理部门责令停止违法行为，没收违法所得，处 5 万元以上 50 万元以下的罚款”，应当说，在 2005 年《条例》颁布时就对传销的“帮助”行为规定了 5 万元以上 50 万元以下的罚款，这一规定是较为严厉的，因此，或许有人会认为，既然《条例》对于传销的帮助行为作出了如此较为严厉的行政处罚，那么将其入罪就不具有必要性，但是将传销的帮助行为入罪正表明了国家历来重视整治传销活动的态度以及严厉打击传销活动的坚定立场，况且事实证明，对传销帮助行为的行政处罚并没有达到预期效果。一是实践中很少对传销帮助行为实施行政处罚。这倒不是相关行政机关的怠惰而致，而是因为立法上的不足导致执法者难以执行。例如，当执法者对帮助人依照《条例》实施行政处罚时，帮助人往往以“不知情”为由提出抗辩，此时执法者就无法按照《条例》的既有规定对其行为具有过错（明知）作出认定并给予处罚。二是从司法实践来看，为传销提供帮助的行为，已不仅仅局限在《条例》列举的提供经营场所、培训场所、货源、保管、仓储等条件的几种情形，而是发展到了诸如为传销提供贷款、资金、账号、发票、证明以及管理、宣传、培训等帮助行为，显然，执法者对于上述情形实施行政处罚时会产生于法无据的状况。基于此，在刑法中增设“帮助传销犯罪活动罪”是实现与《条例》有效衔接的需要，也是对有效预防及遏制高发的传销犯罪现实的回应与关切。所以，设立此罪的目的，就是要改变目前只对那些为组织、领导传销活动者提供帮助的人单以行政处罚而无法满足惩治传销犯罪的有效性的状态，以补足打击和预防传销犯罪的短板，为惩治传销犯罪提供有力支撑，并以此切断传销帮助人与传销犯罪分子之间的联系，最终达到有效遏制传销犯罪活动态势的目的。

另外，如前所述，传销的发起者为了顺利实施传销活动乃至进一步扩大传销活动规模，往往会雇请诸如董事长助理、财务总监、行政主管、培训主管等身居要职的工作人员，也出现了传销组织“编外”人员为他人的传销活动提供宣传等行为的实例，上述这些并非传销人员实施的行为，不属于本罪的组织、领导行为（实行行为），只能是帮助行为的性质，因而根据目前的立法规定，上述行为人并不能被认定为组织者、领导者进而以本罪追究刑事责任。可是，司法实践中几乎都将上述行为人认定为本罪的组织者、领导者，这显然违反了罪刑法定原则。可以肯定的是，对于传销活动的实施、传销组织的建立及扩大，上述行为人所提供的各种帮助行为无论如何均起到了重要乃至关键性的作用，因而完全有必要将这些帮助行为纳入刑法的视野。

其次，增设“帮助传销犯罪活动罪”是完善刑法自身缺陷的需要。法律一经制定实施就已经落后于实践，这是公认的法理。高铭暄教授认为，刑法立法修改有无必要性，取决于现有刑法资源的可适用性。对于司法实践中发生的严重危害社会的行为，如果通过刑法解释论的方法在刑法中可以找到处理的依据或者依照现行规定予以处理并不违背法理，那么，针对这类行为启动刑法立法改革就没有什么必要。[①] 但笔者认为，刑法立法修改有无必要性，不只取决于是否具有可适用的现有刑法资源，还应当考察其是否发挥了应有的功效。如果通过实践的检视，刑法规范出现了调控功能上的“失灵”或者在现实中表现出了“水土不服”，以及在运行中出现了调控的“真空”地带，就应当及时地对其作出修改、完善和补足。否则，刑法规范便只是一个用于观赏的“花瓶”，不能发挥其应有的效用，更无法实现立法的初衷。而从本罪自设立以来的实际运行来看，面对当前异常活跃的传销犯罪活动现实，可以看出其并没有取得预期的立法效果。既然如此，为有效遏制传销犯罪，作为打击传销犯罪的辅佐性罪名，设立“帮助传销犯罪活动罪”就具有必要性。

再次，增设“帮助传销犯罪活动罪”与刑法的谦抑原则（精神）不

① 参见赵秉志主编:《高铭暄刑法思想述评》，北京师范大学出版社 2013 年版，第 103—104 页。

相悖。日本学者平也龙一将刑法谦抑主义概括为三个方面：一是刑法的补充性，即只有在习惯、道德等其他手段不能或者规制不充分时，才能发动刑法；二是刑法的不完整性，即刑法不能介入国民生活的各个角落；三是刑法的宽容性，即刑法没有必要无遗漏地处罚。[①] 由此看来，将某种行为入罪必须要考虑其与刑法的谦抑性是否存在冲突，以免刑法沦为治理社会的唯一“工具”。针对既有刑法规范自身存在的问题以及社会的发展变化，我国至今对 1997 年《刑法》进行了 10 次修正，对其 107 个条款作了修改，并在 1997 年《刑法》413 个罪名的基础上共增设了 56 个新的罪名。毫无疑问的是，我国进行的系列刑法修正表现出了犯罪圈的扩张与刑法干预的早期化和能动化的倾向。关于我国刑法立法的活性化趋势，自然招致了一些学者诸如“是社会治理的过度刑法化”“是刑事立法的情绪化”“是对刑法谦抑精神的抵牾”等批评，如有学者就指出，中国的刑法立法无疑存在过度犯罪化问题，是刑法过分工具主义化的体现，为此国家立法机关对刑法的立法应十分谨慎而为之。[②] 另有学者指出，扩大犯罪圈的做法不符合中国作为“大国法治”的要求与特点，今后的刑事立法应该拒绝进一步犯罪化，并适当实行非犯罪化。[③] 还有学者指出：“从某种意义上说，刑法的谦抑精神发展至今主要表现为‘非犯罪化’。而情绪性立法往往伴有严重的重刑主要色彩，这与刑法的谦抑精神相背离，必须予以杜绝。”[④] 但是，批评者需要正视的问题是，中国面临着复杂的诸如传统、现代与后现代的多重安全威胁，刑法必须回应彼此具有内在紧张性的诸如自由、民生与安全的多元价值诉求，这一现实决定了中国刑法不可能是单向度和单面向的。因此，在立法范畴内，应当在总体

① 参见张明楷:《外国刑法纲要》，清华大学出版社 2007 年版，第 7—8 页。

② 参见谢望原:《谨防刑法过分工具主义化》，载《法学家》2019 年第 1 期。

③ 参见刘艳红:《我国应该停止犯罪化的刑事立法》，载《法学》2011 年第 11 期。

④ 刘宪权:《刑事立法应力戒情绪——以〈刑法修正案（九）〉为视角》，载《法学评论》2016 年第 1 期。

上肯定刑法修正展现的犯罪圈扩大立法趋向具有客观的必然性和实践合理性。[①] 同时，刑法谦抑性精神的核心是主张刑罚的有效性以及刑法的局限性，进而强调刑罚权发动的慎重性与正当性，并非一味反对必要的犯罪化与刑罚化，也并不本质上排斥刑法参与社会治理，当然也不否定刑法扮演社会变迁与发展中的“工具法制”角色。因此，预防性刑法观作为一种发展趋势，倡导刑法面向未来积极介入的思维是必要的，谦抑主义与当前立法形成的预防性刑法观之间并非真正“水火不容”。[②] 笔者认为，刑罚作为最后手段，并不能说其在面对危害社会的行为时是“呆滞”或者无动于衷的，相反，其应当表现出应有的反应速度，以实现刑法的任务和机能。历史表明，在预防犯罪方法的体系中，刑罚一直是作为重要手段之一而出现的。可以说，在人类社会与犯罪做斗争的过程中，刑罚作为抗制犯罪的手段，其不仅与犯罪相伴而生，而且在防控犯罪中发挥了极其重要、核心的作用，即只要存在犯罪，刑罚无疑就成为最主要的惩治与防控手段。所以，面对泛滥的传销犯罪活动，增设“帮助传销犯罪活动罪”不仅不存在所谓的“社会治理的过度刑法化”问题，而且与刑法的谦抑性也相融相适。

最后，既有的修正刑法的经验与技术为增设“帮助传销犯罪活动罪”提供了可行性支持。将为传销犯罪活动提供帮助的行为纳入刑罚处罚，实际就是将帮助行为拟制为正犯。实际上，为了严密刑事法网，并为惩治某种严重犯罪提供支持的需要，我国刑法分则已经设立了一定数量的帮助行为正犯化的罪名，而且有些罪名还是通过修正案的方式新设的。这些罪名如：资助危害国家安全活动罪，资敌罪，帮助恐怖活动罪，提供侵入、非法控制计算机信息系统程序、工具罪，帮助信息网络犯罪活动罪，传授犯罪方法罪，提供伪造、变造的出入境证件罪，协助组织卖淫罪，容留卖淫

① 参见梁根林：《刑法总论问题论要》，北京大学出版社2018年版，第42—43页。

② 参见高铭暄、孙道萃：《预防性刑法观及其教义学思考》，载《中国法学》2018年第1期。

罪，等等。上述立法实践，无疑给“帮助传销犯罪活动罪”的设置提供了有益的经验，从而使该罪名的增设具有可行性。具体说来，增设“帮助传销犯罪活动罪”并不需要为此调整刑法的章节结构，只需在现在的章节及条文中进行增设即可，既可以在组织、领导传销活动罪的条文（第224条之一）中增加一款作为第2款（内容可作如下表述：“明知他人组织、领导传销活动犯罪，而为其提供经费、场地、技术、工具、住宿、接送等便利条件或者帮助的，以共同犯罪论处。”），也可以在《刑法》第224条再增加一条，作为第224条之二。另外，增设“帮助传销犯罪活动罪”并不破坏刑法的安定性要求。如上所述，我国现行刑法至今经历了10次修正，且其修正的动作之大是显而易见的。但可以确定的是，刑法典总体结构的完整性及系统性并没有因此而遭到破坏，对司法的适用性也没有产生影响。从实际运行的效果来看，对刑法进行次数较多且较大幅度的修正，非但没有给刑法的安定性带来影响，反而因公众的欣然接受而更增进了刑法的可预测性。由此，如果在刑法中增设“帮助传销犯罪活动罪”，相信也同样会取得历次刑法修正所具有的效果。

设置“帮助传销犯罪活动罪”后，该罪的调控范围可为：（1）与组织、领导传销活动者通谋，为其提供贷款、资金、账号、发票、证明、鉴定等的行为；（2）明知是用于传销活动，而为其提供住宿、培训等场所；（3）明知是用于传销活动，而为其提供所谓的经营场所或者提供产品的货源、保管、仓储等条件；（4）传销组织专门雇用或者招聘不属于传销体系中的传销者而在传销组织中实施管理、协调、宣传、培训的行为；（5）与组织、领导传销活动者通谋，采取各种方式或途径为传销提供宣传的行为；（6）其他为传销活动提供帮助的行为。

二、完善本罪的刑罚设置

有学者认为：“从法律经济学的视角，刑罚的目的既有基于正义与公正要求的报应，也有出于功利主义考量的特殊预防与一般预防。”[①]而从刑法对本罪配置的刑罚来看，在某些方面应当说存在与刑罚目的不匹配之处，其问题主要体现在主刑方面。例如，本罪的量刑幅度跨度较大，导致量刑难以均衡，即是表现之一。立法对本罪只设置了两个量刑档次，即基本刑为5年以下有期徒刑或者拘役，并处罚金；加重刑为5年以上有期徒刑，并处罚金。可见，行为人如果构成该罪，在判处其有期徒刑的情况下，要么就是5年以下，要么就是5年以上。由于没有设置另一个缓冲的量刑档次，如此大的跨度就完全有可能造成量刑上的不均衡，从而导致刑罚的正义性和公正性受损。而刑罚的正义性和公正性受损，就难以达至特殊预防与一般预防的刑罚目的，因为此种情形下很难让受刑人“服气”，一旦让其存在“憋屈”的状况，特殊预防目标的实现就会受到极大的影响，甚至让个别犯罪人产生再一次报复社会的心态乃至付诸行动的可能。根据目前的司法实践，在共同犯罪形式下，很多实施本罪的犯罪分子在上诉中往往以自己不是发起者、策划者而是在他人的引诱之下参加传销，或者在传销组织中所处的层级较低，或者没有承担管理、协调、宣传、培训等职能，或者认为没有获取到利益，或者只是听从他人的调遣而协助他人管理传销组织等为由，认为自己是共同犯罪中的从犯，应当不能领受如此重且与主犯基本没有区别的刑罚量。事实上，这种以一审量刑过重为由提起上诉的案例的确不在少数，而绝大部分被二审驳回。陈兴良教授指出，刑法中的一切问题都应当让位于公正性，因为公正性是刑法的首要价值。[②]笔者认为，如果在对本罪的罪状、最高法定刑以及本罪所处的章节条文不作调整的前提下，应当将本罪的法定刑设置为三个量刑档次，即：一般情节的处3年以下有期徒刑或者拘役；情节严重的处3年以上10年以下有期徒刑；情节特别严重的，处10年以上有期徒刑。如此设置，方能够根据行为人的各种犯罪情节与非犯罪情

---

① 张学永:《法律经济学视野下的刑罚目的与刑罚配置原则》，载《理论月刊》2017年第11期。

② 参见陈兴良:《刑法哲学（上）》，中国政法大学出版社2009年版，第5页。

节厘定出较为准确的刑罚量，并在共同犯罪人相互间，特别是主犯与从犯间的刑罚较为明显地体现出差异，从而实现让每个人在每个案件中均能感受到司法公平正义的目标。

应当说，本罪在刑罚设置方面存在的最大问题，是其主刑轻于相似或相同类的犯罪，从而导致与罪责刑相适应原则相冲突。先以本罪与非法经营罪相比为例。或许是立法最初的“草案”将本罪置于第 225 条中之故，立法者对本罪的主刑设置似乎受到了非法经营罪主刑设置的影响。亦即从立法可以看出，本罪在主刑方面采取了与非法经营罪相同的法定刑设置，即基本刑为 5 年以下有期徒刑或者拘役；加重刑为 5 年以上有期徒刑。非法经营罪，是指违反国家规定从事经营活动，扰乱市场秩序，情节严重的行为。该罪在客观方面突出的表现，是行为人从事的经营活动未经国家有关部门批准或许可。与本罪相比，实施非法经营犯罪的行为人所从事的经营活动是真实的，只不过该种经营活动没有获得国家有关部门的批准或许可而已，而且行为人在经营活动中一般遵循的是市场经济中的平等主体交易规则，没有对对方实施不平等，甚至是侵犯人身权利的交易待遇，由此非法经营罪侵犯的客体是单一客体。而实施传销犯罪的行为人，其所谓的经营活动只是一个“噱头”，并没有真实的经营活动，本质上是骗取他人财物。同时在传销活动中，行为人不仅引诱、胁迫他人参加传销活动，而且为了建立传销组织以及扩大传销规模，往往采取非法拘禁的方法逼迫他人参与传销。另外，实施本罪的行为人还伴有诸如妨害公务、聚众冲击国家机关等扰乱社会公共秩序的行为。所以，本罪侵犯的客体是复杂客体。可见，本罪比非法经营罪具有更严重的社会危害性，其主刑理应要高于后者的主刑。

再将本罪的主刑与诈骗类犯罪的主刑相比。《刑法》第 266 条规定的诈骗罪共设置了三个量刑档次，即：数额较大的，处 3 年以下有期徒刑、拘役或者管制；数额巨大或者有其他严重情节的，处 3 年以上 10 年以下有期徒刑；数额特别巨大或者有其他特别严重情节的，处 10 年以上有期徒刑或者无期徒刑。显然，诈骗罪的主刑要远远高于本罪的主刑。然而，本罪的客体是复杂客体，在客观方面行为人往往采取非法拘禁的方法逼迫他人参与传销，同时还伴有扰乱公共秩序的行为，而诈骗罪的客体是单一客体（即公私财产权），客观方面仅为虚构事实或者隐瞒真相的欺骗方法，可见，本罪的社会危害性实际要大于诈骗罪，其主刑理应要高于后者（至少是相同）。而如前所述，本罪与诈骗罪是法条竞合的关系，适用特别法优于普通法的规则，即当行为人采取传销的方式进行诈骗的，就以本罪追究行为人的刑事责任，那么由此就引发了一个与罪责刑相适应原则相冲突的问题，那就是：适用的特殊法条本为重罪，却比属于轻罪的普通法条的主刑要低。事实的确如此，实践中，暂且不论实施本罪的行为人在具体的传销活动开展过程中是否采取了非法拘禁等行为，就其发展的传销人员以及敛财的数额来看，有的传销组织内部成员达几万人，遍布全国多个省区，敛财的数额动辄几千万元，甚至上亿元，如果按照诈骗罪处理，以“数额特别巨大或者有其他特别严重情节”为依据对行为人可以判处无期徒刑的刑罚，而依本罪处理则最高刑罚只有15年有期徒刑（何况除“善心汇”传销组织的发起、策划、操纵者张某某被单以本罪判处最高的15年有期徒刑[①]等少数案例之外，实践中很少出现单以本罪判处15年有期徒刑的案例），由此产生严重的“法不责众”局面。但实践中，涉案金额巨大或者特别巨大的传销案例比比皆是。

例如，案例一——安徽省“生命能量液”传销案[②]。

安徽省合肥市公安局包河分局于2019年11月侦破一起网络传销案，涉案公司已发展3万多名会员，层级达到204层，销售额近5亿元。不法分

① 参见《永州中院对张天明等人组织、领导传销活动案二审宣判》，载 http://www.hnzf.gov.cn/Info.aspx?Id=37826&ModelId=1，2020年7月29日访问。

② 参见王海涵、王磊、汪佳影：《合肥破获一起网络传销大案层级达到204层》，载《中国青年报》2019年11月13日第04版。

子把罐装地下水包装成售价千元的“生命能量液”，还声称其能包治百病，能“逆转青春”，还能投资赚钱。据警方调查，该能量液涉嫌用虚假宣传诱导消费者，并涉嫌组织传销行为。涉案的中资创联公司以“拉人头”模式销售SSG生命能量液，每盒15瓶，单价1000元，共1.5万元，购买人只需在手机上下载“中联钱包”APP注册成为会员后，就有资格发展下线。为快速发展会员，该公司制定了奖励政策，包括发展下线零售奖励、批发奖励、月度奖励、直返奖励等。同时，公司为进一步诱骗投资人投资，扩大下线人数，对外宣称单独使用SSG生命能量液疗效只能达到70%，需配套在漂浮馆进行漂浮理疗才能达到100%的养生效果。据警方介绍，该公司的运营模式，从本质上说不是为了促进正常的商品交易，通过增加交易数额来获得收益，而是吸引参与者以购买远超于正常价格的产品来成为会员，才能获得分利资格，并按照一定顺序组成层级，再以直接或者间接发展下线的人数作为计酬返利的依据，属于非法传销活动。

又如，案例二——贵州“私募、众筹”传销案[①]。

贵州黔东南州公安局破获了以投资“中科泰能镍碳电池”“国宏新能源汽车”项目为名，通过互联网平台缴费入会，发展下线获取返利的涉嫌传销案件。以马某某为首的该传销组织会员遍及全国31个省，会员之间存在推荐关系组织结构共6级41层，会员人数达31700余名，组织头目接收会员资金17亿余元。与传统限制人身自由的传销不同，该传销组织以投资新能源汽车、镍碳电池为名，打着私募、众筹的旗号，发展下线会员，而私募、众筹均是当下投资新模式，极具迷惑性。2014年2月，马某某以东方财星董事长、国宏发展院院长的身份，在北京召开“国宏金桥基金”动员

① 参见邢炳银:《贵州破获“新传销”大案：以私募众募为名，两年吸金超17亿》，载https://www.thepaper.cn/newsDetail_forward_1712527，2020年7月9日访问。

大会，成立北京国宏金桥财星创业投资中心，东方财星是该基金的管理公司。会上，马某某任命陈某某、刘某等人为合伙企业总裁、常务副总裁等，构成该传销组织的领导层。2014 年 4 月 23 日，东方财星取得中国证券投资基金协会《私募投资基金管理登记证书》。“东方财星”虽然拿到了登记证书，但根本没有按照《私募投资基金监督管理暂行办法》《合伙企业法》《证券法》等法律、规章的规定开展经营活动，尤其是虽然打着“私募”的旗号，但严重违反了“合格投资者投资单支私募资金的金额不低于 100 万元”以及不得“以公开方式向不特定对象宣传”的规定，更超出了“投资者累计不能超过 200 人”的底线。为维持公司运营，需要源源不断的资金来补充维持。而这些资金全部来源于会员会费，所谓的投资项目并无盈利。这也意味着只有不断发展会员，缴纳会费，才能保证资金链不断。于是，为吸引会员入会，他们在宣传上下足了功夫。在社会面上，马某某以东方财星为主站台，在全国各地组织召开项目投资说明会、推介会、报告会，以“国家部委退休领导、专家、学者”共同发起的“国宏新能源金桥基金”和“国宏众筹”为噱头，宣传“中科泰能镍碳电池”和“国宏新能源汽车”等项目，夸大项目投资前景和上市回报利润。以众筹名义吸纳会员资金的“国宏新能源汽车”项目也与马某某所描绘的美好前景相去甚远。专案组调查核实，他们对外宣传拥有 4 个汽车产业园，实际仅有天津生产基地，生产 3214 辆新能源汽车，销售上牌 1891 辆，其中大部分车辆销售给了关联公司，使用的资金也是会员缴纳的会费。比如，其中 671 辆车系销售给天津时越汽车租赁有限公司，而工商登记信息显示，天津时越汽车租赁有限公司法人为马某某的弟媳孙某某，股东为马某某的母亲刘某某，实际控制人仍为马某某，买车的 3500 多万元用的都是会员的钱。为了资金流转，并在资金流转后形成一个有很多公司投资“中科泰能镍碳电池”和“国宏新能源汽车”项目的假象，以对外宣传，吸引会员加入，马某某以自己、母亲、妹妹及公司员工等人的名义，注册了 181 家公司，除 6 家公司有实体运营外，其他 175 家均是空壳公司。

再如，案例三——浙江“七亿入口”传销案[①]。

2020年4月，浙江省宁波市公安局江北分局成功破获“七亿入口”特大传销案，涉及人员80余万，涉案资金超8000万元。经专案组研判分析，“七亿入口”是一个平台名称，一个号称打造7亿中产阶级的平台。该平台由“浙江七亿入口科技有限公司”设立运营，宣称将在今后成立“七亿入口线上商城”，会员可在商城内购物、获取“流量”（积分）、获取利润分红及在未来公司上市后获取股权。而只要缴纳100元，就能成为会员。以这种“利润分红、股权”等为诱饵，该公司大肆发展会员。从2019年11月底公司成立至案发，该公司会员从最初的150人呈几何式疯涨至80多万人，会费缴纳高达8000余万元。

还如，案例四——李某某1组织、领导传销活动案[②]。

原审法院认定，2005年9月至2010年10月间，李某某1相继在中国香港特别行政区、内地注册成立了斐梵国际（亚太）有限公司、斐贝（国际）集团有限公司、斐贝国际电子商务（北京）有限公司、深圳斐贝电子商务有限公司、斐玛特（香港）电子商务有限公司、深圳斐玛特电子商务有限公司等多个自然人独资或由李某某1实际控制的公司。李某某1通过上述公司，招募、组织人员通过网络店铺，以销售美体内衣、健康食品、护肤品、日用品的名义从事传销活动。

斐梵公司运营的核心是会员制度、层级制度和奖励制度。首先，斐梵公司寻找代工厂加工、定制其所需要的、能够上市销售的产品，然后抬高产品价格并设定多种产品套餐。消费者购买规定的套餐后成为斐梵公司的

---

① 参见林波:《浙江警方破获一起特大传销案涉80余万人8000余万元资金》，载https://www.sohu.com/a/388994959_659495，2020年7月9日访问。

② 参见山东省泰安市中级人民法院（2014）泰刑三终字第29号刑事判决书。

银卡会员、金卡会员或钻石卡会员，同时取得了发展其他人成为会员的资格及继续购买产品的资格。斐梵公司规定，上线会员将发展的下线会员在网络上分左、右二区排列，之后发展的会员继续向下分区排列，以此叠加累积，自上而下形成金字塔状结构。为不断发展会员，斐梵公司根据发展会员的人数、对下线会员的管理、会员的活跃度等制定了多种奖励制度，如被称为“当月分享消费回馈”“每月消费回馈”“管理消费回馈”“消费经营回馈”等名目的积分奖励制度（斐梵积分能够兑换现金），以及电脑、汽车等实物奖励制度、旅游奖励制度等。会员发展的下线越多，业绩就越好，层级就越高，获得的积分、奖励就越多。积分达到一定的数量之后，会员可以取得渐次增高的男爵、子爵、伯爵、侯爵、公爵五个级别爵位，由此可获得更高的提成比例及在本地开办体验馆盈利的许可等。

截至案发，斐梵公司共发展会员152100人，遍布山东、河南、山西、河北、北京、天津、内蒙古、浙江、江苏、上海等10余省、市、自治区，建立起了金字塔状的层级结构，形成约150个层级，非法收入达1467141444.90元，斐梵公司为此支付给会员各种奖励合计798897644.41元。

原审法院认为，斐梵公司以销售产品的名义，要求参加者购买产品成为会员，获得加入资格，诱骗15万余人加入该组织，并将加入者按规定顺序排列为150余层。加入者以直接、间接发展会员的数量作为计算报酬的依据，骗取他人财物14亿余元，其行为在侵犯他人财产权利的同时，亦已严重扰乱了市场经济秩序，应当认定斐梵公司系传销组织。被告人李某某1、郭某某、陶某、黄某某、王某某、马某系该传销组织的发起者、策划者、管理者或宣传者，对该组织的建立及逐步壮大起重要作用，其行为均已构成组织、领导传销活动罪，且均应认定为犯罪情节严重。被告人马某作为斐梵会员之一，其犯罪行为限于泰安范围内，相对斐梵公司这一全国性传销组织，马某仅对该组织的发展、壮大起次要作用，应当认定为从犯，依法应当予以减轻处罚。综合各被告人在传销组织中的地位及作用、参加传销组织的时间、得赃及退赃等情况，以组织、领导传销活动罪分别判处被告人李某某1有期徒刑10年，并处罚金100万元；判处被告人郭某某有期徒刑7年，并处罚金50万元；判处被告人陶某有期徒刑6年，并处罚金40万元；判处被告人黄某某有期徒刑5年，并处罚金30万元；判处被告人王某某有期徒刑5年，并处罚金30万元；判处被告人马某有期徒刑3年，缓刑5年，并处罚金20万元。泰安市公安局泰山区分局已扣押、未随案移送的被告人李某某1赃款930.81万元、被告人郭某某赃款600万元、被告人陶某赃款430万元、被告人黄某某赃款108万元、被告人王某某赃款100万元、被告人马某赃款361.1158万元，由泰安市公安局泰山区分局负责处理。

李某某1、郭某某等的上诉理由是：斐梵国际的经营活动是以销售商品为目的的团队计酬式经营，不应作为犯罪处理。

二审法院认为，斐梵公司以推销商品等经营活动为名，要求参加者购买商品成为会员，获得加入资格，并将加入者按规定顺序排列为150余层，以直接、间接发展会员的数量作为计酬依据，骗取他人财物14亿余元，其行为严重扰乱经济社会秩序，故应依法认定斐梵公司系传销组织。上诉人李某某1、郭某某、陶某、黄某某、王某某，原审被告人马某系该传销组织的发起者、策划者、管理者或宣传者，对该组织的建立及逐步壮大起重要作用，其行为均已构成组织、领导传销活动罪，且均应认定为犯罪情节严重，均应依法予以惩处。关于各上诉人及其辩护人提出的“斐梵国际的经营活动是以销售商品为目的的团队计酬式经营，不应作为犯罪处理；认定斐梵国际参与传销人员和传销资金数额事实不清、证据不足；认定各上诉人的作用、地位存在偏差；量刑重”的辩解、辩护意见，经审理认为，根据公安机关扣押的载有斐梵公司网络经营电子数据的硬盘、对斐梵公司电子数据进行读取的联想ThinkPad笔记本电脑及读取斐梵公司电子数据的演示录像光盘，结合各上诉人及原审被告人的相关供述、胡某等证人证言、在案相关书证账证，已清晰地显示了斐梵公司的运营模式及发展下线人数、涉案金额，可以明确认定斐梵公司以参加者购买商品获得加入资格，并按规定顺序组成层级，以直接、间接发展会员的数量作为计酬依据，故斐梵公司应系传销组织，其涉案金额及人数事实清楚，证据充分。原审判决根据在案证据对各上诉人在斐梵公司的地位、作用已作出准确界定，各上诉人及其辩护人的相关上诉理由和辩护意见不能成立，不予采纳。原审判决认定事实清楚，定罪准确，审判程序合法，但鉴于二审期间上诉人郭某某、陶某认罪悔罪，并积极缴纳部分罚金，可在原审判决量刑基础上酌情从轻处罚。

根据2011年4月8日起施行的最高人民法院、最高人民检察院《关于办理诈骗刑事案件具体应用法律若干问题的解释》第1条的规定，诈骗公私财物价值3000元至1万元以上、3万元至10万元以上、50万元以上的，应当分别认定为《刑法》第266条规定的"数额较大""数额巨大""数额特别巨大"。从以上四例看出，各案所涉及的金额均达到了数额特别巨大（其中案例一近5亿元、案例二17亿余元、案例三8000余万元、案例四14亿余元），即便扣除各行为人用于返利的数额，他们骗取的财物也能达到数额特别巨大，其中案例四中的各被告人被公安机关扣押的赃款数额就是佐证（被告人李某某1赃款930.81万元、被告人郭某某赃款600万元、被告人陶某赃款430万元、被告人黄某某赃款108万元、被告人王某某赃款100万元、被告人马某赃款361.1158万元）。如果依照诈骗罪处理，上述各案中的主犯均可以判处无期徒刑，但依据本罪处理，则最高只能判处15年有期徒刑（况且案例四中最后判刑最高的是有期徒刑10年）。可见，在本罪与诈骗罪竞合的情况下，适用本罪处罚的最后结果明显出现罪责刑不相适应的情形。

上述所举案例只是众多传销犯罪大案中的"冰山一角"，组织、领导传销活动以骗取他人巨额财物的案例还远不止于此。应当说，刑罚的正当化根据就是报应的正义性与预防犯罪（包括一般预防和特殊预防）目的的合理性。而报应的正义性既决定了刑罚以犯罪为前提，也决定了刑罚的程度与有责的不法程度相当，而且各种犯罪之间的刑罚必须保持均衡。[①] 所以可

① 参见张明楷：《法益保护与比例原则》，载《中国社会科学》2017年第7期。

以肯定的是，面对组织、领导传销活动犯罪严重的危害性，立法给本罪配置的主刑既不能体现刑罚的正义性和目的性，也没有显示本罪与他罪的均衡性。有学者指出，刑法条文之间是彼此联系、相互作用的，因而应将刑法修改完善工作当成一个系统工程来把握，不能仅就某个单个的条文孤立地考虑修改意见，而应该在决定修正某一条文时对其所涉及的其他相关条文也进行相应考量，从而维护刑法条文之间的协调性。[①] 基于上述分析，笔者认为《刑法修正案（七）》在增设本罪时对其主刑的配置明显违反了刑事立法的系统性原则。

也正是上述问题的出现，在本罪与其他诈骗类犯罪竞合时致使有的学者不得不将二者确定为想象竞合而非法条竞合的状况。例如，张明楷教授就认为，本罪中的“骗取财物”不能解释为必须客观上骗取了他人财物，否则就会造成处罚的不协调，反之，只要认为“骗取财物”是显示诈骗型传销组织（或者活动）特征的要素，那么如果行为人确实骗取了财物，则另触犯了集资诈骗罪或者普通诈骗罪，属于想象竞合，从一重罪处罚。[②] 张明楷教授的上述观点自然遭到了一些持法条竞合论观点的学者的反对。例如，陈兴良教授对此进行评价时就认为：张明楷教授是以如果按照特别法优于普通法的原则，对诈骗型传销只能以组织、领导传销活动罪论处，不能体现公平正义为理由，认为组织、领导传销活动罪与诈骗罪、集资诈骗罪之间不是法条竞合关系，而是想象竞合关系，以便实行从一重罪处断的原则。但是，法条竞合与想象竞合在本体上存在区分，不能因为不同犯罪的法定刑轻重设置而混淆两者之间的界限。[③] 笔者大胆地猜测，张明楷教授的上述观点或许是其万般无奈之举，而其无奈之举的产生应当与本罪主刑立法的不科学直接相关。难怪张明楷教授在论及法条竞合与想象竞合的区

---

① 参见齐文远、童德华、周详：《全球化视野下的中国刑法原理》，法律出版社 2018 年版，第 70 页。

② 参见张明楷：《刑法学（下）》，法律出版社 2016 年版，第 838 页。

③ 参见陈兴良：《组织、领导传销活动罪：性质与界限》，载《政法论坛》2016 年第 2 期。

分这一问题时，由衷地发出了“我国刑法分则没有根据地设置了不少‘特别法条’”[①]的感叹。

有学者指出，立法上配刑是否合理，是一个国家刑事法治成熟程度的标志之一。刑法修订的精细化，既包括犯罪圈扩张的正当性，也包括罪刑关系调整的协调性，因而刑法配刑的实然均衡程度应该是未来刑法修订的重要事实依据之一。[②]笔者认为，刑法针对社会领域中的某些特殊危害行为设置专门的罪名，其宗旨应当是不仅要体现出惩治该种特殊危害行为的针对性，更要体现出惩治该种特殊危害行为的实效性。应当说，刑法对特殊类诈骗罪所配置的主刑，就符合上述立法宗旨，因为目前特殊类诈骗罪所规定的主刑一般要比普通诈骗罪高。例如，集资诈骗罪与合同诈骗罪均设置了三个量刑档次，主刑也均相同，即：数额较大的，处5年以下有期徒刑或者拘役；数额巨大或者有其他严重情节的，处5年以上10年以下有期徒刑；数额特别巨大或者有其他特别严重情节的，处10年以上有期徒刑或者无期徒刑。可见，虽然集资诈骗罪、合同诈骗罪与诈骗罪的主刑最高均为无期徒刑，但是前者的基本刑是5年以下有期徒刑，第一档加重刑的起点刑是5年有期徒刑（而后者的基本刑是3年以下有期徒刑，第一档加重刑的起点刑是3年有期徒刑），显然从总体上看，前者要比后者的主刑高，因此刑法对特殊诈骗罪主刑的设置无疑符合既具有针对性又具有实效性的立法宗旨。综上，既然“传销本质上是一种诈骗行为”，[③]那么，为了真正体现本罪的立法宗旨，就理应参照特殊类诈骗罪的立法经验，适时完善本罪的主刑设置。

至于具体如何完善本罪的主刑，有人大代表建议，应参照集资诈骗罪的量刑标准，修改组织、领导传销罪的量刑标准，即将《刑法》第224条之一的内容修改为：“组织、领导以推销商品、提供服务等经营活动为名……

---

① 张明楷：《法条竞合与想象竞合的区分》，载《法学研究》2016年第1期。

② 参见白建军：《再论罪刑均衡》，载《新疆师范大学学报（哲学社会科学版）》2020年第1期。

③ 黎宏：《刑法学各论》，法律出版社2016年版，第198页。

骗取财物，扰乱经济社会秩序的传销活动的，处五年以下有期徒刑或者拘役，并处罚金；情节严重的，处五年以上十年以下有期徒刑，并处罚金；情节特别严重的，处十年以上有期徒刑或者无期徒刑，并处罚金。”[①] 笔者认为，本罪既然与合同诈骗罪设在同一条，如果对本罪的罪名、罪状以及本罪所处的章节条文不做调整的前提下，那么将本罪的主刑（包括量刑档次、刑种、刑度等）设置为与合同诈骗罪的主刑相同即可。

值得探讨的是，为了解决本罪在实际运行中产生的罪责刑不相适应的问题，是否可以考虑将传销犯罪的立法回归最初《草案》一审稿的立法模式，即“组织、领导实施传销犯罪行为的组织，情节严重的，处三年以下有期徒刑或者拘役，并处罚金；情节特别严重的，处三年以上七年以下有期徒刑，并处罚金。犯前款罪又有其他犯罪行为的，依照数罪并罚的规定处罚”，据此，有学者主张在《刑法修正案（七）》规定的组织、领导传销活动罪的基础上，增设“非法设立传销组织罪”。[②] 应当说，从《草案》一审稿对传销犯罪的立法内容可看出，其无疑参照了组织、领导恐怖组织罪和组织、领导黑社会性质组织罪的立法模式，即首先对成立组织的行为实施刑罚处罚，然后对其以该组织的名义实施的其他犯罪行为进行数罪并罚。因此，如果针对传销设立一“组织”罪名（如“组织、领导传销组织罪”），然后对行为人以传销组织为基础实施其他犯罪的进行数罪并罚，这的确可以解决本罪的罪责刑不相适应的问题，不失为一条解决上述困局的思路。而且这样的考虑也具有支撑的依据，那就是传销犯罪的社会危害性。正如有学者所言：“传销活动严重扰乱了市场经济秩序，对正常的市场经营活动造成了破坏，但是，其对社会公共秩序的破坏力也不可小觑，甚至比对市场经济秩序的破坏更为严重。传销像一个幽灵，严重腐蚀着我国社会的诚信体系和伦

---

① 参见汤瑜：《孙建国代表：加大对组织、领导传销活动罪刑事处罚力度》，载《民主与法制时报》2019 年 3 月 10 日第 002 版。

② 参见袁彬：《传销犯罪独立成罪的合理性及模式——兼评〈刑法修正案（七）〉》，载《中国刑事法杂志》2009 年第 3 期。

理体系，其社会危害性不言而明。”[①] 如上所述，由于传销行为的实施，不仅发展大量人员参加，敛财的数额也特别巨大，更严重的是，传销活动与恐怖组织活动及黑社会性质组织活动一样，也容易衍生出其他诸如非法拘禁、故意伤害、敲诈勒索、妨害公务、聚众扰乱社会秩序等各种犯罪，所以似乎完全有必要将成立传销组织的行为规定为犯罪。但是，在仔细考究之下，设立传销组织罪并不具有可行性和科学性。因为，从司法实践来看，成立传销组织的过程可能或者实际就是传销活动具体开展的过程，即传销组织是与具体传销活动的开展同时产生的，一般不存在成立传销组织与开展传销活动两个截然或者相对独立的行为，甚至多数情况下是行为人先实施具体的传销活动而后才谈得上其建立了传销组织。因此，在二者并不存在明显界限的情况下，与恐怖组织、黑社会性质组织罪一样，会面临理论界和实务界认为存在重复评价的诟病。同时，此种方法仍然不能克服或者解决在传销活动中出现的法不责众的问题。因此，在对本罪的罪名、罪状以及本罪所处的章节条文不做调整的前提下，直接在现行条文中提高本罪主刑，是最科学且可行的。

关于本罪刑罚设置中另一个值得关注的问题，就是本罪的财产附加刑只配置了罚金，而没有没收财产。应当说，传销犯罪属于经济犯罪的范畴，而“经济犯罪主观上出于贪利的目的，对其仅判处自由刑尚不足以遏制其再犯，为此，必须对经济犯罪在判处自由刑的同时，并处财产刑，给予经济上的严厉制裁，只有这样，才能既剥夺犯罪人的犯罪所得，又剥夺其继续实施犯罪的资本，使他们不仅无利可图，而且得不偿失，从而实现预防其再犯的刑罚效果”。[②] 虽然本罪已规定了罚金的财产刑，但是罚金刑与没收财产刑在内容及执行方式方面具有不同性。在内容上，前者是剥夺犯罪分子一定数额的金钱，所剥夺的这些金钱不一定为犯罪分子现实所有（存

① 贾宇:《论组织、领导传销活动罪》，载《人民检察》2010 年第 5 期。

② 陈兴良:《本体刑法学》，中国人民大学出版社 2011 年版，第 565 页。

在），而后者则是剥夺犯罪分子个人现实所有（存在）的一部或者全部，被剥夺的财产既可以是金钱，也可以是诸如房屋、交通工具等其他财物；在执行方式上，前者可以分期缴纳，如果缴纳确有困难，还可以减免，而后者必须一次性执行（没收），不存在分期执行或减免的问题。可见，没收财产刑要重于罚金刑，也更能取得摧毁犯罪分子作为再犯的经济基础的效果。也正因如此，没收财产刑一般适用于严重的犯罪。我国刑法分则一般对于判处 10 年以上有期徒刑、无期徒刑或者死刑刑罚的，规定了必处或者选处没收财产刑。而本罪最高刑罚为 15 年有期徒刑，所以，即使在不提高其主刑的情况下，也应配置没收财产刑。何况，与本罪主刑设置完全相同的非法经营罪尚规定有没收财产刑，作为以诈骗为本质特征的本罪，就更应配置这一财产附加刑（刑法分则对所有的诈骗类犯罪均规定了没收财产刑）。另外，虽然实践中，司法机关对于传销犯罪分子的非法所得以及供犯罪所用的财物往往会根据《刑法》第 64 条的规定予以追缴与没收，似乎可以达到刑罚的效果。但是，《刑法》第 64 条的规定毕竟不属于刑罚的范畴，其并不具有刑罚的法律后果。即犯罪分子通过犯罪取得的财物，其本应无权占有，自应予以追缴或责令退赔，使受损失的公私财产恢复原状。[①] 那么，在本罪中配置没收财产刑与《刑法》第 64 条的规定并不存在所谓的重复或者多余。综上，在本罪既有罚金刑的基础上，增设没收财产刑（特别是如上所述在提高本罪主刑的情况下），不仅具有充分的法理基础和实践基础，而且在进一步补强附加刑的前提下更有利于刑罚功能和目的的实现。

三、对本罪罪状的重新设计

随着社会的快速发展，传销活动在形式上和内容上也发生了重大的变化，本罪在客观方面的一些规定已经表现出与现实不相适应的状况。例如，

① 参见马克昌主编:《刑罚通论》，武汉大学出版社 1999 年版，第 215 页。

"以推销商品、提供服务等经营活动为名"的基础性构成要件与当今实践就产生了不完全符合的状况。在立法当时，传销活动的发起基本上是行为人以推销商品或者提供某种服务作为借口，诱使他人参与传销活动，不论推销的商品或者提供的服务多么价高质次或者严重违背市场价值规律，但在某种程度上仍然属于"经营活动"的范畴。所以，本罪规定了"以推销商品、提供服务等经营活动为名"的基础性构成要件，应当说，这一条件与当时的传销形式和内容是相符的。但是从目前的司法实践来看，越来越多的传销者不再"以推销商品、提供服务等经营活动为名"作为诱饵发动、开展具体的传销活动，诸如以互联网金融、纯资本运作、项目开发等为名的传销活动占据着整个传销中相当部分的"市场"，因此，这一条件已表现出了其明显的滞后性。例如，"1040阳光工程"和"善心汇"两个传销组织就是不"以推销商品、提供服务等经营活动为名"的典型代表。"1040阳光工程"又名"自愿连锁经营业""纯资本运作""民间资本运作""商务运作""民间互助基金"等，该组织的运作模式是在没有提供任何产品或者任何服务的基础上，要求参加者购买1份至21份股份（第1份3800元，第2份起3300元）以获得加入资格，打着"纯资本运作"的幌子，虚构中央操盘，在北部湾布局，暗中实施"国家秘密政策"，为北部湾吸聚资金，带动北部湾的经济发展之事实，通过拉人头方式不断发展下线并组成层级。"善心汇"则宣称是一个相互帮扶、互爱互助的组织，在这个组织里，如果自己或者其他人有什么困难，其他会员就会帮扶。其运作模式为：加入人在"善心汇"的网站上进行注册并创建一个账号和密码，然后再填写加入人的姓名、身份证号码、住址、手机号、电子邮箱等信息，点击注册即可成为"善心汇"的会员，注册一个会员需要一个善种子，一个善种子需要用300元人民币购买；"善心汇"实行会员制，会员分为特困区、贫困区、小康区、功德区。该传销组织实际是利用"善心汇"交易平台，打着"扶贫救济"的名义，以"布施"和"受助"为名，要求参加者以缴纳会员费的方式获得加入资格，并按一定顺序组成层级，以直接或者间接发展会员的数量作为返利的依据。鉴上，笔者认为，虽然上述情形可以通过诸如目的解释、体系解释等方法将其解释为与“以推销商品、提供服务等经营活动为名”同义，但是刑法的解释功能毕竟不能与刑法规范自身具有的功能同日而语，况且刑法解释有时会僭越刑法规范自身的含义，容易与罪刑法定原则相悖，所以有必要对本罪“以推销商品、提供服务等经营活动为名”这一要件作出修改，如可以将其修改为“以各种形式的名义”。

另外，如上所述，由于本罪的主刑配置过低，从而导致其在实际运行中无法体现出当初增设本罪所期望的惩治传销犯罪的实效。笔者认为，这一状况的产生，与本罪的象征性立法举措分不开。有学者在以虚假广告罪为例谈及我国刑事立法中存在的象征性立法时指出，自 1997 年《刑法》设立虚假广告罪以来，实务上对该罪予以规制的案例寥寥无几，而在现实生活中虚假广告的泛滥程度已到了令人无法忍受的地步。究其根源，无非在于立法者在将该行为入罪时主要追求的是刑法的宣示效应，而未对虚假广告的内涵外延、虚假广告的存在土壤、行政执法对于虚假广告的抑制效果、刑法其他规定对于虚假广告行为的边际效应等作出周密的思考与论证。实际上，在前有《广告法》严格的处罚规定，后有诈骗罪等重度罪名的设置，法律制裁已经形成轻重有序、衔接紧凑、逻辑自洽的完整体系的背景下，再从中单设虚假广告罪这样一个轻度罪名，就只能使其构成要件在夹缝中难以真正定型而成为徒具象征性的虚名。[①] 显然，立法者以传销犯罪与非法经营、诈骗等犯罪存在本质特征不同为由，针对性地在《刑法修正案（七）》中增设本罪，也同样使本罪出现了在《条例》与诈骗类重度罪的夹缝中难以定型的尴尬局面，只不过其不像虚假广告罪几乎沦为“休眠条款”那样“悲惨”，因为司法实践中事实上呈现了众多处罚传销犯罪的案例。然而，从众多案例最后的处罚结果来看，将本罪冠以“徒具象征性的虚名”又并不冤屈，因为实践中以本罪处罚的许多行为人，基于其实施传销活动所获取的巨额

---

① 参见程红：《象征性刑法及其规避》，载《法商研究》2017 年第 6 期。

利益或者所具有的其他特别严重情节，如果以诈骗类犯罪对其处理完全有被处以无期徒刑的可能。应当说，上述情况的发生，是与本罪所设计的罪状所存在的问题分不开的，而问题的指向最为明显的是“骗取财物，扰乱经济社会秩序”的立法安排。

首先，依据立法安排的这一要求，本罪的客体必为复杂客体，即本罪不仅侵犯市场秩序（主要客体），而且还同时侵犯公民财产权及社会管理秩序（次要客体）。由于“犯罪的次要客体是实施某一类犯罪时不可避免遭受犯罪侵犯的犯罪客体”[①]，所以“公民财产权”和“社会管理秩序”这两个次要客体实际是构成本罪的必要条件。亦即，实施传销活动必须同时侵犯市场秩序、公民财产权及社会管理秩序三个客体，本罪才能成立，如果传销活动只是破坏市场秩序而不侵犯公民财产权和破坏社会管理秩序，本罪就不能成立（如同抢劫罪，如果行为人实施的行为不侵犯人身权利，就不构成该罪），但显然这与设立本罪的初衷不符。事实上，将“社会管理秩序”作为本罪的次要客体有牵强附会之嫌。因为，犯罪是具有严重社会危害性的行为，这是其最本质、最基本的特征，但当行为人实施传销活动达到本罪的追诉标准时，并不能说其对社会秩序的破坏就达到了严重的程度。也就是说，如果行为人开展传销活动，其组织内部参与传销活动人员刚好是30人且层级也刚好是3级时，在参与人员不多、层级不高的情况下，还很难说社会秩序遭到了严重破坏（甚至可以说此时的社会秩序尚未遭到破坏）。另外，参与传销的人并不都是被引诱、胁迫加入传销组织的，也存在诸多并不经过传销活动的“洗脑”或“攻心”环节即积极参与传销活动的人员，这些人员在秉持传销能“发家致富”的理念之下也许抱的是愿赌服输的心态，因而可能不会有意给社会秩序“增添麻烦”。而且，即便是被引诱或者胁迫参加传销组织的，但当其最后“血本无归”时也未必聚众闹事，因而不一定会影响社会稳定。所以，实施传销活动必然会破坏市场秩序及侵犯公民财产权，但并不见得社会管理

① 马克昌主编:《犯罪通论》，武汉大学出版社1999年版，第117页。

秩序一定会同时遭到破坏。那么，目前立法将传销“扰乱社会秩序”作为本罪必定出现的侵害结果，与犯罪的本质特征和司法实践均不相符。因此笔者认为，“社会管理秩序”至多只能作为本罪的随机客体出现。所谓随机客体，又称随意客体、选择客体，它是指在某一具体犯罪侵害的复杂客体中可能由于某种机遇而出现的客体。随机客体虽然属于复杂客体的一种，但其与主要客体、次要客体不同的是，主要客体与次要客体是某一具体犯罪构成的必要要件（或必备要件），而随机客体仅仅是选择要件，可能出现也可能不出现，且一旦出现，也只是影响量刑，不影响定罪。①既然如此，“扰乱社会秩序”就成了多余的内容。同时，既然立法将本罪置于“破坏社会主义市场经济秩序罪”之“扰乱市场秩序罪”中，那么“市场秩序”无疑就是本罪侵犯的客体，因而“扰乱经济秩序”也没有必要在本罪的罪状中“画蛇添足”式地出现（何况，传销活动不是真正的经营行为，将“市场秩序”作为传销犯罪侵犯的客体并不妥当）。

其次，《传销刑事案件适用意见》并没有将骗取他人财物的数额以及对社会秩序的扰乱作为本罪入罪的因素（只是将“直接或者间接收取参与传销活动人员缴纳的传销资金数额累计达250万元以上的”作为本罪情节严重的标准之一），这实际上也产生了立法与司法的相互矛盾。这一相互矛盾的直接结果，就是导致立法为本罪安排的“骗取财物”及“扰乱社会秩序”成为多余。但是，这种“多余”又并不能归责于司法解释，因为传销的独有行为方式是“按照一定顺序组成层级，直接或者间接以发展人员的数量作为计酬或者返利依据，引诱、胁迫参加者继续发展他人参加”，那么，为了与这一实质要件相符，司法解释只能以其为中心（即围绕传销人员的数量及层级）制定入罪标准。

再次，如上所述，本罪的“骗取财物，扰乱经济社会秩序”罪状表述，

① 参见高铭暄、马克昌主编：《刑法学》，北京大学出版社、高等教育出版社2017年版，第58页。

使本罪侵犯的必然为市场秩序、公民财产权及社会管理秩序三个客体，按理，同时侵犯三个客体的犯罪就说明其对社会的危害性更大，就应当为其配置相应较重的法定刑，但立法目前为本罪配置的法定刑显然与其对社会造成的危害并不匹配，由此在本罪的实践运行中自然会产生法不责众或者明显不公平、公正的困局。实施本罪的行为人无论骗取了多么巨额的财物，也无论具有多么严重的情节，其最后的刑罚最高也只有15年有期徒刑（而如果按照普通诈骗罪或者某一特殊诈骗罪处理，相同情况下可能会判处无期徒刑）。可见，立法为本罪设计的“骗取财物，扰乱经济社会秩序”罪状与其所配置的法定刑存在明显的矛盾。

最后，本罪的“骗取财物”，使得学界为了厘定本罪与普通诈骗罪以及特殊类诈骗罪的关系，动用或耗费了较多的学术资源，但是，如果真正按照法条竞合或者想象竞合来处理本罪与其他诈骗罪的关系，实际上会出现诸多尴尬的结局，那就是：在本罪与诈骗罪竞合时，按照特别法优于普通法的处理原则以本罪处罚，会产生罪责刑不相适应的状况；而在本罪与集资诈骗罪竞合时，不论以想象竞合还是法条竞合处理，在遵循以一重罪处罚的情况下，均要以集资诈骗罪定罪处罚，本罪就有可能会在司法实践中消失，从而导致本罪成为“休眠条款”。

从上述问题看出，本罪罪状设计中出现的最大，也是最关键的问题就是“骗取财物，扰乱经济社会秩序”的表述。可以说，这一内容成了引发本罪诸多争议（如本罪与普通诈骗罪及特殊类诈骗罪的关系等）以及本罪适用中产生诸多迷惑的根源。笔者认为，解决本罪罪状所出现的问题，应当要回归本罪的真正本质层面寻找答案。至于何为本罪的真正本质，学界是围绕“骗取财物”的性质或者地位展开争论的。如前所述，有的认为本罪的本质特征体现在传销所具有的行为方式，即“以推销商品、提供服务等经营活动为名，要求参加者以缴纳费用或者购买商品、服务等方式获得加入资格，按照一定顺序组成层级，直接或者间接以发展人员的数量作为计酬或者返利依据，引诱、胁迫参加者继续发展他人参加”，而“骗取财物”只是对上述传销本质特征的修饰或者限定。有的则认为“骗取财物”并不是传销的修饰语或者限定词，而是本罪的客观构成要件，因而“骗取财物”才是本罪的本质特征。笔者认为，本罪罪状中在“骗取财物”之前所描述的所有内容，其体现的只是传销的行为方式而已，不是本罪的本质特征，本罪的本质特征应当是“骗取财物”。也就是说，传销具有与其他行为方式不同的表现，如集资诈骗罪的行为方式是使用诈骗的方法进行非法集资；合同诈骗罪的行为方式是在签订、履行合同的过程中采用虚构事实或者隐瞒真相的方法；而本罪的行为方式则是采用“拉人头”“缴纳入门费”的方法。可见，本罪与普通诈骗罪以及特殊类诈骗罪的不同，只是体现在行为方式方面，它们的共同本质在于行为人以非法占有为目的骗取他人财物。所以，本罪的真正本质特征应当最终归结在其罪状中的“骗取财物”上。综上，笔者认为，为了彻底解决本罪所存在的上述问题，应当首先根据传销的真正本质特征将“组织、领导传销活动罪”改为“传销诈骗罪”。按照陈兴良教授的看法，既然传销的本质就是诈骗，那么“较为合理的罪名应该是传销诈骗罪”①，笔者认为这一观点是值得赞同的。这样处理，不仅能使传销犯罪提高法定刑获得正当的理由，还能使“传销诈骗罪”归于特殊诈骗罪的范畴（因而与第266条的诈骗罪形成从属或者完全包容的法条竞合关系，与集资诈骗等特殊诈骗罪形成交叉或者部分包容的法条竞合关系），并消弭学界为此形成的争议。其次，鉴于“社会秩序”是随机客体以及传销活动并非真正的经营行为，应将本罪罪状中“扰乱经济社会秩序”的内容予以删除，而且将本罪设计为数额犯，将“骗取财物”改为“骗取财物数额较大的”，并据此将本罪的入罪标准改为“传销内部人员三十人以上且层级三级以上，骗取财物数额较大的”（数额较大的具体标准由司法解释另行确定）。

需要附带提及的是，关于本罪或者“传销诈骗罪”在刑法分则中的章

① 陈兴良：《组织、领导传销活动罪：性质与界限》，载《政法论坛》2016年第2期。

节布局问题，理论界进行了如下商讨：有的认为，本罪应纳入扰乱公共秩序罪之中，作为《刑法》第294条之一予以规定，因为从扰乱公共秩序罪所规定的具体罪来看，与组织、领导传销活动罪在犯罪性质、行为方式与对象、犯罪客体与社会危害性等方面最为接近的罪名是《刑法》第294条规定的组织、领导、参加黑社会性质组织罪①；有的认为，由于赌博犯罪和传销犯罪作用原理相同，都是利用了人们投机取巧、不劳而获、快速敛财的人性弱点，同时多数传销人员往往多次参加传销组织，不思悔改，甚至以此为业，所以应将组织、领导传销活动罪放入《刑法》第六章“妨害社会管理秩序罪”的第一节“扰乱公共秩序罪”中，在《刑法》第303条中增设传销犯罪，列为第303条之三位于赌博罪之后，有助于帮助人们认清传销犯罪的本质，从而自觉抵制传销的诱惑，并将以传销为业、多次参加传销组织的人列为惯犯的一种，加大打击力度，满足人民群众惩治传销犯罪的要求；②还有的认为，从组织、领导传销活动罪保护的法益来看，刑法所规定的这种“拉人头”“缴纳入门费”的诈骗型传销实际上并非市场经营行为，而是以经营活动为名实施的对不特定人的诈骗行为，因此不应该将组织、领导传销活动罪放在《刑法》分则第三章第八节“扰乱市场秩序罪”中，而应该放在第三章第五节“金融诈骗罪”中，具体来说，可以在第192条集资诈骗罪之后设立“传销诈骗罪”。③笔者认为，上述第三种观点是可取的。传销犯罪的本质是诈骗，因而将其置于扰乱公共秩序的罪名中，既不能体现出其本质特征，也不能保护传销犯罪侵犯的主要法益。同时，由于传销的行为方式与合同诈骗罪的行为方式不具有同一性，将传销的罪名置于与合同诈骗罪同条的确也不妥当。所以，即使不将“组织、领导传销活动罪”改为“传销诈骗罪”，由于传销的行为方式实际就是非法集资，只不过传销采取的是

---

① 参见彭辅顺：《论组织、领导传销活动罪在刑法分则中的地位》，载《求索》2013年第1期。

② 参见贾宇：《论组织、领导传销活动罪》，载《人民检察》2010年第5期。

③ 参见刘传稿：《厘清认定难点，治理传销犯罪——专访东南大学法学院教授欧阳本祺》，载《人民检察》2017年第17期。

"拉人头""缴纳入门费"的方式进行集资而已，那么，将传销犯罪置于与集资诈骗罪同一法条，无疑是正确的选择。

四、完善本罪的追诉标准

目前司法解释为本罪确定的追诉标准为"组织内部参与传销活动人员在三十人以上且层级在三级以上"，应当说，将该标准只适用于传统"面对面"的传销模式尚且可行，但适用于新型的网络传销模式则有滞后之嫌。如前所述，近年来，网络传销违法活动日益突出，特别是随着移动互联网、网络购物等网络概念和营销方式的推出及发展，打着所谓"电商""多层分销"等名义从事传销活动屡见不鲜。网络传销活动下，加入传销组织的手续更加灵便，只要扫码即可注册成为会员，同时因其主体和标的的虚拟性、行为跨地域性等特点，极易造成蔓延速度快、涉及人员多、波及地域广、涉案金额大等后果，如果不及时控制将严重损害他人利益。例如，湖南省永州市冷水滩区法院审理的张某某发动的"善心汇"传销系列案之查某某等组织、领导传销活动案中，判决书载明的从"善心汇"后台提取的《善心汇每月注册人数表》用以证明"善心汇"传销组织建立、发展过程的这一证据，证实"善心汇"的"众扶互生系统"2016年4月试运行时注册会员为14人，5月28日"众扶互生系统"上线运行后，6月注册人数增至13376人，10月注册人数已达113149人；到2017年4月注册人数激增至1274930人，5月注册人数为1513162人，7月注册人数为343243人。截至2017年7月案发，"善心汇"注册会员共计5981028人，层级75层。[①] 从此案看出，"善心汇"传销组织自2016年4月至2017年7月案发，在短短的一年多的时间内，从注册会员14人发展到598万多人，可见，网络传销模式下参与传销的人员数量可以说是呈

① 参见湖南省永州市冷水滩区人民法院（2017）湘1103刑初564号刑事判决书。

几何级数的增长，与传统的传销模式相比，其发展下线的速度是超乎想象的。为此，笔者认为，针对传统和新型两种传销模式，在司法解释中应分别确立不同的追诉标准（“双重标准”），即对于采用传统传销模式的，仍然按照目前的标准予以追诉，而对于采用网络实施传销的，则以“组织内部参与传销活动人员在二十人以上且层级在二级以上的”作为追诉标准。需要说明的是，传销的特点是将发展的人员组建层级，所以要确定某一活动为传销行为性质，就必须以层级的数量作为重要的参照系数。换言之，如果未达到一定层级数量的，很难或者不能将该种行为确定为传销。那么，也许有人会认为，上述网络传销的追诉标准因过于提前尚不能将其确定为传销组织（活动），亦即，在组织内部参与传销活动人员刚达 20 人以上且层级刚达 2 级以上，即将其确定为传销组织或者属于传销的性质，可能会出现认定上的错误。但是，从司法实践来看，在具体传销活动开展前，发起人、策划人均无一例外地事先制定出所谓的“经营活动”规则（如加入活动的资格条件、发展人员要求、提成比例、晋升条件等），而且这些规则也一般会在开展具体活动时通过网络等方式向外界进行宣传（否则其活动就无法开展）。基于这些所宣传的活动规则的考察，加之网络传播的快速性，完全可以对其未来的发展走向以及后果作出判断，并以此认定其行为属于传销的性质。所以，将网络传销模式的追诉标准确定为“组织内部参与传销活动人员在二十人以上且层级在二级以上”，无疑具有可靠的实践基础，是科学、可行的。

五、处罚本罪的未遂犯

《刑法》第 23 条第 2 款规定：“对于未遂犯，可以比照既遂犯从轻或者减轻处罚。”据此，从理论上讲，对于刑法分则中规定的所有犯罪的未遂均可处罚。但是，从目前司法实践来看，司法机关并不是将所有犯罪的未遂纳入刑罚处罚范围，而是有选择性地处罚未遂犯，从某些司法解释的规定就可以得出这一结论。例如，最高人民法院、最高人民检察院于2013年4月2日发布的《关于办理盗窃刑事案件适用法律若干问题的解释》第12条规定，盗窃未遂，具有下列情形之一的，应当依法追究刑事责任：（一）以数额巨大的财物为盗窃目标的；（二）以珍贵文物为盗窃目标的；（三）其他情节严重的情形。根据这一规定，司法机关对于盗窃未遂显然采取了选择性处罚立场，即不一律处罚，但不是一律不处罚。

从目前司法实践来看，对于传销犯罪的处罚一般定格在既遂状态的范围，而对于未遂的处罚案例则基本没有出现，而且最高人民法院发布的指导性案例（第865号）——曾国坚等非法经营案，也似乎表明了不处罚本罪未遂犯的立场，该案的基本案情及裁判结果如下。[①]

广东省深圳市罗湖区人民检察院以被告人曾国坚、黄水娣、罗玲晓、莫红珍犯非法经营罪，向深圳市罗湖区人民法院提起公诉。深圳市罗湖区人民法院经公开审理查明：自2009年6月始，被告人曾国坚租赁深圳市罗湖区怡泰大厦A座3205房为临时经营场所，以亮碧思集团（香港）有限公司发展经销商的名义发展下线，以高额回馈为诱饵，向他人推广传销产品、宣讲传销奖金制度。同时，曾国坚组织策划传销，诱骗他人加入，要求被发展人员缴纳入会费用，取得加入和发展其他人员加入的资格，并要求被发展人员发展其他人员加入，以下线的发展成员业绩为依据计算和给付报酬，谋取非法利益；被告人黄水娣、罗玲晓、莫红珍均在上述场所参加传销培训，并积极发展下线，代理下线或者将下线直接带到亮碧思集团（香港）有限公司缴费入会，进行交易，形成传销网络：其中曾国坚发展的下线人员有郑某妮、杨某湘、王某军、杨某芳、袁某霞等人，杨某芳向曾国坚的上线曾某茹缴纳人民币（以下未标明的币种均为人民币）20000元，袁某霞先

① 参见中华人民共和国最高人民法院刑事审判第一、二、三、四、五庭主办：《中国刑事审判指导案例》，法律出版社2017年版，第564—565页。

后向曾国坚、曾某茹及曾国坚的哥哥曾某建共缴纳 62000 元；黄水娣发展罗玲晓、莫红珍和龚某玲为下线，罗玲晓、莫红珍及龚某玲分别向其购买了港币 5000 元的产品；罗玲晓发展黄某梅为下线，黄某梅发展王某华为下线，黄某梅、王某华分别向亮碧思集团（香港）有限公司缴纳入会费港币 67648 元；莫红珍发展龙某玉为下线，龙某玉发展钟某仙为下线，钟某仙发展周某花为下线，其中龙某玉向莫红珍购买了港币 5000 元的产品，钟某仙、周某花分别向亮碧思集团（香港）有限公司缴纳入会费港币 67648 元。2009 年 12 月 8 日，接群众举报，公安机关联合深圳市市场监督管理局罗湖分局将正在罗湖区怡泰大厦 A 座 3205 房活动的曾国坚、黄水娣、罗玲晓、莫红珍等人查获。

深圳市罗湖区人民法院认为，被告人曾国坚、黄水娣、罗玲晓、莫红珍从事非法经营活动，扰乱市场秩序，均构成非法经营罪，属于共同犯罪。在共同犯罪中，曾国坚积极实施犯罪，起主要作用，是主犯；黄水娣、罗玲晓、莫红珍均起次要作用，系从犯，且犯罪情节轻微，认罪态度较好，有悔罪表现，依法均可以免除处罚。曾国坚犯罪情节较轻，有悔罪表现，对其适用缓刑不致再危害社会。据此，依照《刑法》第 225 条、第 25 条第 1 款、第 26 条、第 27 条、第 72 条之规定，深圳市罗湖区人民法院以非法经营罪判处被告人曾国坚有期徒刑 1 年零 6 个月，缓刑 2 年，并处罚金 1000 元；以非法经营罪分别判处被告人黄水娣、罗玲晓、莫红珍免予刑事处罚。

宣判后，被告人曾国坚不服，向深圳市中级人民法院提出上诉，并基于以下理由请求改判无罪：亮碧思集团（香港）有限公司有真实的商品经营活动，其行为不构成非法经营罪，也没有达到组织、领导传销活动罪的立案追诉标准。

深圳市中级人民法院经审理认为，上诉人曾国坚与原审被告人黄水娣、罗玲晓、莫红珍的行为，应当认定为组织、领导传销活动行为，不应以非法经营罪定罪处罚。鉴于现有证据不能证明曾国坚、黄水娣、罗玲晓、莫红珍的行为已达到组织、领导传销活动罪的追诉标准，其行为不应以组织、领导传销活动罪论处。曾国坚的上诉理由成立。据此，依照《刑事诉讼法》第225条第1款第（2）项之规定，深圳市中级人民法院判决如下：撤销深圳市罗湖区人民法院（2011）深罗法刑一重字第1号刑事判决；被告人曾国坚、黄水娣、罗玲晓、莫红珍无罪。

此案的主要问题是，组织、领导传销活动尚未达到组织、领导传销活动罪立案追诉标准，但经营数额或者违法所得数额达到非法经营罪立案追诉标准，能否以非法经营罪定罪处罚？应当说，从司法机关最后的处理结果看，其示范意义本来在于，在《刑法修正案（七）》施行之后，对于客观上表现为组织、领导"拉人头"型或者"骗取入门费"型的传销活动，只能以其是否符合组织、领导传销活动罪的构成特征来判断罪与非罪，不能按照《刑法修正案（七）》施行以前的做法，以非法经营罪定罪处罚。不过，本案也同时表明了司法机关的另一个态度，那就是不处罚本罪的未遂犯。因为，本案中曾国坚等人的行为已经被确定为传销性质，只不过尚未达到追诉标准，即没有既遂，但是显然属于未遂。因此，司法机关以曾国坚等人的传销行为没有达到本罪的追诉标准不以本罪论处，显然表明了不处罚本罪未遂犯的立场。

黎宏教授认为，如果说犯罪在一定程度上是机会或者情景的产物，犯罪预防应当从事后的刑罚处罚转向事前的改变环境、减少机会上的话，则刑法学的基本观念应当有所变化。其中，在刑法适用的一些具体问题上，应当根据当前社会治安形势和人们的治安要求，进行最大限度的灵活解释，以体现预防刑法的理念。比如，可以适当扩大未遂犯的处罚范围，将"以处罚既遂犯为原则，处罚未遂犯为例外，处罚预备犯为例外的例外"的传统司法观改变为"以处罚未遂犯为原则、处罚预备犯为例外"。① 笔者认为，

① 参见黎宏：《情景犯罪学与预防刑法观》，载《法学评论》2018年第6期。

根据本罪的实际运行效果，对于本罪的处罚方面应坚持客观主义的价值取向。作为与主观主义在犯罪论领域论争的一方，客观主义重视的是人的外部行为，认为犯罪的本质在于体现于外部的行为及其结果，只有行为才能构成刑事责任的基础；而主观主义则侧重于行为人的内部危险性格，认为犯罪的本质是行为人的反社会性格，只有从行为人反复实施犯罪行为的危险性中寻找追究行为人刑事责任的根据。[①] 客观主义与主观主义的对立，在犯罪论领域形成及产生了诸多不同的观点与结论上的分野。如在犯罪未遂处罚的根据问题上，两者便形成了客观未遂论与主观未遂论之争。前者认为，未遂犯的处罚根据在于发生了法益侵害的客观危险性，或者未遂行为本身就具有客观危险性；而后者认为，未遂犯的处罚根据在于行为人的行为显示出了其实现犯罪的意思或者危险性的性格，而这种犯罪意思或者危险性与犯罪既遂并无不同。我国刑法理论关于未遂犯处罚根据的传统见解是奠基于修正的构成要件理论的主客观相统一说。但近年来，随着我国刑法知识的转型，刑罚处罚未遂犯的正当根据不仅逐渐成为刑法理论关注的一个热点问题，并且呈现出由混沌的主客观相统一说向客观未遂论转型的趋势。[②] 例如，陈兴良教授认为，相对于既遂犯来说，未遂犯是一种犯罪的未完成形态。但未遂犯之所以应当受到刑事处罚，主要还是因为未遂犯具有法益侵害的危险性。这里的危险是实质的客观上的危险，而且是指结果的危险（而非行为危险），即具有造成结果发生的危险。[③] 同样，张明楷教授也主张客观未遂论，并且采取实质的客观说中的危险结果说，他认为未遂犯都是具体的危险犯。[④] 由此可见，鉴于传销犯罪的未遂所具有的法益侵害的客观危险性，或者未遂行为本身就具有客观危险性，应当有必要对未遂犯罪进行处罚。同时，如前所述，本罪只限于处罚组织者、领导者，是为了缩小打击面，

① 参见冯军、李春雷主编：《外国刑法学概论》，中国民主法制出版社 2004 年版，第 23 页。

② 参见梁根林：《刑法总论问题论要》，北京大学出版社 2018 年版，第 419 页。

③ 参见陈兴良：《教义刑法学》，中国人民大学出版社 2010 年版，第 595—596 页。

④ 参见张明楷：《刑法学（上）》，法律出版社 2016 年版，第 342 页。

而处罚本罪的未遂犯不仅与立法精神不悖，反而更加契合立法原意。因为，处于未遂状态的行为人一般就是传销的发起者、策划者、操纵者，而处于该层次的行为人往往人数不多，有的甚至就是一人，因而处罚本罪的未遂犯与本罪处罚组织者、领导者的立法精神相适。

综上，由于未遂是已经着手实施犯罪，其对保护的法益有了紧迫的危险或者现实威胁，为此，鉴于传销犯罪的高发态势及其严重的社会危害性，基于预防传销犯罪的需要，应当处罚本罪的未遂犯，建议最高司法机关进一步完善本罪的司法解释，将本罪的未遂纳入刑罚处罚的范围。当然，由于《条例》对传销规定了相应的行政处罚，同时《刑法》第13条又有“情节显著轻微危害不大的，不认为是犯罪”之规定，所以在二元制裁体系下，可以将传统传销模式中那些作为发起、策划传销活动的发展传销内部参与人员接近20人且层级达到2级的传销者作为未遂犯实施刑罚处罚，而其余的则留给行政法进行调控。

参考文献

一、著作类

1. [德] 汉斯 · 海因里希 · 耶赛克、托马斯 · 魏根特:《德国刑法教科书》，徐久生译，中国法制出版社 2001 年版。

2. [德] 李斯特:《刑法教科书》，徐久生译，法律出版社 2006 年版。

3. 韩忠谟:《刑法原理》，北京大学出版社 2009 年版。

4. 高铭暄主编:《刑法专论（上编）》，高等教育出版社 2002 年版。

5. 高铭暄:《刑法问题研究》，法律出版社 1994 年版。

6. 高铭暄、马克昌主编:《刑法学》，北京大学出版社、高等教育出版社 2017 年版。

7. 高铭暄、赵秉志主编:《犯罪总论比较研究》，北京大学出版社 2008 年版。

8. 高铭暄、陈璐:《〈中华人民共和国刑法修正案（八）〉解读与思考》，中国人民大学出版社 2011 年版。

9. 马克昌主编:《经济犯罪新论——破坏社会主义市场经济秩序罪研究》，武汉大学出版社 1998 年版。

10. 马克昌主编:《犯罪通论》,武汉大学出版社 1999 年版。

11. 马克昌主编:《刑罚通论》,武汉大学出版社 1999 年版。

12. 马克昌主编:《百罪通论(上卷)》,北京大学出版社 2014 年版。

13. 马克昌主编:《百罪通论(下卷)》,北京大学出版社 2014 年版。

14.《刑法学》编写组:《刑法学(上册·总论)》,高等教育出版社 2019 年版。

15.《刑法学》编写组:《刑法学(下册·各论)》,高等教育出版社 2019 年版。

16. 李海东:《刑法原理入门(犯罪论基础)》,法律出版社 1998 年版。

17. 王作富主编:《刑法》,中国人民大学出版社 2011 年版。

18. 储槐植:《美国刑法》,北京大学出版社 2005 年版。

19. 陈家林:《外国刑法通论》,中国人民公安大学出版社 2009 年版。

20. 林亚刚:《刑法学教义(总论)》,北京大学出版社 2014 年版。

21. 张明楷:《刑法学(上)》,法律出版社 2016 年版。

22. 张明楷:《刑法学(下)》,法律出版社 2016 年版。

23. 张明楷:《外国刑法纲要》,清华大学出版社 2007 年版。

24. 张明楷:《刑法的私塾》,北京大学出版社 2014 年版。

25. 周光权:《刑法总论》,中国人民大学出版社 2011 年版。

26. 周光权:《刑法各论》,中国人民大学出版社 2011 年版。

27. 曲新久:《刑法学》,中国政法大学出版社 2009 年版。

28. 赵秉志主编:《高铭暄刑法思想述评》,北京师范大学出版社 2013 年版。

29. 赵秉志主编:《刑法修正案最新理解适用》,中国法制出版社 2009 年版。

30. 赵秉志主编:《刑法总论问题探索》,法律出版社 2003 年版。

31. 赵秉志主编:《刑法新教程》,中国人民大学出版社 2012 年版。

32. 齐文远主编:《刑法学》,北京大学出版社 2016 年版。

33. 梁根林:《刑法总论问题论要》，北京大学出版社 2018 年版。

34. 陈兴良:《刑法哲学（上)》，中国政法大学出版社 2009 年版。

35. 陈兴良:《本体刑法学》，中国人民大学出版社 2011 年版。

36. 陈兴良:《教义刑法学》，中国人民大学出版社 2010 年版。

37. 陈兴良:《规范刑法学（上册)》，中国人民大学出版社 2013 年版。

38. 陈兴良:《规范刑法学（下册)》，中国人民大学出版社 2013 年版。

39. 陈兴良主编:《刑法总论精释（上)》，人民法院出版社 2016 年版。

40. 陈兴良主编:《刑法总论精释（下)》，人民法院出版社 2016 年版。

41. 刘明祥主编:《刑法的基础理论》，中国人民大学出版社 2015 年版。

42. 刘明祥:《财产罪比较研究》，中国政法大学出版社 2001 年版。

43. 齐文远、童德华、周详:《全球化视野下的中国刑法原理》，法律出版社 2018 年版。

44. 黎宏:《刑法学各论》，法律出版社 2016 年版。

45. 李晓明主编:《中国刑法基本原理》，法律出版社 2005 年版。

46. 吴振兴:《罪数形态论》，中国检察出版社 2006 年版。

47. 姜伟:《犯罪形态通论》，法律出版社 1994 年版。

48. 许玉秀:《当代刑法思潮》，中国民主法制出版社 2005 年版。

49. 张爱晓:《犯罪竞合基础理论研究》，中国人民公安大学出版社 2011 年版。

50. 庄劲:《罪数的理论与实务》，中国人民公安大学出版社 2012 年版。

51. 陈志军:《共同犯罪的理论与实践》，中国人民公安大学出版社 2012 年版。

52. 李立众:《犯罪未完成形态适用》，中国人民公安大学出版社 2012 年版。

53. 张平、周铭川:《刑法总论疑难问题探究》，中国政法大学出版社 2016 年版。

54. 李翔:《情节犯研究》，上海交通大学出版社 2006 年版。

55. 郭立新、杨迎泽主编：《刑法分则适用疑难问题解》，中国检察出版社 2000 年版。

56. 周道鸾、张军主编：《刑法罪名精释》，人民法院出版社 2013 年版。

57. 中华人民共和国最高人民法院刑事审判第一、二、三、四、五庭主办：《中国刑事审判指导案例》，法律出版社 2017 年版。

58. 冯军、李春雷主编：《外国刑法学概论》，中国民主法制出版社 2004 年版。

二、论文类

1. 马克昌：《想象的数罪与法条竞合》，载《法学》1982 年第 1 期。

2. 张明楷：《刑事立法的发展方向》，载《中国法学》2006 年第 4 期。

3. 张明楷：《法益保护与比例原则》，载《中国社会科学》2017 年第 7 期。

4. 张明楷：《法条竞合与想象竞合的区分》，载《法学研究》2016 年第 1 期。

5. 张明楷：《传销犯罪的基本问题》，载《政治与法律》2009 年第 9 期。

6. 陈兴良：《组织、领导传销活动罪：性质与界限》，载《政法论坛》2016 年第 2 期。

7. 陈兴良：《刑法竞合论》，载《法商研究》2006 年第 2 期。

8. 白建军：《再论罪刑均衡》，载《新疆师范大学学报（哲学社会科学版）》2020 年第 1 期。

9. 黎宏：《情景犯罪学与预防刑法观》，载《法学评论》2018 年第 6 期。

10. 程红：《象征性刑法及其规避》，载《法商研究》2017 年第 6 期。

11. 袁彬：《传销犯罪独立成罪的合理性及模式——兼评〈刑法修正案（七）〉》，载《中国刑事法杂志》2009 年第 3 期。

12. 袁彬：《我国治理传销犯罪的基本逻辑及其展开》，载《经贸法律评论》2020 年第 3 期。

13. 陈国庆、韩耀元、吴峤滨：《关于办理组织领导传销活动刑事案件适用法律若干问题的意见：七条规定明确了六方面问题》，载《检察日报》2014 年 1 月 20 日第 003 版。

14. 谢望原：《谨防刑法过分工具主义化》，载《法学家》2019 年第 1 期。

15. 刘艳红：《我国应该停止犯罪化的刑事立法》，载《法学》2011 年第 11 期。

16. 刘宪权：《故意犯罪停止形态相关理论辨正》，载《中国法学》2010 年第 1 期。

17. 刘宪权：《刑事立法应力戒情绪——以〈刑法修正案（九）〉为视角》，载《法学评论》2016 年第 1 期。

18. 高铭暄、孙道萃：《预防性刑法观及其教义学思考》，载《中国法学》2018 年第 1 期。

19. 张学永：《法律经济学视野下的刑罚目的与刑罚配置原则》，载《理论月刊》2017 年第 11 期。

20. 汤瑜：《孙建国代表：加大对组织、领导传销活动罪刑事处罚力度》，载《民主与法制时报》2019 年 3 月 10 日第 002 版。

21. 贾宇：《论组织、领导传销活动罪》，载《人民检察》2010 年第 5 期。

22. 彭辅顺：《论组织、领导传销活动罪在刑法分则中的地位》，载《求索》2013 年第 1 期。

23. 刘传稿：《厘清认定难点，治理传销犯罪——专访东南大学法学院教授欧阳本祺》，载《人民检察》2017 年第 17 期。

24. 许佳：《组织、领导传销活动罪罪数的区分》，载《中国检察官》2014 年第 19 期。

25. 马乐：《如何理解刑法中的“本法另有规定”——兼论法条竞合与想象竞合的界限》，载《甘肃政法学院学报》2016 年第 4 期。

26. 王志祥：《结果加重犯的未遂问题新论》，载《法商研究》2007 年第 3 期。

27. 肖中华:《再论组织、领导传销活动罪界定的基本问题》，载《检察日报》2019 年 3 月 27 日第 003 版。

28. 董文蕙:《论组织、领导传销活动罪——兼解读〈刑法修正案（七）〉第四条》，载《宁夏大学学报（人文社会科学版）》2009 年第 4 期。

29. 林亚刚:《〈刑法修正案（七）〉“组织、领导传销罪”的解读》，载《政法论丛》2009 年第 6 期。

30. 詹庆:《“传销罪”罪名法定化之研究——兼评〈修正案（七）〉（草案）中“组织领导传销罪”》，载《政治与法律》2009 年第 2 期。

31. 熊英:《对设立非法传销罪的立法思考》，载《中国工商管理研究》2004 年第 12 期。

32. 何荣功:《刑法“兜底条款”的适用与“抢帽子交易”的定性》，载《法学》2011 年第 6 期。

33. 黄太云:《〈刑法修正案（七）〉解读》，载《人民检察》2009 年第 6 期。

34. 陈璇:《财产罪中非法占有目的要素之批判分析》，载《苏州大学学报（法学版）》2016 年第 4 期。

三、外国刑法典类

1.《泰国刑法典》，吴光侠译，中国人民公安大学出版社 2004 年版。

2.《日本刑法典》，张明楷译，法律出版社 2006 年版。

3.《俄罗斯联邦刑法典》，黄道秀译，北京大学出版社 2008 年版。